会计训练营
新手学做账

于秉汝◎编著

中国纺织出版社有限公司

内 容 提 要

本书依据最新《中华人民共和国会计法》《企业会计准则》和有关税收法规进行编写，全书脉络清晰，由简入深，层层推进。首先，以做账的基础知识作为开启做账之门的敲门砖；其次，讲述做账的关键依据——会计凭证与会计账簿；再次，引出全书也是整个做账体系的重头戏——资产、负债与所有者权益；最后，在普及会计变更与会计差错的前提下导出会计做账的最终成果——会计报表。

本书全面剖析会计做账的理论体系，深度梳理会计做账的专业知识，规模展现会计做账的应用场景，以生动简洁的语言为读者全面开启会计做账的学习之旅。

图书在版编目（CIP）数据

会计训练营. 新手学做账 / 于秉汝编著. — 北京：中国纺织出版社有限公司，2020.5（2021.3重印）
ISBN 978-7-5180-7406-8

Ⅰ.①会… Ⅱ.①于… Ⅲ.①会计学 Ⅳ.① F230

中国版本图书馆 CIP 数据核字（2020）第 076530 号

策划编辑：史 岩　　责任编辑：曹炳镝
责任校对：韩雪丽　　责任印制：储志伟

中国纺织出版社有限公司出版发行
地址：北京市朝阳区百子湾东里A407号楼　邮政编码：100124
销售电话：010—67004422　传真：010—87155801
http://www.c-textilep.com
中国纺织出版社天猫旗舰店
官方微博 http://weibo.com/2119887771
三河市延风印装有限公司印刷　各地新华书店经销
2020年5月第1版　2021年3月第2次印刷
开本：710×1000　1/16　印张：21
字数：315千字　定价：58.00元

如今会点儿会计已经成为"人生必杀技"了，会做账更是备受关注。

新来的办公室 lady，毕业于名牌大学会计专业，简直是十八般武艺样样精通，领导有什么事情，也会最先想到她；

专管行政的高级经理，最近手头也拿着一本会计书研读；

去和工商、税务打交道，不懂会计？人家连看你的眼神都透着怪异；

来到打算跳槽的公司，一进门就被 HR 问"你懂点儿会计知识吗？"你说，"懂。"接着会被 HR 出口成章的会计理论弄得目瞪口呆——HR，您是人事部的，您确定不是财务部的？

心仪的女孩听说你不懂会计不会做账，冷笑一声——我要的是安全感，是会过日子的男人！

退休老妈开了家小商店，你去帮忙，发现连老妈也备着会计账簿。

升职需要会计，求职需要会计，竞争需要会计，连结婚求爱都需要会计！

不懂会计？不会做账？你不仅仅是 OUT 了，你简直是一直狂奔在落伍的大队中！

这是一本自学的做账书，面向广泛！

如果你想谋求升职的突破口，如果你发现自己的经济出现危机，如果你购买了股票；当然你也可能是企业管理层或小店掌柜，抑或仅仅是博览群书的爱好者，甚至是初入职场的初级会计人员。

本书，绝对是你居家旅行、职场爱情必备！

听我细细道来，本书拥有的三大优点：

第一，有了本书，你可以尽情地懒了。

还嫌自己太懒？没关系，本书最大的特点就是"看图"，口号是"摒弃长篇大论，提倡看图行事"。

谁不爱翻时尚杂志，谁爱看大部头的《会计学》巨著？我们每天都在工作，下班后想做的，就是把自己扔到沙发里，看着电视，喝杯花茶，翻翻杂志。

学东西可以，但我们拒绝痛苦！

还记得《射雕英雄传》中的场景吗？黄蓉老妈太牛了，看了两遍《九阴真经》，就把它记在脑子中了。其实，那是印在脑子中，虽然黄蓉老妈不懂那些文字的意思，但她的脑袋却是个照相机。

其实，每个人的脑袋都有照相机潜质，试想，如果你有照相机，照长篇大论清晰呢？还是照图表清晰？

本书独特的图表化结构，将复杂的做账内容融入图表中，帮助你记忆，让你很快对做账有个了解，从此告别"第一，第二，第三"的时代！

第二，有了本书，你可以尽情地拽了。

活泼有趣、清晰明了的格式不代表本书不严谨。

本书的体系是由简入深、层层推进的，通过图表，一步一步教你究竟该如何做账，在各种情况下，该如何进行会计分类。

另外，知识体系十分全面，知识量也是足够的，可以说，系统性、全面性、权威性也是本书的一大特点。

我们聘请了知名大学会计系教授研读了本书，并且在大学生中做了调查，发现本书的知识含量相当于大学会计系课程整整一个学年的内容。

也就是说，阅读完本书以后，你的会计知识可以和科班出身的大学生相媲美，这种感觉实在是太美妙了。

试想，当你拥有如此全面而又系统的做账知识，将工作账簿打理得井井有条时，或者在生活中表露出你的会计学素质，接受到别人羡慕、嫉妒的目光时，你完全走在了大队伍的前方。

第三，我们对你零要求。

阅读本书需要基础吗？不需要吗？需要吗？

真的，不需要基础！

我们将从"会计是什么"入手，即使你从来没听说过"会计"这个词只要你识字，并想提高自己，就能学会计，学会做账！

购买本书之前，你可以问自己一个问题："你想变得更拽吗？"如果答案是肯定的，那就赶紧下手吧。

于秉汝

2020 年 3 月

目　录
CONTENTS

第3章　凭证与报表的桥梁——会计账簿业务

第4章　做账的重头戏（一）——资产类业务

第 5 章　做账的重头戏（二）——负债类业务

第6章　企业动力的来源——所有者权益类业务

第7章　企业盈利了吗——收入、费用和利润业务

第8章 做账不是一成不变的——会计变更和会计差错

第 9 章 做账的最终成果——会计报表

第 1 章　做账的敲门砖
——做账基础知识

本章导读

　　会计工作的内容可以概括为"算账、做账、报账",而做账是会计工作中最主要的部分。做账不仅仅是指登记账簿这一个环节,它包括"设立会计科目""编制做账凭证""登记会计账簿""账目核对"和"会计期末结账"等诸多环节。

　　做账是以会计主体的经济活动为对象的。会计要素、会计科目、会计账户都是用来对会计对象进行分类的,它们的存在使会计对象更加细致化、具体化,使账务处理成为可能。做账原理的精髓在于两个会计恒等式,即"资产=负债+所有者权益""收入-费用=利润";同时,做账应遵守"有借必有贷,借贷必相等"的原则,以实现平衡。

1.1 做账与会计

1.1.1 会计到底是什么

做账是会计工作中的主要内容。要学习做账,我们首先要从会计的概念、会计原理、会计对象等基础知识入手。那会计到底是什么呢?

会计是伴随着人们的生产实践而产生的一种活动。在甲骨文中,会计的"会"字就是一个人在篝火旁用树枝在地上划字,这个字很形象地说明了会计活动在人类社会的早期就已经存在了。

在我国,"会计"一词最早可以追溯到公元前 1100 年到公元前 770 年间的西周时代。据史料记载,我国古代就有为王朝服务的会计,国家委托专职官吏,从事会计工作。"会计"一词在当时的含义是:"会"即日常的零星核算,而"计"则是岁终的总和核算,通过日积月累的账务处理,达到正确管理和考核王朝财政经济收支的目的。

在我国的宋朝,商业活动异常地发达,会计知识也达到了很高的程度,已开始采用"四柱清册"的方法对实物资产进行记录和管理,"四柱"指旧管、新收、开除、实在,即现时会计术语中的期初结存、本期收入、本期付出和期末结存。

随着社会生产的日益发展和生产规模的日益扩大,会计经历了一个由简单到复杂,由低级到高级的不断发展完善的过程。会计从简单地计算和记录财务收支,逐渐发展到利用货币计量来综合地反映和监督经济过程。会计的方法和技术也逐渐完善起来,现在用会计电算化来代替手工操作就是一个例证。更重要的是,利用会计管理经济所发挥的作用日益显著,日益为人们所认识。可以说,会计是经济管理的重要组成部分。经济越发展,会计越重要。

现代会计的含义已绝不仅仅是做账、算账,它的内涵要丰富得多。可以这样来表述会计的定义：会计是一个经济信息系统，也是一项管理活动。它主要是以一定的货币单位作为统一计量标准，对企业、事业和行政等单位的经济活动进行完整的、连续的、系统的记录、计算和分析，并对经济活动的进程和结果加以控制和考核，旨在加强经济管理，提高经济效益。

1.1.2　会计在企业中执行什么任务

会计的任务是指对会计的对象进行核算和监督所应担负的责任和工作。会计的任务取决于会计对象的特点及会计职能和经济管理的要求，同时会计的任务也决定了做账的内容和要求。企业、行政和事业等单位会计的任务不尽相同。但是，由于各单位的会计对象有许多共同点，经济管理上的要求也有许多相同之处。因此，各单位会计的基本任务是相同的。

如图 1-1 所示，会计的基本任务主要包括以下内容：

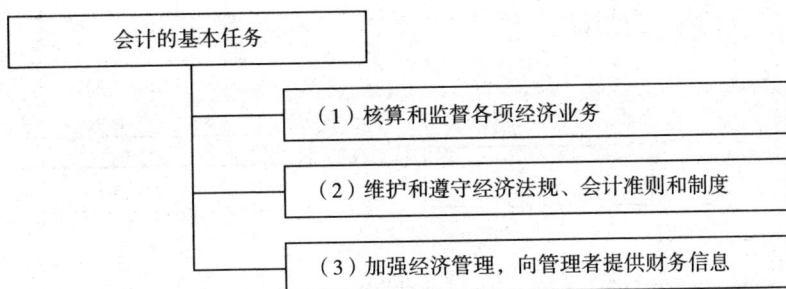

```
会计的基本任务
    ├── （1）核算和监督各项经济业务
    ├── （2）维护和遵守经济法规、会计准则和制度
    └── （3）加强经济管理，向管理者提供财务信息
```

图1-1　会计的基本任务

1.1.3　会计通过哪些方法来履行职责

会计的方法是用来反映和监督会计对象、完成会计任务的手段。会计是由账务处理、会计分析和会计检查三个部分组成的。这三个部分既有密切关系，又有相对的独立性，它们所应用的方法各不相同，因此会计的方法可以分为会计核算的方法、会计分析的方法和会计检查的方法。

会计核算的方法是对各单位已经发生的经济活动进行完整的、连续的、系统的反映和监督所应用的方法。

会计分析的方法主要是指利用账务处理资料，进行事先预测或事后说明，考核经济活动的效果，以便改善经营管理的有关方法。会计分析是账务处理的继续和发展。

会计检查的方法是指根据账务处理资料，检查经济活动是否合理、合法及账务处理资料是否正确的有关方法。会计检查是对账务处理的必要补充。

如图 1-2 所示，会计核算的方法、会计分析的方法、会计检查的方法三部分共同构成统一的会计方法体系。

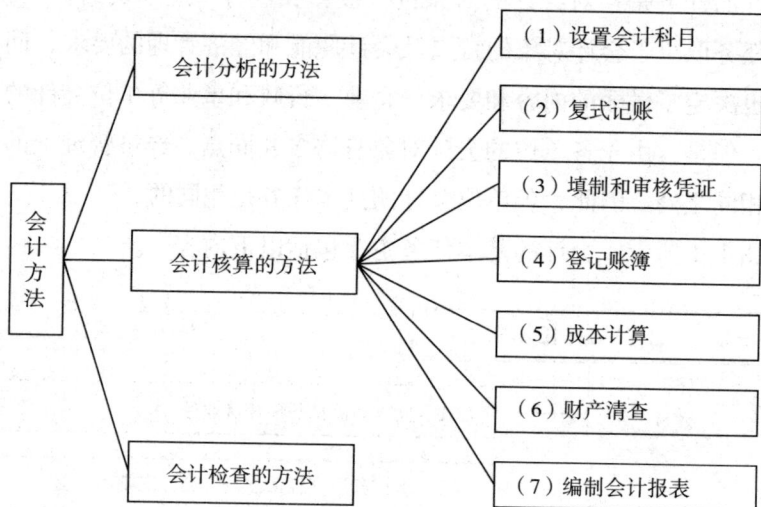

图1-2 会计方法

在账务处理工作中，必须正确地运用这些方法：对于日常发生的经济业务，要填制和审核凭证，按照规定的会计科目进行分类核算，并运用复式做账法记入有关账簿；对于经营过程中发生的各项费用，应当进行成本计算；一定时期终了，通过财产清查，核实账簿记录，在账证相符、账账相符、账实相符的基础上，根据账簿记录，编制会计报表。

在七种账务处理方法的内在联系中，填制和审核凭证、登记账簿和编制报表是三个主要的环节，而其他四种专门方法则错综而又紧密地穿插在这三个基本环节中。

1.1.4　会计与做账的关系

对于会计工作和做账的关系，简而言之，做账是会计工作中最为主要的部分，因为会计工作的内容可以概括为"算账、做账、报账"。当然在本书中做账是一种尊重广大财会人员的习惯性说法，在这里，做账不仅仅是指登记账簿这一个环节，它包括"设立会计科目""编制做账凭证""登记会计账簿""账目核对"和"会计期末结账"等诸多环节。鉴于本书是一本讲述做账实务的图书，对于会计与做账的关系不再进行阐述，在以后的章节中，将重点对做账业务的各个环节进行重点的阐述。

1.2　做账的对象

从表面上来看，做账是以账簿为工作对象的，那么能不能说做账的对象就是账簿呢？如果是这样，我们就犯了本末倒置的错误，账本仅仅是做账的信息载体，做账的目的绝不是为了让账本上写满数字，做账的目的是实现会计工作的任务，如前所述，会计的任务就是进行会计核算与会计监督，会计对象就是指会计所核算和监督的内容。会计需要以货币为主要计量单位，对一定主体的经济活动进行核算与监督。也就是说，凡是特定对象能够以货币表现的经济活动，都是会计核算和会计监督的内容，即会计对象。也就是说，做账的对象也是会计主体的经济活动。

1.2.1　什么是会计要素

凡是能够以货币表现的经济活动，都是会计核算和会计监督的内容，为了具体实施账务处理，还应对会计所反映和监督的内容进行分类。会计要素就是对会计对象进行的基本分类，是账务处理对象的具体化。

从静态的角度看，会计要素可以划分为资产、负债及所有者权益；从动态的角度看，会计要素可以划分为收入、费用及利润。如表 1-1 所示，这六大会计要素彼此的关系如下：

表1-1　会计要素一览表

会计要素	概念	基本特征	主要的类别
资产	指过去的交易、事项形成并由企业拥有或控制的资源，该资源预期会给企业带来经济利益流入	（1）资产是由过去的交易或事项形成的 （2）资产由企业拥有或控制的 （3）资产预期会给企业带来经济利益	按流动性分为流动资产、长期投资、固定资产、无形资产及其他资产等
负债	指过去的交易、事项形成的现时义务，履行该义务预期会导致经济利益流出企业	（1）负债是基于过去的交易或事项形成的 （2）负债是企业承担的现时义务 （3）现时义务的履行，通常关系到企业放弃含有经济利益的资产 （4）负债通常是在未来某个时日通过交付资产、提供劳务或举新债还旧债	按其流动性分为流动负债和长期负债
所有者权益	指所有者在企业资产中享有的经济利益，其金额为资产减去负债后的余额，即净资产	属于企业所有者对企业的投入资本	实收资本、资本公积、盈余公积和未分配利润等
收入	指企业在日常活动中形成的、会导致所有者权益增加的、与所有者投入资本无关的经济利益的总流入	形成经济利益的总流入	（1）商品销售收入 （2）提供劳务取得的收入 （3）让渡资产使用权所获得的收入
费用	指企业为销售商品、提供劳务等日常活动所发生的经济利益的流出	（1）最终会减少企业的资源 （2）最终会减少企业的所有者权益	产品生产成本由直接材料、直接人工和制造费用三个成本项目构成；期间费用包括管理费用、财务费用和销售费用三项
利润	指企业在一定会计期间的经营成果	总收入减去各种成本、费用后的余额	包括营业利润、投资收益、补贴收入、营业外收入和营业外支出、所得税等

1.2.2　会计科目

1. 会计科目的概念和意义

（1）会计科目的概念

会计要素是对会计对象的基本分类，而这六项会计要素仍显得过于粗略，难以满足各有关方面对会计信息的需要。例如，所有者需要了解利润构成及其具体分配情况、负债及其构成情况；债权人需要了解流动比率、速动比率等有关指标，以评判其债权的安全情况；税务机关要了解企业欠交税金的详细情况，等等。为此还必须对会计要素作进一步分类，这种对会计要素的具体内容进行分类核算的项目，称为会计科目。

会计科目按其所提供信息的详细程度及其包含关系的不同，又分为总分类科目和明细分类科目。前者是对会计要素具体内容进行总括分类、提供总括信息的会计科目，如"应收账款""应付账款""原材料"等。后者是对总分类科目作进一步分类、提供更详细更具体会计信息的科目，如"应收账款"科目按债务人名称或姓名设置明细科目，反映应收账款的具体对象；"应付账款"科目按债权人名称或姓名设置明细科目，反映应付账款的具体对象；"原材料"科目按原料及材料的类别、品种和规格等设置明细科目，反映各种原材料的具体构成内容。对于明细科目较多的总账科目，可在总分类科目与明细科目之间设置二级或多级科目。

（2）会计科目的意义

会计科目是进行各项会计记录和提供各项会计信息的基础，在账务处理中具有重要意义。

第一，会计科目是复式做账的基础。复式做账要求每一笔经济业务在两个或两个以上相互联系的账户中进行登记，以反映资金运动的来龙去脉。

第二，会计科目是编制做账凭证的基础。做账凭证是确定所发生的经济业务应记入何种科目，以及分门别类登记账簿的凭据。

第三，会计科目为成本计算与财产清查提供了前提条件。通过会计科目的设置，有助于成本核算，使各种成本计算成为可能；而通过账面记录与实际结存的核对，又为财产清查、保证账实相符提供了必备的条件。

第四，会计科目为编制会计报表提供了方便。会计报表是提供会计信息的主要手段，为了保证会计信息的质量及其提供的及时性，会计报表中的许多项目与会计科目是一致的，并根据会计科目的本期发生额或余额填列。

2. 会计科目的设置

会计科目作为反映会计要素的构成及其变化情况，为投资者、债权人、企业经营管理者等提供会计信息的重要手段，在其设置过程中应努力做到科学、合理、实用，遵循下列原则：

（1）合法性原则

为了保证会计信息的可比性，所设置的会计科目应当符合国家统一的会计制度的规定。

（2）相关性原则

会计科目的设置，应为提供有关各方所需要的会计信息服务，满足对外报告与对内管理的要求。

（3）实用性原则

企业的组织形式、所处行业、经营内容及业务种类等不同，在会计科目的设置上亦应有所区别。在合法性的基础上，应根据企业自身特点，设置符合企业需要的会计科目。

3. 会计科目的分类

（1）会计科目按其反映的经济内容分类

我国企业会计制度规定，会计科目按其所反映的经济内容不同，可分为资产类、负债类、共同类、所有者权益类、损益类和成本类。

资产类科目分为流动资产、长期投资、固定资产、无形资产和其他资产。其中流动资产又分为库存现金和各种存款、交易性金融资产、应收票据、应收账款、存货和待摊费用等。

负债类科目分为流动负债和长期负债。其中流动负债包括短期借款、应付及预收账款、应付职工薪酬、应交税费、应付股利、预提费用等。

共同类科目包括清算资金往来、货币兑换、衍生工具、套期工具、被套期项目五个科目。

所有者权益科目包括实收资本、资本公积、盈余公积、本年利润和利润分配等。

损益类科目包括主营业务收入、主营业务成本、销售费用、管理费用、财务费用、其他业务收入、其他业务成本等。

成本类科目包括生产成本、制造费用和劳务成本。

为便于会计核算工作的顺利进行，尤其是适应会计电算化的要求，通常要编制会计科目表，将所使用的全部会计科目列于其中，并对每一个会计科目加以编号。会计科目的编号可以采用"四位数制"。以千位数数码代表会计科目按会计要素区分的类别，一般分为六个数码："1"为资产类、"2"为负债类、"3"为共同类、"4"为所有者权益类、"5"为成本类、"6"为损益类；百位数数码代表每大类会计科目下较为详细的类别，可根据实际需要取数；十位和个位上的数码一般代表会计科目的顺序号，为便于会计科目增减，在顺序号中一般都要留有间隔。

（2）会计科目按其隶属关系分类

会计科目按其隶属关系可以分为总账科目和明细科目。设置总账科目和明细科目的目的是方便会计的分工做账和满足管理部门对不同层次会计信息的需求。其中，总账科目又称一级科目，明细科目又可分为子目（二级科目）和细目（三级科目）。

一级科目即总账科目，也称为总分类科目，是按照会计对象的不同经济内容进行分类，提供总括核算资料的科目，如"银行存款""应付账款""无形资产""实收资本"等。为了满足国家宏观经济管理的需要，一级科目原则上由国家统一规定。

二级科目即二级明细分类科目，也称子目，是指在一级科目的基础上，对一级科目所反映的经济内容进行较为详细分类的会计科目。例如，"长期股权投资"科目属于一级科目，下设"股权投资""其他股权投资"科目则属于二级科目。

三级科目即明细科目，也称细目，是指在二级科目的基础上，对二级科目所反映的经济内容进一步详细分类的会计科目。如"应收账款"总账科目提供信息（赊销产品、商品）情况。在"应收账款"总账科目下分别按单位和客户名设置二级科目和明细科目，具体反映应收哪些单位货款。

总账科目、明细科目的关系举例如表1-2所示。

表1-2　总账科目与明细科目关系举例

一级科目	二级科目	三级科目
固定资产	机动车辆	红旗轿车
		奥迪轿车
		金龙大客车
	电子设备	笔记本电脑
		台式电脑
		复印机
		数码相机

会计科目按其隶属关系分类，有助于了解会计科目反映的具体经济内容，满足经营管理所需要的会计信息。但应当说明的是，并不是所有的一级科目都需分设二级和三级科目，根据信息使用者所需不同信息的详细程度，有些只需设一级科目，有些只需设一级和三级科目，而不需设置二级科目。

1.2.3　会计账户

1. 账户的概念及其分类

会计科目只是对会计对象具体内容进行分类的项目或名称，还不能进行具体的账务处理。为了全面、序时、连续、系统地反映和监督会计要素的增减变动，还必须设置账户。账户是根据会计科目设置的，具有一定格式和结构，用于分类反映会计要素增减变动情况及其结果的载体。

设置账户是账务处理的重要方法之一。账户使原始数据转换为初始会计信息，通过账户可以对大量复杂的经济业务进行分类核算，从而提供不同性质和内容的会计信息。由于账户以会计科目为依据，因而某一账户的核算内容具有独立性和排他性，并在设置上要服从于会计报表的编报要求。

同会计科目的分类相对应，账户也分为总分类账户和明细分类账户。根据总分类科目设置的账户称为总分类账户，根据明细科目设置的账户称为明细分类账户。根据会计科目的内容分类，账户可分为资产类账户、负债类账户、共同类账户、所有者权益类账户、成本类账户、损益类账户六类。

2. 账户的基本结构

从数量上看，发生经济业务所引起的会计要素变动，无非是增加和减少两个方面，因而账户也分为左方、右方两个方向，一方登记增加，另一方登记减少。至于哪一方登记增加，哪一方登记减少，取决于所记录经济业务和账户的性质。登记本期增加的金额，称为本期增加发生额；登记本期减少的金额，称为本期减少发生额；增减相抵后的差额，称为余额，余额按照表示的时间不同，分为期初余额和期末余额，其基本关系如下：

期末余额=期初余额+本期增加发生额-本期减少发生额

上式中的四个部分称为账户的四个金额要素。从账户的核心部分看，账户的基本格式如表 1-3、表 1-4 所示。需要指出的是，共同类账户是具有资产和负债双重性质的账户，其性质取决于其期末余额所在的方向：期末余额在借方时为反映资产的账户，在贷方时为反映负债的账户。

表 1-3　资产类、成本费用类账户的结构图

科目名称

摘要	借方	贷方
期初余额		
	本期增加发生额	本期减少发生额
期末余额		

表 1-4　负债类、所有者权益类、收益类账户的结构图

科目名称

摘要	借方	贷方
期初余额		
	本期减少发生额	本期增加发生额
期末余额		

上述只是账户结构的抽象图示，除此之外，会计账户还应包括以下内容：

（1）账户的名称，即会计科目

会计科目是指一个含义明确、概念清楚、简明扼要、通俗易懂的标准名称。

（2）日期与摘要

记录经济业务的日期与对经济业务简明扼要的说明。

（3）增加额与减少额及余额

账户中有分别记录增加额和减少额的位置，还有记录增减变动的结果即余额的位置。

（4）凭证编号

账户记录要依据一定的证据，可称为做账凭证，凭证按规则编号，可据以索引。

3. 账户与会计科目的联系和区别

（1）二者的联系

会计科目与账户都是对会计对象具体内容的科学分类，两者口径一致，性质相同，会计科目是账户的名称，也是设置账户的依据，账户是会计科目的具体运用。没有会计科目，账户便失去了设置的依据；没有账户，就无法发挥会计科目的作用。

（2）二者的区别

会计科目仅仅是账户的名称，不存在结构；而账户则具有一定的格式和结构。在实际工作中，对会计科目和账户不加严格区分，而是相互通用。

1.3 做账的原理与方法

1.3.1 会计恒等式

六大会计要素在数量上存在着特定的平衡关系，这种平衡关系用公式来表示，就是我们通常所说的会计等式。会计等式是反映会计要素之间平衡关系的计算公式，它是各种账务处理方法的理论基础。

1.资产＝负债＋所有者权益

这是最基本的会计等式。如前所述，资产由于过去的交易或事项所引起，能为企业带来未来经济利益。资产来源于所有者的投入资本和债权人的借入资金及其在生产经营中所产生的效益，分别归属于所有者和债权人。归属于所有者的部分形成所有者权益，归属于债权人的部分形成债权人权益（企业的负债）。

资产和权益（包括所有者权益和债权人权益）实际是企业所拥有的经济资源在同一时点上所表现的不同形式。资产表明的是资源在企业存在、分布的形态，而权益则表明了资源取得和形成的渠道。资产来源于权益，资产与权益必然相等。

企业在生产经营过程中，每天都会发生各种各样、错综复杂的经济业务，从而引起各会计要素的增减变动，但并不影响资产与权益的恒等关系。下面通过分析雷顿公司 2019 年 1 月发生的几项经济业务，来说明资产与权益的恒等关系。

（1）2019 年 1 月 2 日，雷顿公司收到所有者追加的投资 500 000 元，款项存入银行。

分析：这项经济业务使银行存款增加了 500 000 元，即等式左边的资产增加了 500 000 元，同时等式右边的所有者权益也增加了 500 000 元，因此并没有改变等式的平衡关系。

（2）2019 年 1 月 10 日，雷顿公司用银行存款归还所欠 B 企业的货款 20 000 元。

分析：这项经济业务使雷顿公司的银行存款即资产减少了 20 000 元，同时应付账款即负债也减少了 20 000 元，也就是说等式两边同时减少 20 000 元，等式依然成立。

（3）2019 年 1 月 15 日，雷顿公司用银行存款 80 000 元购买一台生产设备，设备已交付使用。

分析：这项经济业务使雷顿公司的固定资产增加了 80 000 元，但同时银行存款减少了 80 000 元，也就是说企业的资产一项增加一项减少，增减金额相同，因此资产的总额不变，会计等式依然保持平衡。

（4）2019年1月28日，由于资金周转困难，雷顿公司向某银行借入100 000元直接用于归还拖欠的货款。

分析：这项经济业务使企业的应付账款减少了100 000元，同时短期借款增加了100 000元，即企业的负债一项减少一项增加，增减金额相同，负债总额不变，等式仍然成立。

在实际工作中，企业每天发生的经济业务要复杂得多，但无论其引起会计要素如何变动，都不会破坏资产与权益的恒等关系（亦即会计等式的平衡）。经济业务的发生引起等式两边会计要素变动的方式可以总结归纳为以下四种类型：

（1）经济业务的发生引起等式两边金额同时增加，增加金额相等，变动后等式仍保持平衡。

（2）经济业务的发生引起等式两边金额同时减少，减少金额相等，变动后等式仍保持平衡。

（3）经济业务的发生引起等式左边即资产内部的项目此增彼减，增减的金额相同，变动后资产的总额不变，等式仍保持平衡。

（4）经济业务的发生引起等式右边负债内部项目此增彼减，或所有者权益内部项目此增彼减，或负债与所有者权益项目之间的此增彼减，增减的金额相同，变动后等式右边总额不变，等式仍保持平衡。

资产与权益的恒等关系，是复式做账法的理论基础，也是编制资产负债表的依据。

2. 收入 − 费用 = 利润

企业经营的目的是获取收入，实现盈利。企业在取得收入的同时，也必然要发生相应的费用。通过收入与费用的比较，才能确定企业一定时期的盈利水平。

广义而言，企业一定时期所获得的收入扣除所发生的各项费用后的余额，即表现为利润。在实际工作中，由于收入不包括处置固定资产净收益、固定资产盘盈、出售无形资产收益等，费用也不包括处置固定资产净损失、自然灾害损失等，所以，收入减去费用，并经过调整后，才等于利润。收入、费用和利润之间的上述关系，是编制利润表的基础。

1.3.2　借贷做账法

1. 借贷做账法的概念

借贷做账法是指以"借""贷"为做账符号的一种复式做账法。复式做账法是指对每一笔经济业务，都要在两个或两个以上的相互联系的账户中以借贷方相等的金额进行登记的做账方法。

借贷做账法产生于 12 世纪的意大利。当时由于海上贸易的不断发展，所使用货币的种类、重量和成色等日益复杂，通过银行进行转账结算便受到人们的普遍欢迎。银行为了办理转账结算业务，设计了"借""贷"两个做账方向，将债权记入"借方"，将债务记入"贷方"。到了 15 世纪初期，人们除增设了"资本""损益"账户外，又增设了"余额"账户，进行全部账户的试算平衡。随后借贷做账法传遍欧洲、美洲等世界各地，成为世界通用的做账方法。20 世纪初由日本传入我国，目前成为我国法定的做账方法。

2. 借贷做账法的内容

（1）借贷做账法的做账符号

顾名思义，借贷做账法以"借""贷"为做账符号，分别作为账户的左方和右方。这里的"借""贷"已失去其原有的含义，变成了纯粹的做账符号。至于"借"表示增加还是"贷"表示增加，则取决于账户的性质及结构。

（2）借贷做账法的账户结构

在前面我们已经讲过了资产类和负债类会计账户的结构，上述两类账户的内部关系如下式：

资产类账户期末余额＝期初余额＋本期借方发生额－本期贷方发生额

权益类账户期末余额＝期初余额＋本期贷方发生额－本期借方发生额

一般而言，费用（成本）类账户结构与资产类账户相同，收入类账户结构与权益类账户相同。

（3）借贷做账法的做账规则

从上述两类账户中不难分析出，经济业务无论怎样复杂，均可概括为以下四种类型：

①资产与权益同时增加，总额增加。

②资产与权益同时减少，总额减少。

③资产内部有增有减，总额不变。

④权益内部有增有减，总额不变。

无论哪一种类型的经济业务，都将以相等的金额记入有关账户的借方，同时记入有关账户的贷方。以上四种经济业务的做账方法如表 1-5 所示。

表 1-5 各种经济业务的做账规则

经济业务	（1）资产与权益同时增加，总额增加
账务处理	借：资产类科目 ×××
	贷：权益类科目 ×××
经济业务	（2）资产与权益同时减少，总额减少
账务处理	借：权益类科目 ×××
	贷：资产类科目 ×××
经济业务	（3）资产内部有增有减，总额不变
账务处理	借：资产类科目 ×××
	贷：资产类科目 ×××
经济业务	（4）权益内部有增有减，总额不变
账务处理	借：权益类科目 ×××
	贷：权益类科目 ×××

现举例说明如下：

①企业收到投资人 10 000 元投资，存入银行。此项业务中，一方面使资产类中的"银行存款"账户增加 10 000 元，记入该账户借方；另一方面使权益类中的"实收资本"账户增加 10 000 元，记入该账户贷方，借贷金额相等。

②企业用银行存款 5 000 元偿还短期借款。此项业务中，一方面使资产类中的"银行存款"账户减少 5 000 元，记入该账户贷方；另一方面使权益类中的"短期借款"账户减少 5 000 元，记入该账户借方，借贷金额相等。

③企业以银行存款 3 000 元购买材料。此项业务中，一方面使资产类中

的"原材料"账户增加 3 000 元，记入该账户借方；另一方面使资产类中的"银行存款"账户减少 3 000 元，记入该账户贷方，借贷金额相等。

④企业从银行借入短期借款 6 000 元，直接偿还应付账款。此项业务中，一方面使权益类中的"短期借款"账户增加 6 000 元，记入该账户贷方；另一方面使权益类中的"应付账款"账户减少 6 000 元，记入该账户借方，借贷金额相等。

综上所述，借贷做账法的做账规则为：有借必有贷，借贷必相等。

（4）借贷做账法的试算平衡

为了检验一定时期内所发生经济业务在账户中记录的正确性，在会计期末应进行账户的试算平衡。所谓试算平衡，是指根据资产与权益的恒等关系以及借贷做账法的做账规则，检查所有账户记录是否正确的过程，包括发生额试算平衡法和余额试算平衡法两种方法。

①发生额试算平衡法。它是根据本期所有账户借方发生额合计与贷方发生额合计的恒等关系，检验本期发生额记录是否正确的方法。公式为：

全部账户本期借方发生额合计 = 全部账户本期贷方发生额合计

在借贷做账法中，根据"有借必有贷，借贷必相等"的做账规则，每一笔经济业务都要以相等的金额，分别记入两个或两个以上相关账户的借方和贷方，借贷双方的发生额必然相等。推而广之，将一定时期内的经济业务全部记入有关账户之后，所有账户的借方发生额合计与贷方发生额合计也必然相等。对上述四项业务进行账务处理后，编制发生额试算平衡表如表 1-6 所示。

②余额试算平衡法。它是根据本期所有账户借方余额合计与贷方余额合计的恒等关系，检验本期账户记录是否正确的方法。根据余额时间不同，又分为期初余额平衡与期末余额平衡两类。期初余额平衡是期初所有账户借方余额合计与贷方余额合计相等，期末余额平衡是期末所有账户借方余额合计与贷方余额合计相等，这是由"资产 = 负债 + 所有者权益"的恒等关系决定的。公式为：

全部账户的借方期初余额合计 = 全部账户的贷方期初余额合计

全部账户的借方期末余额合计 = 全部账户的贷方期末余额合计

实际工作中，余额试算平衡是通过编制试算平衡表方式进行的，如表
1-6 所示。

表 1-6　试算平衡表

会计科目	期初余额		本期发生额		期末余额	
	借方	贷方	借方	贷方	借方	贷方

在编制试算平衡表时，应注意以下几点：

第一，必须保证所有账户的余额均已记入试算表。因为会计等式是对六

项会计要素整体而言的，缺少任何一个账户的余额，都会造成期初或期末借方余额合计与贷方金额合计不相等。

第二，如果试算表借贷不相等，肯定是账户记录有错误，应认真查找，直到实现平衡为止。

第三，即便实现了有关三栏的平衡关系，并不能说明账户记录绝对正确，因为有些错误并不会影响借贷双方的平衡关系。例如，漏记某项经济业务，将使本期借贷双方的发生额发生等额减少，借贷仍然平衡；重记某项经济业务，将使本期借贷双方的发生额发生等额虚增，借贷仍然平衡；某项经济业务记错有关账户，借贷仍然平衡；某项经济业务在账户记录中，颠倒了做账方向，借贷仍然平衡；借方或贷方发生额中，偶然发生多记少记并相互抵消，借贷仍然平衡；等等。

因此在编制试算平衡表之前，应认真核对有关账户记录，以消除上述错误。

第 2 章 经济业务的记录簿
——会计凭证业务

本章导读

取得和填制会计凭证是做账业务的初始阶段和基本环节。会计凭证就像传记一样，将现实生活中动态的经济业务以静态的文字形式表现出来，记录了经济业务从发生至结束的整个过程，为会计核算提供原始依据，同时也是会计监督的重要依据。

会计凭证通常按填制程序和用途的不同分为原始凭证和做账凭证两大类，二者分别是登记会计账簿的原始依据和直接依据。本章对原始凭证和做账凭证的种类、基本内容、填制和审核、设计等方面做了详细的讲解。

任何单位都会连续不断地发生各种各样的经济业务，每项经济业务在发生或完成后常常需要由不同的部门和人员去办理有关手续。所以，会计凭证的传递、整理和保管也是一项重要任务。会计凭证做账后要及时进行整理（排序、粘贴、折叠），装订成册，并妥善保管，以便于调阅、查找和检查监督。

2.1　会计凭证的概念和种类

2.1.1　什么是会计凭证

会计凭证，简称凭证，是记录经济业务的发生和完成情况，明确经济责任的书面证明，是登记账簿的依据。

账务处理要求真实正确地反映各单位的经济活动，填制和审核会计凭证是会计工作的起点，是对经济业务的发生和完成情况进行及时反映和监督的重要环节。

首先，会计凭证是记录经济业务的书面证明，对于任何一项经济业务都要求取得或填制有关会计凭证，记录经济业务的内容、数量、金额等情况；其次，会计凭证是明确经济责任，且具有法律效力的文件，经济业务发生后，经办人员和主管人员都要在有关凭证上签名盖章，证明经济业务的真实性和正确性；最后，会计凭证是登记账簿的依据，一切会计凭证都必须经过有关人员的严格审核，确认经济业务的合法性后，才能作为登记账簿的依据。

正确填制和严格审核会计凭证是账务处理的一种专门方法，对于保证账务处理资料的完整、真实、合法，发挥会计在经济管理中的作用，具有十分重要的意义。

2.1.2　会计凭证的两大类别

会计凭证种类繁多、形式多样，通常按填制程序和用途的不同分为原始凭证和做账凭证两大类。

原始凭证，又称单据，是在经济业务发生或完成时取得或填制的，用以记录经济业务的发生和完成情况的书面证明，它是账务处理的原始资料和重要依据，是登记会计账簿的原始依据。

做账凭证，又称做账凭单，是会计人员根据审核无误的原始凭证，按照经济业务的内容加以归类，并确定会计分录后所填制的会计凭证，是登记会计账簿的直接依据。

2.2　怎样填制和审核原始凭证

2.2.1　原始凭证的分类

原始凭证是在经济业务发生时取得或填制的，用以记录经济业务的发生和完成情况的直接书面证明，是账务处理的原始依据。由此，决定了原始凭证随着经济业务种类的不同而不同。按照一定的标准对原始凭证进行归类，有利于更好地认识和有效地利用原始凭证。

1. 原始凭证按其取得来源不同，可分为外来原始凭证和自制原始凭证

外来原始凭证是指企业与其他单位或个人发生经济业务往来时，从对方处取得的原始凭据。例如，购买货物从销货单位取得的"发货票"，出差途中使用的飞机票、火车票及银行转来的各种结算凭证等。

自制原始凭证是指由本单位业务部门或个人，在对外业务或内部不同部门之间的业务发生时自己填制、开出的原始凭据。例如，仓库收发材料时开出的"领料单""收料单""产品入库单""产品出库单"，销售产品时对外开出的"发货票"，计算折旧时填写的折旧计算表，职工出差借款填写的借款单以及差旅费报销单等。

经济业务一般是在单位或个人之间发生的，反映这项经济业务只需一方开出凭证。因此，开出的凭证一般是一式两联或一式多联的，对于开出的一方是自制原始凭证，对于取得的一方就是外来原始凭证。

2.原始凭证按其填制方法不同，可分为一次原始凭证、累计原始凭证和汇总原始凭证

（1）一次原始凭证

一次原始凭证是指反映一项经济业务或同时反映若干同类经济业务，填制手续一次完成的原始凭证。它是一次有效的凭证，即一次填写完毕就不能再次填写使用的凭证。外来原始凭证都是一次原始凭证，自制原始凭证中大多数也是一次原始凭证。如增值税专用发票、普通发票、收料单、借款单、收据等。

（2）累计原始凭证

累计原始凭证是指在一定时期内，在一张凭证中连续登记不断重复发生的若干同类经济业务的原始凭证。它是多次有效的凭证，即可多次填写有效的凭证，是随着经济业务的发生而分次登记使用的。如企业为了控制生产成本，在领用材料时填写的限额领料单。

（3）汇总原始凭证

汇总原始凭证是指在账务处理工作中，为简化做账凭证的编制工作，将一定时期内若干张反映同类经济业务的原始凭证汇总填制在一张凭证上，用以反映某类经济业务发生的会计凭证。汇总原始凭证可以简化核算手续，提高核算工作效率，使核算资料更为系统化，并为根据原始凭证直接登记账簿提供依据。如收料凭证汇总表、发料凭证汇总表、工资分配汇总表等。

3.原始凭证按照格式不同，可分为通用原始凭证和专用原始凭证

通用原始凭证是指由有关部门统一印制、在一定范围内使用的具有统一格式和使用方法的原始凭证，它的使用范围可以是某一地区、某一行业，也可以是全国，由其主管部门制定。如全国通用的增值税专用发票、统一商业零售发票、银行转账的结算凭证等。

专用原始凭证是指由单位内部自行印制的、仅在本单位内部使用的原始凭证。如收料单、领料单、工资费用分配表、折旧计算表等。

下面给出"增值税专用发票""领料单""限额领料单""发料汇总表"等部分原始凭证的表样，仅供参考。具体见表2-1至表2-6。

表 2-1　××增值税专用发票

××增值税专用发票

发票联　　开票日期：　　　年　月　日

购货单位	名称： 纳税人识别号： 地址、电话： 开户行及账号：	密码区	6+-〈2〉6〉927+296+/＊加密版本：01 446〈600375〈35〉〈4/ ＊37009931410 2-2〈2051+24+2618〈707050445 /3-15〉〉09/5/-1〉〉〉+2

货物或应税劳务名称 合计	规格型号	单位	数量	单价	金额	税率	税额

价税合计（大写）	×（小写）

销货单位	名称： 纳税人识别号： 地址、电话： 开户行及账号：	备注

收款人复核开票人销货单位：（章）

第二联：发票联购货方记账凭证

表 2-2　领料单

领料单
（企业名称）

凭证编号：
领料单位：
用途：　年　月　日　　发料仓库：
仓库保管员：（签章）　　发料：（签章）　　　领料主管：（签章）　　　领料：（签章）

材料类别	材料编号	材料名称及规格	计量单位	数量		单价（元）	金额（元）
				请领	实发		
备注：						合计	

表 2-3　限额领料单

限额领料单

领料单位：

用　　途：	名称：	计划产量：
材料编号：	规格：	消耗定额：
领用限额：	单价：	计量单位：

年		请领		实发				
月	日	数量	领料单位负责人	数量	累计	限额结余	发料人	收料人
累计实发金额（人民币大写）：						￥：		

供应部门负责人：（签章）　　生产计划部门负责人：（签章）　　仓库保管员：（签章）

表 2-4　发料汇总表

发料汇总表

年　　月　　日

会计科目	领料单位	领用材料			
		原材料	包装物	低值易耗品	合计
生产成本					
制造费用					
管理费用					
总计					

表 2-5　借款单（代付款凭证）

借款单位		借款人姓名			附件张
借款事由					
摘要	借方科目		金额	领导批示	
	一级科目	二级科目			

审核：　　　　　　　制证：　　　　　　　出纳：

表 2-6　差旅费报销单（代做账凭证）

年　月　日　　　　　填制　字　　　　　　号

借方科目		贷方科目			金额		
姓名		出差事由					
起止时间与地点							
月	日	起点	月	日	终点	交通工具	金额	其他项目	金额

（表格：起止时间与地点下方有"月、日、起点、月、日、终点、交通工具、金额、其他项目、金额"列，下接多行空行，右侧为"附件　张"）

合计金额（人民币大写）				￥：	
预借金额		结算后应退		结算后补领	

主管审批：　　　　　　财务审核：　　　　　　报销人：

2.2.2　原始凭证的基本内容

在学习原始凭证的填制和审核之前，首先需要了解的就是原始凭证中包括哪些内容。由于各项经济业务的种类和内容不同，经营管理的要求也不同，故原始凭证在名称、格式和内容等方面是多种多样的。但是，无论哪种原始凭证都是证明经济业务发生情况的原始依据，必须详细载明有关经济业务的发生和完成情况，必须明确经办单位和人员的经济责任。因此，各种原始凭证都应具备一些共同的基本内容，通常称为原始凭证要素，主要有：

（1）原始凭证的名称（如发货票、收据、领料单等）。

（2）原始凭证的填制日期。

（3）原始凭证的编号。

（4）填制和接受凭证的单位名称。

（5）经济业务的基本内容，其中包括经济业务发生的数量、单价、单位和金额等。

（6）填制单位的公章及有关人员的签章。

上述原始凭证的基本内容也被会计理论界称为"原始凭证要素"，原始凭证的填制就是根据具体发生的业务，对以上内容进行准确的填写。

2.2.3 原始凭证的填制和审核

1. 原始凭证填制的基本要求

原始凭证是账务处理的原始依据，是明确经济责任的具有法律效力的文件，所以对其填制方法规定有严格的要求：

（1）真实可靠

即如实填列经济业务内容，不弄虚作假，不涂改、挖补。

（2）内容完整

即应该填写的项目要逐项填写（接受凭证方应注意逐项验明），不可缺漏，尤其需要注意的是，年、月、日要按照填制原始凭证的实际日期填写；名称要写全，不能简化；品名或用途要填写明确，不许含混不清；有关人员的签章必须齐全。

（3）填制及时

即每当一项经济业务发生或完成，都要立即填制原始凭证，做到不积压、不误时、不事后补制。

（4）书写清楚

即字迹端正、易于辨认，做到数字书写符合会计上的技术要求，文字工整，不草、不乱、不"造"；复写的凭证，要不串格、不串行、不模糊。为了保证原始凭证填制正确，书写时要符合下列技术性要求：

①文字摘要要简练，数量、单价、金额计算要正确。

②各种凭证必须连续编号，以便考查。凭证如果已预先印定编号，在写错作废时，应当加盖"作废"戳记，全部保存，不得销毁。

③书写要符合规定。各种凭证的书写要按规定使用蓝黑、碳素墨水，字迹要工整、清晰，易于辨认。属于套写的凭证，要一次套写清楚，不能描写。不得使用未经国务院公布的简化字。大小写金额数字的书写要符合规定并正确填列（如壹、贰、叁、肆、伍、陆、柒、捌、玖、拾、佰、仟、万、亿、元、角、分、零、整等）。需要大写金额的各种凭证，必须有大写的金

额，不得只填写小写金额。

④原始凭证记载的各项内容均不得随意涂改、刮擦、挖补。原始凭证填写如有错误，应当由出具单位重开或者更正，更正处应当加盖开出单位的印章。原始凭证金额有错误的，应当由出具单位重开，不得在原始凭证上更正。

（5）顺序使用

即收付款项或实物的凭证要顺序或分类编号，在填制时按照编号的次序使用，跳号的凭证应加盖"作废"戳记，不得撕毁。

2. 原始凭证的审核

为了如实反映经济业务的发生和完成情况，保证会计信息的真实、可靠，充分发挥会计监督职能的作用，应由有关人员对填制和取得的原始凭证进行审核。原始凭证是账务处理的前提，是账务处理的信息源头，其种类繁多、来源各异，由于经办人员水平不一或有其他企图，原始凭证的填制可能会有伪造、虚假、错误等情况存在，如不做好审核，必将影响会计信息的真实性与可靠性。因此，财务部门对各种原始凭证必须进行严格的审查与核对。只有审核无误的原始凭证，才能作为编制做账凭证的依据。原始凭证的审核具体包括以下几个方面：

（1）审核原始凭证的真实性

原始凭证是账务处理的原始资料，其真实与否直接影响着会计信息的质量。真实性的审核包括原始凭证是否根据实际发生的经济业务填列，原始凭证的日期是否真实、业务内容是否真实、数据是否真实等内容的审查。

（2）审核原始凭证的合法性和合理性

对原始凭证进行审核时，应以财经政策法令、规章制度和企业的计划、预算和合同为依据。合法性和合理性的审核包括：原始凭证所记录的经济业务是否符合国家的政策、法令、制度和计划的规定，有无违反财经纪律的行为，有无伪造、变造会计凭证的情况，是否符合企业生产经营活动的需要，是否严格执行企业制定的计划、预算和合同等。

（3）审核原始凭证的完整性

审核原始凭证内容是否齐全，如经济业务的内容摘要、数量、单价、金额、日期是否填写齐全，有无漏记项目，手续是否完备，是否有有关人员的签章等。

（4）审核原始凭证的正确性

审核原始凭证内容是否正确，包括在原始凭证上填写的数量、单价、金额等数据是否清晰且计算正确，文字是否工整、书写是否规范，凭证联次是否连续，有无刮擦、涂改和挖补等。

原始凭证的审核，是一项严肃而细致的工作，会计人员必须坚持原则，履行应尽的职责。任何单位和个人都不允许以任何方式要求和强迫会计机构和会计人员为违法和虚假事项制造掩护。对在原始凭证审核中发现的问题，会计人员应根据不同情况进行不同处理：对不真实、不合法的原始凭证有权不予受理，并向单位负责人报告；对记载不准确、不完整的原始凭证予以退回，并要求按照国家统一的会计制度的规定更正、补充。只有审核无误的原始凭证才能由会计人员据以编制做账凭证。

2.3 做账凭证的填制和审核

2.3.1 做账凭证包括哪些种类

做账凭证是会计人员根据审核无误的原始凭证或汇总原始凭证，按照经济业务内容加以归类，确定应借应贷科目和金额而填制的，可以直接作为登记账簿依据的会计凭证。从不同的角度，做账凭证可以分成不同的种类：

1. 按照做账凭证的使用范围不同，分为专用做账凭证和通用做账凭证

（1）专用做账凭证

专用做账凭证是指专门记录某一类经济业务的做账凭证。专用做账凭证按其所反映的内容不同，又可分为收款凭证、付款凭证和转账凭证。专用做账凭证一般适用于企业规模较大、经济业务数量及收付款业务较多的单位。

收款凭证是用来记录库存现金和银行存款收款业务的做账凭证，它是根据有关现金和银行存款收款业务的原始凭证填制的。收款凭证还可以分为

现金收款凭证和银行存款收款凭证两种。收款凭证左上角的借方科目固定为"库存现金"或"银行存款"科目，其对应科目填写在贷方科目栏中，格式如表 2-7 所示。

表 2-7　收款凭证

收款凭证

借方科目：　　　　　　　　　　年　　月　　日　　　　　　　　收字第　　号

摘要	贷方科目		√	金额
	总账科目	明细科目		
合计				

会计主管：　　　　　做账：　　　　　出纳：　　　　　填制：

付款凭证是用来记录现金和银行存款付款业务的做账凭证，它是根据现金和银行存款付款业务的原始凭证填制的。付款凭证也可以分为现金付款凭证和银行存款付款凭证两种。付款凭证左上角的贷方科目也固定为"库存现金"或"银行存款"科目，其对应科目填写在借方科目栏中，格式如表 2-8 所示。

表 2-8　付款凭证

付款凭证

贷方科目：　　　　　　　　　　年　　月　　日　　　　　　　　付字第　　号

摘要	借方科目		√	金额
	总账科目	明细科目		
合计				

会计主管：　　　　　做账：　　　　　出纳：　　　　　填制：

转账凭证是用来记录不涉及现金和银行存款收付业务的做账凭证，它是根据现金和银行存款收付业务以外的转账业务的原始凭证填制的。格式如表2-9所示。

表2-9 转账凭证

转账凭证

年 月 日 　　　　　　　　转字第 号

摘要	总账科目	明细科目	√	借方金额	√	贷方金额
合计						

会计主管： 　　　做账： 　　　出纳： 　　　填制：

（2）通用做账凭证

通用做账凭证是指使用统一的格式记录所有发生的经济业务的做账凭证。在经济业务比较简单、经营规模较小的单位，为了简化会计凭证，不再划分收款凭证、付款凭证和转账凭证，一般使用通用做账凭证记录所发生的各种经济业务。通用做账凭证的格式与转账凭证基本相同，只是凭证的名称不一样。通用做账凭证的格式如表2-10所示。

表2-10 （通用）做账凭证

（通用）做账凭证

年 月 日 　　　　　　　　总字第 号

摘要	总账科目	明细科目	√	借方金额	√	贷方金额
合计						

会计主管： 　　　做账： 　　　出纳： 　　　填制：

2. 按照做账凭证的填制方法不同，分为复式做账凭证、单式做账凭证和汇总做账凭证

除以上的分类方法之外，还可以按照做账凭证的填制方法不同，将做账凭证划分为复式做账凭证、单式做账凭证和汇总做账凭证。

（1）复式做账凭证

将一项经济业务所涉及的各有关会计科目都集中在一起填制的凭证。复式做账凭证能够集中反映账户之间的对应关系，便于了解有关经济业务的全貌，还可以减少凭证的数量，但不便于汇总每一会计科目的发生额和进行分工做账。

（2）单式做账凭证

按一项经济业务所涉及的各个会计科目分别填制的凭证。由于一张凭证只填列一个会计科目，因此使用单式做账凭证便于汇总每个会计科目的发生额和进行分工做账，但填制工作量大，在一张凭证上反映不出经济业务的全貌，不便于查账。

（3）汇总做账凭证

将许多同类做账凭证逐日或定期（3 天、5 天、10 天等）加以汇总后填制的凭证。如将收款凭证、付款凭证或转账凭证按一定的时间间隔分别汇总，编制汇总收款凭证、汇总付款凭证或汇总转账凭证；又如，将一段时间的做账凭证按相同会计科目的借方和贷方分别汇总，编制做账凭证汇总表，等等。

2.3.2　做账凭证的基本内容

从不同来源取得的原始凭证种类繁多、格式不一，无法系统地反映经济业务的内容，也难以直接作为登记账簿的依据。因此，根据经济业务的类别、内容将原始凭证加以归类整理，填制具有统一格式的做账凭证，并将相关的原始凭证附在后面，既有利于原始凭证的归类保管，又简化了做账工作，从而提高会计工作的质量。

做账凭证的主要作用是对原始凭证进行分类、整理，按照复式做账的要求，编制会计分录，并据以登记账簿。做账凭证的基本内容就是会计分录，在会计实务中，会计分录是通过填制做账凭证来完成的。

作为登记会计账簿直接依据的做账凭证，因各单位规模大小不同，其反映

经济业务的内容以及对账务处理的要求也不同，做账凭证多种多样。但各种做账凭证都必须保证账务处理的基本要求，必须具备以下基本内容（凭证要素）：

（1）填制单位的名称。

（2）做账凭证的名称。

（3）做账凭证填制的日期及编号。

（4）经济业务的内容摘要。

（5）经济业务涉及的会计科目的名称以及应借应贷的金额，包括一级科目和明细科目。

（6）做账备注，即用"√"表示已过账。

（7）所附原始凭证的张数。

（8）有关主管和经办人员的签章。

2.3.3　做账凭证的填制

为了保证做账凭证能够真实、正确、完整地反映经济业务，其填制必须符合以下要求：

（1）填制做账凭证时，必须以审核无误的原始凭证或汇总原始凭证为依据

做账凭证可以根据每一张原始凭证填制，或者根据若干张同类原始凭证汇总填制，还可以根据原始凭证汇总表填制，但不得将不同内容和类别的原始凭证汇总填制在一张做账凭证上。除结账和更正错误的做账凭证可以不附原始凭证外，其他做账凭证必须附有原始凭证，并在做账凭证上注明原始凭证的张数。如果根据一张原始凭证编制两张或两张以上的做账凭证，可以把原始凭证附在一张主要的做账凭证后面，并在其他做账凭证上注明附有该原始凭证的做账凭证的编号或者附有原始凭证复印件。

（2）做账凭证在一个月内必须连续编号，以便核查

编号要规范，根据不同的做账凭证采用相应的编号方法：如果使用通用做账凭证格式，应采用顺序编号；如果使用专用做账凭证格式，则采用"字号编号法"，即按凭证类别顺序编号，如收款凭证应用"现收字第 ×× 号""银收字第 ×× 号"，付款凭证应用"现付字第 ×× 号""银付字第 ×× 号"，转账凭证应用"转字第 ×× 号"。如果一笔经济业务需要填制两张以

上的做账凭证时，做账凭证的编号采用"分数编号法"连续编号。

（3）做账凭证的摘要栏是对经济业务的简要说明

摘要反映了各项经济业务的核心内容，是做账凭证必不可少的项目，填写时应抓住经济业务的要点，文字说明须简明、确切。

（4）做账凭证必须正确填写会计分录

必须按照会计制度统一规定使用会计科目，账户的对应关系必须清楚正确，一级、二级科目或明细科目要填写齐全；金额的登记方向和数字必须正确且符合书写规范，角分位不留空白，多余的金额栏应划斜线注销，合计金额第一位前要填写货币符号。

（5）做账凭证的项目要填写齐全，手续要完备，做到责任明确

在做账凭证上，应将各项目栏的内容填列齐全。凭证填写完毕后，应进行复核和检查，并由两名以上的有关人员签名盖章，明确责任。出纳人员根据收款凭证收款或根据付款凭证付款时，要在凭证上加盖"收讫"或"付讫"的戳记，以免重收重付，防止差错。

（6）涉及现金与银行存款划转业务的，按规定只填制付款凭证

在采用专用做账凭证的情况下，凡涉及现金和银行存款的收款业务，填制收款凭证；凡涉及现金和银行存款的付款业务，填制付款凭证。而涉及现金与银行存款划转业务的，按规定只填制付款凭证，以免重复做账。如将现金存入银行，同时涉及银行存款的增加和现金的减少，但只填制现金付款凭证，而不填制银行存款收款凭证；从银行提取现金，同时涉及现金的增加和银行存款的减少，但只填制银行存款付款凭证，而不填制现金收款凭证。

2.3.4　做账凭证的审核

正确编制做账凭证是账务处理工作的一个重要环节，特别是收付款凭证是出纳人员收付款项的依据。因此，为了保证会计信息的质量，除编制做账凭证的人员要认真负责、加强自审外，财会部门还应建立相互复核和专人审核的制度。其审核的主要内容包括：

（1）做账凭证所反映的经济业务是否真实，是否附有经过审核了的原始凭证

对做账凭证的审核，也就是对原始凭证的复核，所以做账凭证必须附有

原始凭证，且做账凭证所记录的内容与所附原始凭证反映的经济业务内容必须相符。

（2）做账凭证的会计分录编制是否符合要求

做账凭证的应借应贷会计科目必须正确，账户对应关系必须清晰，金额计算要准确无误，记录的经济业务内容必须合理合法。

（3）做账凭证的摘要填写是否清楚，项目填写是否齐全，有关人员是否签名盖章

做账凭证的摘要既要反映经济业务的内容，又要简明扼要，清楚易懂。做账凭证的有关项目要填写齐全，包括日期、凭证编号、二级和明细会计科目、附件张数以及有关人员签章等。

（4）审核中如发现做账凭证填制有差错，应查明原因重新填制或用正确的方法予以更正

如果在填制做账凭证时发生错误，应当重新填制。如果已经登记入账的做账凭证，发现其会计科目填写错误时，可以用红字填写一张与原内容相同的做账凭证，在摘要栏注明"注销 ×× 月 ×× 日 ×× 号凭证"，同时再用蓝字重新填制一张正确的做账凭证，注明"订正 ×× 月 ×× 日 ×× 号凭证"。如果会计科目没有错误，只是金额错误，也可以用正确数字与错误数字的差额，另编制一张调整的做账凭证，调增金额用蓝字、调减金额用红字。只有经过审核无误的做账凭证，才能作为登记账簿的依据。

2.4 会计凭证的设计

新建单位和原有单位在年度开始时，会计人员均应根据核算工作的需要设计会计凭证和设置各种账簿，即平常所说的"建账"。

会计凭证设计，就是根据被设计单位的实际情况，对凭证的种类、内容、用途、格式、传递程序作出科学的规划，绘制出科学、规范的格式，以便为完整、及时、真实地记录经济活动提供所需要的信息载体。同时在设计

会计凭证时，还需考虑凭证的整理、审核、保管等问题，科学地设计会计凭证的会计账簿是做好做账工作的前提。

2.4.1　怎样设计原始凭证

原始凭证按其来源不同，分为自制凭证和外来凭证两种。对于外来凭证，不在企业会计制度设计的范围之内。因而原始凭证的设计侧重于自制原始凭证的设计。

在设计自制原始凭证时，应着重考虑下列几个问题：每一类经济业务发生时需要记录哪些方面的内容；处理各类经济业务分别需要经由哪些手续；据以编制做账凭证或登记分类账、日记账时各有哪些要求；审核原始凭证应把握哪些要件等。据此规定原始凭证设计的种类、内容、格式和联次等。

原始凭证设计的基本内容包括：原始凭证的名称；接受凭证单位的名称；填制凭证的日期；经济业务的内容摘要；经济业务所涉及的数量、单价和金额；填制凭证单位、人员的签章；凭证的编号；凭证的联次、附件等。

设计原始凭证的基本步骤包括以下五个方面：

第一，确定所需原始凭证的种类。

第二，明确各种原始凭证的用途。

第三，拟定原始凭证的格式。

第四，规定原始凭证的传递程序。

第五，严格原始凭证的保管制度。

在原始凭证设计过程中，还应注意遵循下列要求：

第一，要适应企业生产经营的特点，兼顾统计部门、业务部门以及其他有关部门对业务管理的具体要求；

第二，要适应企业内部机构设置和人员分工情况，贯彻内部控制制度，加强各业务部门和经办人员的责任意识，防止错误及舞弊行为；

第三，要保证会计凭证简便易行，促使会计信息及时、高效传递；

第四，要正确处理好借鉴与改进的关系，尤其对于有统一规范格式的原始凭证，如非必要应尽量采用，以简化设计工作，保证会计实务规范统一。

以下以存货收发业务为例说明有关原始凭证的设计。

记录存货收发的原始凭证如原材料入库单、领料单、材料耗用汇总表、产成品入库单、销货发票等。其格式见表2-11、表2-12、表2-13。

表2-11 材料入库单

材料类别：　　　　　　　　　　年　月　日　　　　　　　　　　第　　号

供应单位	材料名称	编号	规格	单位	数量	单价	金额	合同数量
保管仓库号：			合计					
备注：								

表2-12 限额领料单

年　月　日　　　　　　　　　　　　限额

材料名称：		规格：		编号：			
日期	领用数	累计领用			节约或超支	领料人	发料人
		数量	单价	金额			

表2-13 材料耗用汇总表

年　月　日

耗用产品或部门	领料单张数	数量	单价		金额	
			实际价	计划价	实际价	计划价
A产品						
B产品						
C产品						
管理部门						
车间耗用						
其他部门						
合计						

2.4.2　怎样设计做账凭证

做账凭证的设计与做账方法的采用密切相关，根据《企业会计准则》的要求，应在借贷做账法的基础之上设计做账凭证。

做账凭证设计的基本内容包括：做账凭证的名称；填制凭证的日期；经济业务内容摘要；会计科目（包括明细科目）的名称和方向；金额；凭证编号；凭证所附原始凭证的件数；有关经办人员和主管人员的签章等。

做账凭证设计的基本步骤与原始凭证设计的基本步骤大致相同。首先，需要确定使用做账凭证的种类。一个单位究竟设计什么样的做账凭证，不能一概而论，只能根据事前调查的内容和已设计的会计账务处理程序以及企业活动的特点来决定。如果是小型企事业单位，且设计的账务处理程序是做账凭证账务处理程序或日记总账账务处理程序，则可选择通用做账凭证格式；如果是大中型企业，且设计的账务处理程序是凭证汇总的账务处理程序（科目汇总表账务处理程序和汇总做账凭证账务处理程序），则应选择专用做账凭证（收、付、转凭证）和汇总做账凭证两种格式，汇总做账凭证的格式如表 2-14 所示；如果已设计的账务处理程序是利用账户汇总的处理程序，也应选择专用做账凭证格式。

设计做账凭证时，应考虑下列要求：

第一，要保证做账凭证能在做账工作中起到分录指示作用，有关的借贷双方科目栏次应清晰醒目，简单明了；

第二，应反映填制、审核、主管等不同岗位人员的签章，以便减少错弊，加强内部牵制，保证经济业务和会计工作的合法合规性；

第三，做账凭证必须附有原始凭证，作为书面依据，做账凭证中应有标明所附原始凭证数量、概况的节目，以便查阅、核对；

第四，做账凭证的设计应贯彻《会计法》和《企业会计准则》的要求，一律采用借贷复式做账法，以便规范企业的会计行为；

第五，做账凭证的基本格式已经约定俗成，除非十分必要，企业应尽量采用国家有关部门统一印制的做账凭证，以简化设计工作，节约人力物力。

表2-14　汇总做账凭证

年　月　日　　　　　　　　　　　　汇字　　　号

借方科目	金　额	贷方科目	金　额	
				附件张
合计				

会计主管：　　　　做账：　　　　出纳：　　　　填制：

2.5　会计凭证的传递、整理和保管

2.5.1　会计凭证的传递

会计凭证的传递，是指会计凭证从取得或填制到归档保管的整个过程中，在单位内部各有关部门和人员之间的传递程序和传递时间。

任何单位都会连续不断地发生各种各样的经济业务，每项经济业务在发生或完成后常常需要由不同的部门和人员去办理有关手续，即使由一个部门负责的业务，也经常会由若干人经手，应明确规定会计凭证的传递程序和传递时间。正确地组织会计凭证的传递，对于及时地反映和监督经济业务的发生和完成情况，合理组织经济活动，加强经济管理责任制，提高工作效率，都具有重要意义。

企业应根据具体情况制定每一种凭证的传递程序和方法，使会计凭证的传递合理有效，同时尽量节约传递时间，减少传递的工作量。在制定会计凭证传递程序时，应注意以下问题：

（1）要以会计部门为主，根据经济业务的特点，企业内部机构的设置、人员分工的情况及经营管理上的需要，恰当地规定各种会计凭证的格式、联数、传递程序。既要使会计凭证满足账务处理的要求，又要兼顾计划、统计、管理等部门的需要。

（2）利用会计凭证的传递，使有关部门和人员能够了解经济业务的情况，并按规定手续进行处理和审核，要避免凭证传递通过不必要的环节。同时还要确定凭证在各个环节停留的时间，在保证履行完成必要的业务手续的前提下，以最快速度传递会计凭证，防止不必要的延误。

（3）为了确保会计凭证的安全和完整，要建立凭证的交接签收制度，做到手续完备，责任明确。

2.5.2　会计凭证装订前怎样排序、粘贴和折叠

凭证做账后，应及时装订。装订的范围为原始凭证、做账凭证、科目汇总表、银行对账单等。科目汇总表的工作底稿也可以装订在内，作为科目汇总表的附件。使用计算机的企业，还应将转账凭证清单等装订在内。

装订前首先应将凭证进行整理。会计凭证的整理工作，主要是对凭证进行排序、粘贴和折叠。

对于纸张面积大于做账凭证的原始凭证，可按做账凭证的面积尺寸，先自右向后，再自下向后两次折叠。注意应把凭证的左上角或左侧面让出来，以便装订后还可以展开查阅。

对于纸张面积过小的原始凭证，一般不能直接装订，可先按一定次序和类别排列，再粘在一张同做账凭证大小相同的白纸上，粘贴时以胶水为宜。小票应分张排列，同类同金额的单据尽量粘在一起，同时，在一旁注明张数和合计金额。如果是板状票证（如火车票），可以将票面票底轻轻撕开，厚纸板弃之不用。

对于纸张面积略小于做账凭证的原始凭证，可以用回形针或大头针别在做账凭证后面，待装订凭证时，抽去回形针或大头针。

有的原始凭证不仅面积大，而且数量多，可以单独装订，如工资单、耗料单。但在做账凭证上应注明保管地点。

原始凭证附在做账凭证后的顺序应与做账凭证所记载的内容顺序一致，不应按原始凭证的面积大小来排序。

经过整理后的会计凭证，为汇总装订打好了基础。

所有汇总装订好会计凭证都要加具封面。会计凭证装订前，要先设计和选择会计凭证的封面。封面应用较为结实、耐磨、韧性较强的纸张等。一般的封面格式如表 2-15 所示。

表 2-15　会计凭证的封面

×××有限责任公司 ××凭证 年　月　日　　共　册　　　　本册为第　　册 　　本册起止号码：自　　号至　　　号 　　会计主管：　　　　　装订人：

2.5.3　会计凭证的装订

装订就是将一札一札的会计凭证装订成册，从而方便保管和利用。装订之前，要设计一下，看一个月的做账凭证究竟订成几册为好。每册的厚薄应基本保持一致，不能把几张应属一份做账凭证附件的原始凭证拆开装订在两册之中，要做到既美观大方又便于翻阅。

一本凭证，厚度一般以 1.5 ～ 2.0 厘米为宜。过薄，不利于直立放置；过厚，不便于翻阅核查。凭证装订的各册，一般以月份为单位，每月订成一册或若干册。凭证少的单位，可以将若干个月份的凭证合并订成一册，在封皮注明本册所含的凭证月份。

由于原始凭证往往大于做账凭证，从而折叠过多，这样一本凭证就显得中间厚，装订线的位置薄，订出的一本凭证像条鱼一样。这时可以用一些纸折成许多三角形，均匀地垫在装订线的位置。这样装订出来的凭证就显得整齐了。

装订前，要以会计凭证的左上侧为准，放齐，准备好铁锥、装订机或小手电钻，还有线绳、铁夹、胶水、凭证封皮、包角纸。

下面介绍一种角订法：

（1）将凭证封皮和封底裁开，分别附在凭证前面和后面，再拿一张质地相同的纸（可以再找一张凭证封皮，裁下一半用，另一半为订下一本凭证备用）放在封皮上角，做护角线。

（2）在凭证的左上角画一边长为 5 厘米的等腰三角形，用夹子夹住，用装订机在底线上分布均匀地打两个眼儿。

（3）用大针引线绳穿过两个眼儿，如果没有针，可以将回形别针顺直，然后两端折向同一个方向，折向时将线绳夹紧，即可把线引过来，因为一般装订机打出的眼儿是可以穿过的。

（4）在凭证的背面打结。线绳最好把凭证两端也系上。

（5）将护角向左上侧面折，并将一侧剪开至凭证的左上角，然后抹上胶水。

（6）向上折叠，将侧面和背面的线绳扣粘死。以上如图 2-1 所示。

（7）待晾干后，在凭证本的侧脊上面写上"某年某月第几册共几册"的字样。装订人在装订线封签处签名或者盖章。现金凭证、银行凭证和转账凭证最好依次顺序编号，一个月从头编一次序号，如果单位的凭证少，可以全年顺序编号。

目前，有的账簿商店有一种传票盒，将装订好的凭证装入盒中码放保管，显得整齐。

2.5.4　会计凭证的保管

会计凭证的保管，是指会计凭证登记账簿后的整理、装订和归档存查的工作。会计凭证是记录经济业务，明确经济责任的书面证明文件，又是登记账簿的依据，它是重要的经济档案和经济资料，企业或有关部门可能因各种需要查问会计凭证。对会计凭证的保管，既要使其安全完整，又要便于调阅、查找和检查监督。会计凭证保管的主要方法和要求是：

（1）会计凭证登记完毕后，应当按照分类和编号顺序保管，不得散乱丢失。

（2）每月做账完毕，要将本月各种做账凭证加以整理，检查有无缺号和附件是否齐全，再将做账凭证按类别和编号顺序连同所附的原始凭证，折叠整齐，并加具封面、封底装订成册，并在装订线上加贴封签，如图 2-1 所示。

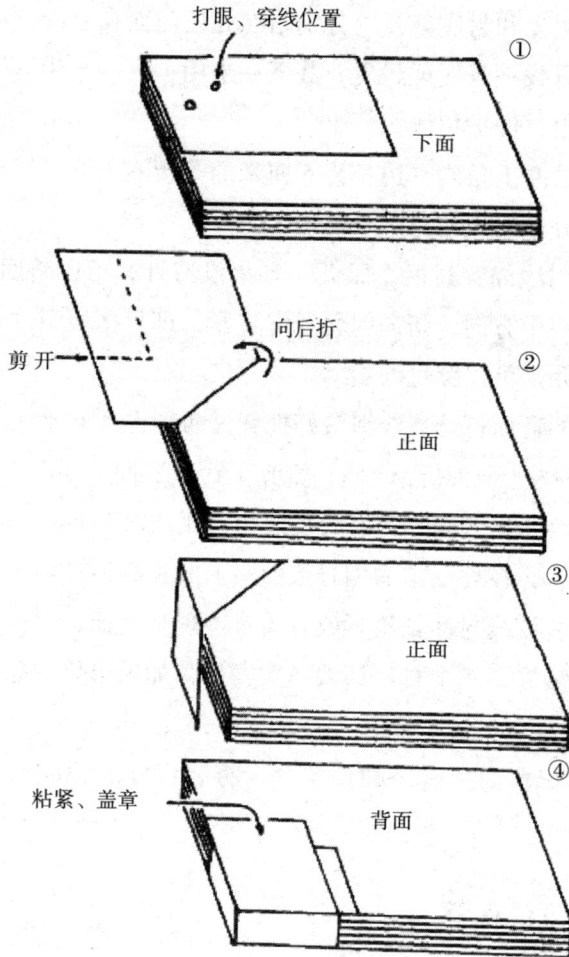

打眼、穿线位置

下面 ①

剪开 向后折 正面 ②

正面 ③

粘紧、盖章 背面 ④

图2-1　会计凭证的装订方法

在已装订成册的会计凭证封面上，按规定注明单位名称、年度、月份、凭证种类、起讫日期、起讫号码、有关人员的签章等。

如果在一个月内凭证的数量过多，可分装若干册，并在封面加注：本月共 × 册、本册是第 × 册。如果有些做账凭证所附的原始凭证数量过多或性质非常重要，也可单独装订保管，但应在其封面上注明所属做账凭证的种类、日期、编号，同时在原有关做账凭证上注明"附件另存"和原始凭证名称、编号，以便查考。

（3）装订成册的会计凭证要指定专门的会计人员保管，年度终了，则应移交财会档案室归档保管。未设立档案机构的，应当在会计机构内部制定专人保管，出纳人员不得兼管会计档案。需要查阅以前年度的会计凭证，需经会计主管同意，并履行一定手续才能取出查阅。

（4）会计凭证不得外借，其他单位如因特殊原因需要使用会计凭证时，经本单位会计机构负责人、会计主管人员批准，可以复制。查阅或者复制会计凭证的人员，严禁在会计凭证上涂画、拆封和抽换。

（5）会计凭证的保管期限，必须严格执行会计制度的有关规定，任何人无权随意销毁。保管期满的会计凭证，可按规定程序销毁，但保管期满而尚未结清的债权债务的原始凭证以及其他涉及未了事项的原始凭证，不得销毁，应当单独抽出立卷，保管到未了事项完成后为止。

第 3 章　凭证与报表的桥梁
——会计账簿业务

本章导读

　　会计账簿作为会计凭证与会计报表的桥梁，能够全面、连续、系统地反映和监督一个经济单位在一定时期内某一类和全部经济业务活动情况，且便于日后查阅。会计账簿是对零星分散的会计凭证的集中归类整理，也是编制会计报表的主要依据，在会计核算工作中占有重要地位。

　　会计账簿按照不同的标准可以分为不同的类型，其中按照用途的不同，分为序时账簿、分类账簿、备查账簿。在设置账簿时，不同的账簿有不同的设置原则和登记方法，本章对普通日记账和特种日记账、总分类账簿和明细分类账簿的设置与登记进行了详细的讲解。

　　账簿在启用和登记时应遵循一定的规则。为了保证账簿记录的完整和正确，为编制会计报表提供真实可靠的数据资料，在做账之后、结账之前，必须做好对账工作，以保证账证相符、账账相符、账实相符和账表相符；同时，要做好查账工作，通过差数法、尾数法、除 2 法及除 9 法及时找出差错，并采用相应的正确的错账更正方法（划线更正法、红字冲销法、补充登记法）予以更正。在做好上述两项基础工作后，在月末、季末、年末进行结账工作，计算出每个账户的本期发生额合计数和期末余额。最后，与会计凭证一样，为了便于查阅、监督检查，会计账簿同样需要按照一定的方法进行装订。

3.1 会计账簿的概念和种类

3.1.1 什么是会计账簿

会计账簿是按会计科目开设，以会计凭证为依据，由一定格式和相互联系的账页所组成，用来序时地、分类地、连续地记录和反映各项经济业务的簿籍。

账簿是账户的表现形式，二者既有区别，又有联系。账户是在账簿中以规定的会计科目开设的户头，用以规定不同的账簿所记录的内容；账簿则是反映账户及其内容的信息载体。如果没有账户也就无所谓账簿；如果没有账簿，账户就成为一种抽象的东西，无法起到提供信息的作用。设置和登记账簿是账务处理的一种专门方法，也是账务处理工作的一个重要环节。

3.1.2 会计账簿具有什么作用

填制和审核会计凭证，可以对发生的经济业务进行及时、准确的记录，并明确经济责任。但会计凭证的数量很多、提供的信息很分散，为了提供全面、系统、综合的会计信息以满足经营管理及对外报告的需要，各单位应当按照国家统一会计制度的规定设置会计账簿。

设置和登记账簿，是编制会计报表的基础，是连接会计凭证和会计报表的中间环节，对于加强经济管理有十分重要的意义。

1. 设置会计账簿，可以全面、系统、分类地反映经济业务

会计凭证是经济业务的直接反映，它提供的是原始、分散的会计信息。而按照一定的方法将会计凭证所记录的经济业务分别登记到账簿的各个账户中，可以把分散的信息集中化，以提供全面、系统、分类的会计信息。

2. 设置会计账簿，可以为定期编制会计报表提供数据资料

账务处理的重要职能是向信息使用者提供有用的会计信息，即企业外部

的信息使用者通过阅读企业提供的会计报表来获取信息，而会计报表是根据会计账簿所提供的数据资料经加工编制而成的。所以，正确、完整、系统地设置和登记账簿，是保证会计报表质量的重要前提。

3. 设置会计账簿是企业经济管理的重要手段和分析经济活动情况的重要依据

通过会计账簿的记录，可以连续、全面、完整地反映企业的资金运作及企业资产、负债和所有者权益的增减变化情况，并监督企业资本金的合理使用和各项财产物资的安全与完整；可以系统、分类地归纳和累积会计信息，以便计算成本、费用和利润，评价企业财务状况和经营成果；可以揭露和分析企业生产经营过程中出现的问题，加强经济责任制，改善经营管理，提高经济效益。

3.1.3　会计账簿的种类

在会计账簿体系中，有各种不同功能和作用的账簿，它们各自独立、又相互补充。为了认识和运用会计账簿，可以从不同角度对其进行分类。

1. 按账簿的用途分类

（1）序时账簿

序时账簿也称日记账，是按各项经济业务发生时间的先后顺序，逐日逐笔连续登记经济业务的账簿。按其记录的内容不同，序时账簿又分为普通日记账和特种日记账。

普通日记账是指用来逐日逐笔记录全部经济业务的序时账簿。即把每天发生的各项经济业务逐日逐笔地登记在日记账中，并确定其会计分录，然后据以登记分类账。

特种日记账是指用来逐日逐笔记录某一类经济业务的序时账簿。目前，为加强对货币资金的监督和管理，特种日记账又分为现金日记账和银行存款日记账。

（2）分类账簿

分类账簿是对发生的全部经济业务按照总分类账户和明细分类账户进行分类登记的账簿。分类账簿按其反映内容的详细程度不同，又分为总分类账簿和明细分类账簿。

总分类账簿简称总账，是根据一级会计科目设置的，用以总括反映经济业务的账簿。总账对明细账具有统驭和控制作用。在实际工作中，每个会计主体应该设置一本总账，包括所需的所有会计账户。

明细分类账簿简称明细账，是根据明细会计科目设置的，用以详细反映经济业务的账簿。明细账是对总账的补充和具体化。在实际工作中，每个会计主体可以根据经营管理的需要，为不同的总账账户设置所属的明细账。

（3）备查账簿

备查账簿也称辅助账簿，是对某些序时账簿和分类账簿不作记载的或记录不全的经济业务进行补充登记的账簿。这种账簿可以对某些经济业务的内容提供必要的参考资料，但是它所记录的信息不编入会计报表中，所以也称表外记录，是各单位根据管理的需要自行设计与设置的。例如，租入固定资产登记簿、应收票据备查簿等。

2. 按账簿的账页格式不同分类

（1）三栏式账簿

三栏式账簿是指采用借方、贷方、余额三个主要栏目的账簿。一般适用于总账、现金日记账、银行存款日记账以及只需要反映价值指标的明细账。

（2）多栏式账簿

多栏式账簿是指在借方栏或贷方栏下设置多个栏目用以反映经济业务不同内容的账簿。例如，生产成本明细账、制造费用明细账、管理费用明细账等。

（3）数量金额式账簿

数量金额式账簿是指在借、贷、余三栏下再设置数量、单价和金额栏的账簿，以便全面记录经济业务的数量和金额的账簿。一般适用于具有实物形态的财产物资的明细账，如原材料明细账等。

3. 按账簿的装订形式不同分类

（1）订本式账簿

订本式账簿简称订本账，是在账簿启用前，将账页按顺序编号并装订成册的账簿。其优点是可以防止账页的散失和非法抽换；缺点是账页固定，不便于分工做账，也不能根据做账的需要增减账页。总分类账、现金日记账和银行存款日记账必须使用订本账。

（2）活页式账簿

活页式账簿简称活页账，是指年度内账页不固定装订成册，而置于活页账夹中，可以根据需要随时增加或抽减账页的账簿。其优点是根据需要增添或重新排列账页，便于分工做账；缺点是账页容易丢失和被抽换。活页账在年度终了时，应及时装订成册，妥善保管。一般明细账多采用活页账。

（3）卡片式账簿

卡片式账簿简称卡片账，是指由若干具有相同格式的卡片作为账页组成的账簿。卡片账的卡片通常装在卡片箱内，不用装订成册，随时可取可放可移动，也可跨年度长期使用。卡片账具有方便性，但容易丢失。一般情况下，固定资产的明细账采用卡片账。

3.2　会计账簿的设置与登记

3.2.1　会计账簿的基本内容

会计账簿的格式多种多样，但其基本构成包括封面、扉页和账页三个部分：

（1）封面

注明会计账簿的名称，如现金日记账、银行存款日记账、明细分类账、总分类账。

（2）扉页

主要填列会计账簿的使用信息：做账单位的名称、账簿启用日期及截止日期、账户目录、页次、经管人员一览表、做账人员及会计主管签章等。

（3）账页

会计账簿的主体，由若干账页组成，每一账页主要包括：账户名称（会计科目）、登账日期栏、做账凭证的种类和编号栏、摘要栏、借贷方金额和余额栏等。

不同种类的会计账簿所记录经济业务的内容、结构、格式、登记方法不同，本节主要介绍序时账簿及分类账簿的结构和登记方法。

3.2.2　会计账簿设置的原则

任何单位都应当根据本单位经济业务的特点和经营管理的需要设置一定数量的账簿。一般来说，设置账簿应当遵循以下原则：

（1）符合国家统一会计制度的规定。

（2）必须满足企业经营规模和管理的需要，全面、系统、完整地反映和监督经济活动及财务状况。

（3）账簿的设置要适应不同账务处理程序的需要，便于账簿的登记、审核和保管，要能为编制会计报表及时提供数据资料。

（4）账簿的设置既要有利于会计分工，加强岗位责任制，又要结合实际情况，力求简便、实用和灵活，节约人力、财力、物力，提高会计工作效率。

3.2.3　序时账簿的设置与登记

1. 普通日记账

普通日记账是用来序时地反映和逐笔记录全部经济业务的日记账。普通日记账也称分录簿，它由会计人员按照每天发生的经济业务的先后顺序，确定应借应贷的会计科目，编制会计分录，逐笔记入普通日记账的相应栏目，作为记入分类账的依据。其格式和内容如表 3-1 所示。

表 3-1　普通日记账

普通日记账

年		凭证		摘要	会计科目	金额		账页	过账符号
月	日	字	号			借方	贷方		

普通日记账的功能和作用只是把反映繁杂经济业务的每一张做账凭证的内容集中在一起，可以全面了解一个时期企业经济业务的全貌。但普通日记

账不便于分工记录，也不能把各种经济业务进行分类反映，且根据普通日记账逐笔登记总账的工作量很大。所以，许多单位并不设置这种普通日记账，而是直接根据做账凭证登记分类账，以减少重复工作。

2. 特种日记账

特种日记账是将大量重复发生的同类经济业务，集中在一本日记账中进行登记的账簿。最常见的特种日记账是现金日记账和银行存款日记账，其账页格式又分为三栏式和多栏式。由于三栏式日记账最为常见，在此我们仅对三栏式日记账进行介绍。

现金日记账是出纳人员根据现金收款凭证、现金付款凭证和银行付款凭证款（记录从银行提取现金业务），按经济业务发生时间的先后顺序进行登记的账簿。

银行存款日记账是出纳人员根据银行收款凭证、银行付款凭证和现金付款凭证款（记录现金存入银行的业务），按经济业务发生时间的先后顺序进行登记的账簿。

三栏式日记账是指账页的金额栏设借、贷、余三栏，用来逐日逐笔登记现金或银行存款的增减变动情况的序时账。其格式及内容如表 3-2、表 3-3 所示。

表 3-2　现金日记账

现金日记账

年		凭证		摘要	对方科目	借方	贷方	余额
月	日	字	号					

表 3-3　银行存款日记账

银行存款日记账

年		凭证		摘要	现金支票号数	转账支票号数	对方科目	借方	贷方	余额
月	日	字	号							

以下是三栏式日记账的主要栏目及其填写方法：

日期栏：登记做账凭证的日期，应与现金或银行存款实际收付日期一致。

凭证栏：登记入账的收付款凭证的种类和编号。

摘要栏：简要说明登记入账的经济业务的内容。

现金支票号数和转账支票号数栏：如果所记录的经济业务是以支票付款结算的，应填写相应的支票号数，以便与银行对账。

对方科目栏：登记现金或银行存款收入的来源科目、支出的用途科目。

借方、贷方、余额栏：现金日记账与银行存款日记账是由出纳员根据审核无误的收、付款凭证（现金日记账根据现金收、付款凭证和与现金有关的银行存款付款凭证登记；银行存款日记账根据银行存款收、付款凭证和与银行存款有关的现金付款凭证登记）逐日逐笔登记。每日的现金或银行存款收付业务登记完毕后，应当各自结算出当日收入、支出合计数，并结出余额，做到"日清"。每月末同样计算现金和银行存款各自的收入、支出合计数，并结出余额，通常称作"月结"。

现金日记账的每日结存余额，应与库存现金的实有数核对相符；银行存款日记账的每日结存余额，应定期与银行对账单核对相符，每月至少要核对一次，并通过编制银行存款余额调节表检查银行存款记录的正确性。如果一个单位按规定在银行开设了不同银行存款账户，则应分别设置银行存款日记账。现金日记账和银行存款日记账还应定期与会计人员登记的现金总账和银行存款总账核对相符。

3.2.4 分类账簿的设置与登记

1. 总分类账簿

总分类账簿简称总账。它是按照会计制度中规定的一级会计科目开设的，分类汇总反映各种资产、负债和所有者权益以及费用、成本和收入总括情况的账簿。总分类账在全面、总括地反映全部经济业务的同时，又能为编制会计报表提供依据，因而，任何会计主体都要设置总分类账。

总分类账簿一般都采用订本账，在一本或几本账簿中将全部总分类账户按会计科目的编号顺序分设，因此对每个账户应事先按业务量的大小预留若干账页。

总账一般只进行货币量度的核算，因此总分类账多使用三栏式，在账页中设置借方、贷方和余额三个金额栏，其格式及内容如表 3-4 所示。

表 3-4　总分类账样式

总分类账

会计科目：

年		凭证		摘要	对应科目	借方	贷方	借或贷	余额
月	日	字	号						

总分类账中的对应科目栏，可以设置也可以不设置。"借或贷"栏是指账户的余额是在借方还是在贷方。

由于采用的账务处理程序不同，总分类账的登记方法和登记程序也不一样。它可以直接根据做账凭证，按经济业务发生的时间顺序逐笔登记；也可以根据科目汇总表登记；还可以根据汇总做账凭证按期或分次汇总登记。具体登记方法参见第 4 章。

2. 明细分类账簿

明细分类账简称明细账。它是根据经营管理的实际需要，按照某些一级会计科目所属的二级科目或明细科目，分类、连续地记录和反映有关资产、负债和所有者权益以及收入、费用和成本的增减变动等详细情况的账簿。

设置和运用明细分类账，能够详细地反映资金循环和收支的具体情况，有利于加强资金的管理和使用，并可为编制会计报表提供必要的资料。所以各会计主体在设置总分类账的基础上，还要根据经营管理的需要，设置若干必要的明细分类账，以形成既能提供经济活动的总括情况，又能提供具体详细情况的账簿体系。

明细分类账簿的通用格式有三种：三栏式明细分类账、多栏式明细分类账和数量金额式明细分类账。

（1）三栏式明细分类账

三栏式明细分类账的账页格式与三栏式总分类账相同，只设置借方、贷方和余额三个金额栏。它主要适用于只要求提供价值指标的账户，如预收账款、应收账款、长期股权投资、应付账款、实收资本等科目的明细核算。其账页格式及内容如表 3-5 所示。

表 3-5 应收账款明细账

应收账款明细账

购货单位名称： 第 页

年		凭证		摘要	借方	贷方	借或贷	余额
月	日	字	号					

（2）数量金额式明细账

数量金额式明细账的账页格式是在收入、发出、结存三栏下，再分别设数量、单价和金额栏。它主要适用于既要提供价值指标，又要提供数量指标的账户，如原材料、库存商品等账户的明细分类账。

（3）多栏式明细分类账

多栏式明细分类账是根据经营管理的需要和经济业务的特点，在一张账页的借方栏或贷方栏下设置若干专栏，集中记录某一总账科目所属的各明细科目的内容。它主要适用于损益类等经济业务的明细核算，如生产成本、主营业务成本、销售费用、管理费用、营业外支出、主营业务收入、营业外收入等账户的明细分类账。

此外，为了适应固定资产、低值易耗品等明细核算的特殊要求，其明细分类核算的格式一般采用卡片式，具体格式可以自行设计。

明细分类账的登记，应根据会计主体业务量的大小、业务性质及管理要求选择不同的登记方法，可以直接根据原始凭证或原始凭证汇总表、做账凭证逐日逐笔登记或定期汇总登记。在月末将总分类账的余额与其所属的明细分类账的余额之和核对相符。有些会计科目，如经济业务内容单纯、发生次数较少，可以不设明细账。

3. 总分类账与明细分类账的平行登记

总分类账与明细分类账的平行登记是对所发生的经济业务，都要以会计凭证为依据，一方面在有关的总分类账中进行登记，另一方面同时在该总分类账所属的各有关明细分类账中登记。平行登记既可以满足管理上对总括会计信息和详细会计信息的需求，又可以检验账户的完整性和正确性。采用平行登记的规则，应注意以下几点：

所谓平行登记是指对所发生的每项经济业务，都要以会计凭证为依据，一方面记入有关总分类账户，另一方面记入有关总分类账户所属明细分类账户的方法。平行登记既可以满足管理上对总括会计信息和详细会计信息的需求，又可以检验账户记录的完整性和正确性。其要点主要包括以下四个方面：

（1）依据相同

对发生的经济业务，都要以相关的会计凭证为依据，既登记有关总分类账户，又登记其所属明细分类账户。

（2）方向相同

将经济业务记入总分类账和明细分类账时，做账方向必须相同。即总分类账户记入借方，明细分类账户也记入借方；总分类账户记入贷方，明细分类账户也记入贷方。

（3）期间相同

对每项经济业务在记入总分类账户和明细分类账户过程中，可以有先有后，但必须在同一会计期间全部登记入账。这里的"同一期间"是指同属一个会计期间的账户，并不是指同一时点登账。因为明细账一般是根据做账凭证及其所附的原始凭证于平时登记，而总账因选择的账务处理程序不同，可能在平时登记，也可能定期登记，但登记总账与登记明细账必须在同一会计期间内完成。

（4）金额相等

记入总分类账户的金额，应与记入其所属明细分类账户的金额合计相

等。这里包含以下含义：总分类账户本期发生额与其所属明细分类账户本期
发生额之合计相等；总分类账户期末余额与其所属明细分类账户期末余额之
合计相等。

3.3 做账规则与错账更正

3.3.1 会计账簿的做账规则

1.账簿启用的规则

会计账簿是存储经济业务数据资料的重要档案，账簿启用后应由专人负
责。为了保证账簿记录的合法性，明确做账责任，保证会计信息的完整，防
止舞弊行为，在账簿启用时，必须在账簿的扉页上填列"账簿启用和经管人
员一览表"，详细载明：单位名称、账簿名称、账簿编号、账簿册数、账簿
共计页数、启用日期、交接日期、交接人姓名、做账人员和会计主管人员签
章，最后还要加盖单位公章。其格式如表 3-6 所示。

表 3-6　账簿启用和经管人员一览表

账簿启用和经管人员一览表

单位名称：					账簿编号：					
账簿名称：					启用日期：					
账簿册数：					账簿页数：					
会计主管（签章）					做账人员（签章）					

移交日期			移交人		接管日期			接管人		会计主管	
年	月	日	姓名	签章	年	月	日	姓名	签章	姓名	签章

2.账簿登记的规则

（1）登记会计账簿时，必须以审核无误的会计凭证为依据。应当将会计凭证的日期、种类和编号、业务内容摘要、金额和其他有关资料等逐项记入账内。做到数字准确、摘要清楚、登记及时、字迹工整。

（2）登记账簿的同时，要在做账凭证上注明所做账簿的页数，或划"√"符号，表示已经登记入账，以避免重记、漏记。还需要有关人员在做账凭证上签名或者盖章。

（3）账簿摘要栏和金额栏中的文字和数字书写要规整、易于辨认。书写的文字和数字上方要留有适当的空间距离，不要写满格，一般应占格距的1/2。

（4）凡需结出余额的账户，结出余额后，应当在"借或贷"等栏内写明"借"或者"贷"等字样。没有余额的账户，应当在"借或贷"等栏内写"平"字，并在余额栏内用"0"表示。现金日记账和银行存款日记账必须逐日结出余额。

（5）在账簿首页要注明账户的名称和页次。各种账簿必须按编定的页次逐页、逐行顺序连续登记，不得隔页、跳行。如果发生了隔页、跳行，应当将空页、空行用红线划对角线注销，加盖"作废"字样；或者注明"此页空白""此行空白"字样，并由做账人员签章。对于订本式账簿不得任意撕毁，活页式账簿也不得任意抽换账页。

（6）每一账页登记完毕结转下页时，应当结出本页合计数及余额，并写在本页最后一行和下页第一行有关栏内，并在摘要栏注明"过次页"和"承前页"字样；也可以将本页合计数及余额只写在下页第一行有关栏内，并在这一行摘要栏注明"承前页"字样。

（7）在新的会计年度开始时，应将各种账簿的上年年终余额转记到新年度开设的有关新账的第一页的第一行，并在摘要栏内注明"上年结转"字样。

（8）为了保持账簿记录的清晰、耐久，防止涂改，做账时必须使用蓝黑墨水或者碳素墨水书写，不得使用铅笔或圆珠笔书写。在下列情况下，可以用红色墨水做账：

①按照红字冲账的做账凭证，冲销错误记录。

②在不设借贷等栏的多栏式账页中，登记减少数。

③在三栏式账户的余额栏前，如未印明余额方向的，在余额栏内登记负数余额。

④月末、年终结账划线。

⑤根据国家统一会计制度的规定可以用红字登记的其他会计记录。

在做账过程中，如果账簿记录发生错误，不得任意采用刮、擦、挖补、涂改或使用褪色药水等方法更正，必须根据错误的不同情况，相应地采用正确的错账更正方法。

3.3.2 更正错账的方法

做账规则中规定，账簿记录中产生的各种错误，只能采用相应的正确的错账更正方法予以更正。根据错账的情况不同，错账更正的方法主要有划线更正法、红字冲销法、补充登记法三种。

1. 划线更正法

（1）适用范围

在结账以前，编制的做账凭证没有错误，而发现账簿记录中的文字或数字有笔误或计算错误。

（2）修改方法

更正时应先将错误的文字或者数字划红线注销，但必须使原有错误的字迹仍可辨认出来，以备查考；然后用蓝字在划线的上端填写正确的文字或者数字，并由做账人员在更正处盖章，以明确责任。对于错误的数字，应当全部划红线更正，不得只更正其中的错误数字；对于文字错误，可只划去错误的部分。

2. 红字冲销法

（1）适用范围

编制的做账凭证的会计科目错误或者方向错误，造成的账簿记录错误；编制的做账凭证的会计科目和方向没有错误，只是所记金额大于应记金额，造成的账簿记录错误。

（2）修改方法

更正时，先用红字金额填制一张内容与原来错误凭证相同的做账凭证，其中"摘要栏"注明"更正第 × 号凭证的错误"，并据以用红字金额登记入账，冲销原来的错误记录；然后再用蓝字金额填制一张正确的做账凭证，并据以登记入账。如果原做账凭证中应借、应贷的会计科目无误，但金额有错，所记金额大于应记金额，可将多记金额用红字填写一张与原凭证相同的做账凭证，并据以用红字金额登记入账，冲销多记的金额。

案例分析 3-1：使用红字冲销法修改错账

企业用支票购买办公用品，共计 500 元。填制做账凭证时，误将"银行存款"科目记为"现金"科目，并已登记入账：

借：管理费用——办公用品   500
　　贷：库存现金   500

发现错误后，先用红字金额填制一张与原错误凭证相同的做账凭证，并用红字金额登记入账，冲销原来的错误记录：

借：管理费用——办公用品   500
　　贷：库存现金   500

再用蓝字金额填制一张正确的做账凭证，并用蓝字金额登记入账：

借：管理费用——办公用品   500
　　贷：银行存款   500

案例分析 3-2：使用红字冲销法修改错账

从银行提取现金 16 800 元，准备发放工资。根据现金支票编制做账凭证时，金额有误，并已入账：

借：库存现金   18 600
　　贷：银行存款   18 600

误记金额大于应记金额，差额 1 800 元。发现错误后，将多记金额 1 800 元用红字填写一张与原凭证相同的做账凭证，并用红字金额登记入账，冲销多记的金额：

借：库存现金　　　　　　　　　　　　　　　　　　1 800

贷：银行存款　　　　　　　　　　　　　　　　　　1 800

3. 补充登记法

（1）适用范围

编制的做账凭证的会计科目和方向没有错误，所记金额小于应记金额，造成账簿记录的错误。

（2）修改方法

将少记金额用蓝字填制一张与原凭证相同的做账凭证，并用蓝字登记入账，弥补少记的金额。

案例分析 3-3：运用补充登记法修改错误

远大公司从本企业车间领取原材料 10 900 元用于本企业的在建工程，在首次做账时在填写做账凭证时出现错误，其做账凭证如下：

借：生产成本——A 产品　　　　　　　　　　　　　10 000

贷：原材料　　　　　　　　　　　　　　　　　　　10 000

后发现实记金额小于应记金额，差额 900 元。发现错误后，将少记金额 900 元以蓝字填写一张与原凭证相同的做账凭证，并据以登记入账，弥补少记的金额：

借：生产成本——A 产品　　　　　　　　　　　　　900

贷：原材料　　　　　　　　　　　　　　　　　　　900

3.4　对账、查账与结账

期末账务处理工作，是会计循环的一个重要环节。对账就是定期或不定期地对各种账簿记录进行核对，以达到账证相符、账账相符、账实相符，保证账簿记录能够为编制会计报表提供真实可靠的数字资料；查账是指找寻在做账过程中发生的各种各样的做账差错，诸如重记、漏记、数字颠倒、数字错位、数字记错、科目记错、借贷方向记反（反向）等；结账就是把一定时期内（月份、季度、年度）应记入账簿的经济业务全部登记入账后，计算并记录各个账户的本期发生额及期末余额。在对账和结账的过程中，还会涉及期末账项调整与结转等问题。

3.4.1　对账

对账，简单地说就是核对账目，亦即为了保证会计账簿记录的正确性，而进行的有关账项的核对工作。

在会计工作中，由于种种原因，账簿记录难免发生错记、漏记的情况。因此，为了保证账簿记录的完整和正确，为编制会计报表提供真实可靠的数据资料，在做账之后，结账之前，必须做好对账工作，以保证账证相符、账账相符、账实相符和账表相符。

1. 账证核对

账证核对是指各种账簿记录与做账凭证及其所附原始凭证的核对。核对会计账簿记录与原始凭证、做账凭证的时间、凭证字号、内容、金额是否一致，做账方向是否相符。这种核对主要是在日常编制凭证和做账过程中进行，期末只作抽查。但是，每月终了，如果发现账账不符，还要进行账簿记录与会计凭证的逐项检查核对，查找账账不符的原因。

2. 账账核对

账账核对是指核对各种会计账簿之间的账簿记录是否相符。主要包括：

（1）总分类账本月借方发生额合计数或期末余额与贷方发生额合计数或期末余额核对相符。实际工作中，这是采用编制试算平衡表的办法进行核对的。

（2）总分类账期末余额与其所属有关明细分类账各账户期末余额合计数核对相符。

（3）现金日记账、银行存款日记账的期末余额与有关总分类账户期末余额核对相符。

（4）会计部门各种财产物资明细分类账期末余额与财产物资保管或使用

部门账簿所记录的内容核对相符。

3. 账实核对

账实核对是指核对会计账簿记录与各种财产物资的实存数额是否相符。主要包括：

（1）现金日记账账面余额与现金实际库存数额相核对，这需要每天进行。

（2）银行存款日记账账面余额与开户银行账目相核对，这是定期进行的，一般每月核对一次。

（3）各种材料、物资明细分类账面余额与材料、物资实存数额相核对。

（4）各种应收、应付账款明细分类账账面余额与有关债权、债务单位的账目相核对。

4. 账表核对

账表核对是指核对会计账簿记录与会计报表的有关内容是否相符。

3.4.2 查账

在做账过程中，可能发生各种各样的差错，产生错账，如重记、漏记、数字颠倒、数字错位、数字记错、科目记错、借贷方向记反（反向）等，从而影响会计信息的准确性，应及时找出差错，并予以更正。错账查找的方法主要有：

（1）差数法

它是指按照错账的差数查找错账的方法。例如，在做账过程中只登记了会计分录的借方或贷方，漏记了另一方，从而形成试算平衡中借方合计与贷方合计不等。其表现形式是借方金额遗漏，会使该金额在贷方超出；贷方金额遗漏，会使该金额在借方超出。对于这样的差错，可由会计人员通过与相关金额的记账核对来查找。

（2）尾数法

对于发生的角、分的差错可以只查找小数部分。以提高查错的效率。

（3）除2法

它是指以差数除以2来查找错账的方法。当某个借方金额错记入贷方（或相反）时，出现错账的差数表现为错误的2倍，将此差数用2去除，得出的商即反向的金额。例如，应记入"原材料——甲材料"科目借方的 4 000 元误记入贷方，则该明细科目的期末余额将小于其总分类科目期末余额 8 000 元，被 2 除的商 4 000 元即为借贷方向反向的金额。同理，如果借方总额大于贷方 600 元，即应查找有无 300 元的贷方金额误记入借方。如非此类错误，则应另寻差错的原因。

（4）除 9 法

它是指以差数除以 9 来查找错账的方法。适用于以下三种情况：

一是将数字写小。如将 400 写为 40，错误数字小于正确数字 9 倍。查找的方法是以差数除以 9 后得出的商即为写错的数字，商乘以 10 即为正确的数字。上例差数 360（即 400-40）除以 9，商 40 即为错数，扩大 10 倍后即可得出正确的数字 400。

二是将数字写大，如将 50 写为 500，错误数字大于正确数字 9 倍，查找的方法是以差数除以 9 后得出的商为正确的数字，商乘以 10 后所得的积为错误数字。上例差数 450（即 500-50）除以 9 后，所得的商 50 为正确数字，50 乘以 10（即 500）为错误数字。

三是邻数颠倒。如将 78 写为 87，将 96 写为 69，将 36 写为 63 等。颠倒的两个数字之差最小为 1，最大为 8（即 9-1）。查找的方法是将差数除以 9，得出的商连续加 11，直到找出颠倒的数字为止。如将 78 记为 87，其基数为 9。查找此错误的方法是将差数除 9 得 1，连加 11 后可能的结果为 12、23、34、45、56、67、78、89。当发现账簿记录中出现上述数字（本例为 78）时，则有可能正是颠倒的数字。

3.4.3　结账

结账是指按照规定把一定时期（月份、季度、年度）内所发生的经济业务登记入账，并将各种账簿结算清楚，计算出每个账户的本期发生额合计数和期末余额，以便进一步根据账簿记录编制会计报表。

从结账工作的角度来看，账簿主要有两类：一类是资产、权益和成本类账簿，这类账簿有本期发生额，也有期末余额；另一类是损益类账簿，这类账簿有本期发生额和结转额，期末结转以后没有余额。

1. 结账的内容和程序

（1）首先将本期内发生的经济业务全部记入有关账簿，其次核对有关账项，以保证账簿记录的完整性、正确性。既不能为赶编会计报表而提前结账，也不能把本期发生的经济业务延至下期登账，更不能先编会计报表而后结账。

这里不仅要将发生的经济业务登记入账，而且还要根据权责发生制原则，将有关的经济事项全部调整入账。例如，应由本期负担的待摊费用，按规定的标准摊配计入本期产品成本或费用；应由本期承担的预提费用按标准提取计入本期产品成本或费用；属于本期的预收收益和应收收益确认计入本期收入；等等。另外，根据配比原则，将属于共同性的制造费用按一定的标准分配，由"制造费用"账户结转入"生产成本"账户；计算确定本期的完工产品生产成本，由"生产成本"账户结转入"产成品"账户；计算确定的本期产品销售成本，由"产成品"账户结转入"主营业务成本"账户等。

（2）将损益类账簿的本期发生额合计数结算出来，并将它们结转到"本年利润"账簿上，结转之后，损益类账簿上无余额。下一会计期间，重新开设损益类账簿。

（3）结算总分类账和明细分类账中的各项资产、权益等账户的本期发生额合计数和期末余额，并将期末余额结转下期，作为下期的期初余额，继续下一会计期间的的业务记录。

2. 结账的方法

年度结账日为公历年度 12 月 31 日，半年度、季度、月度结账日分别为公历年度每半年、每季、每月的最后一天。在实际工作中，一般采用"划线结账"的方法进行结账，具体方法如下：

办理月结，应在各账户本月份最后一笔记录下面划一条通栏红线，在红线下结算出本月发生额合计数和月末余额，并在摘要栏内注明"本月合计""本年累计"字样，然后再在下面划一条通栏红线。

办理年结，应在 12 月份末月结数字下，结算填列全年 12 个月的本期发生额合计数，12 月份末的"本年累计"就是全年累计发生额，全年累计发生额下面应当划两条通栏红线，表示封账。有余额的账户，在摘要栏内注明"结转下年"字样。下一会计年度，在新账有关账户第一行摘要栏注明"上年结转"字样，并将上年结转余额直接记入新账的余额栏。

3.4.4　怎样装订会计账簿

账簿在使用过程中，应妥善保管。账簿的封面颜色，同一年度内力求统一，逐年更换颜色，便于区别年度。这样，在找账查账时就会比较方便。账簿内部，应编好目录，建立索引。注意贴上相应数额的印花税票。

当为活页账本时可以用线绳系起来。下面介绍活页摇夹使用方法：

（1）用摇手插入账簿侧面的孔中，向右旋转，开启摇夹。

（2）旋去螺帽，取去簿盖。

（3）将账簿活页装入，可随意装用，最多可装 300 页。

（4）覆上簿盖，旋上螺帽，再用摇手向左旋转，锁紧摇夹。以上方法的使用如图 3-1 所示。活页摇夹的络链条长 50 毫米，账页在装入取出过程中，摇手旋转链条时要注意账页轧住链条节头，当账页被轧住时，摇手旋转不动，千万不要强旋，请用手轻轻摇动链条节头，不使账页轧住，然后开启或锁紧摇夹。这样可保持长期使用。

摇夹使用的特点是比较安全，因为账簿摇紧后，其他人员如果没有专门工具，不容易随意抽取、更换账页，从而使得账页不易散失；其缺点是成本相对高。

账簿在过次年后，应将账簿装订整齐，活页账要编好科目目录、页码，用线绳系死，然后贴上封皮，在封皮上写明账簿的种类、单位、时间，在账簿的脊背上，也要写明账簿种类、时间。

会计业务量小的公司，账簿可以不贴口取纸；会计业务量大的公司，账簿上应该贴口取纸，可以按一级科目或材料大类，按账页顺序由前往后，自上而下地粘贴，当合起账簿时，全部口取纸应该整齐、均匀，并能够显露出科目名称，不要在账簿上下两侧贴口取纸，而应在右侧粘贴，这样可保证整齐，存档时可以截立放置，以便抽取。

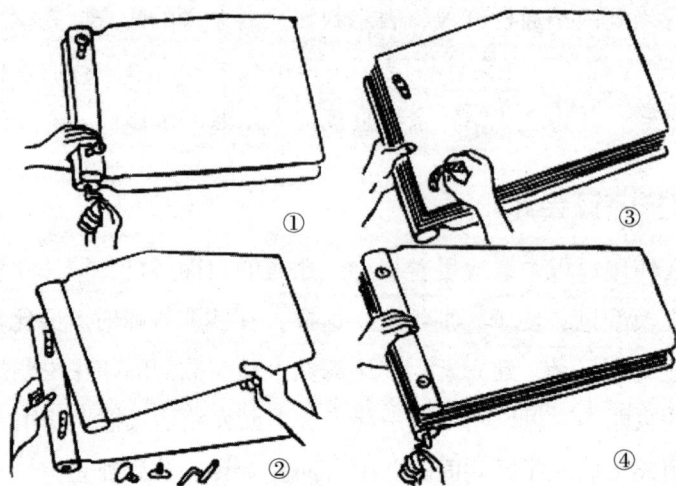

图3-1　账簿装订方法

3.4.5　账簿的更换和保管

年度终了，各会计主体都要结束旧账，更换新账。更换下来的旧账是重要的会计档案，必须按照会计制度统一规定的保存年限妥善保管，不得丢失和任意销毁，以供日后检查、分析和审计。保管期满以后，还要按照规定的审批程序报经批准以后，才能销毁。会计人员必须在年度结束后，将各种活页式、卡片式账簿连同账簿启用和经管人员一览表装订成册，加上封面，统一编号，与各种订本式账簿一起归档保管。

第 ④ 章　做账的重头戏（一）
——资产类业务

本章导读

在日常的做账实务中，资产业务是最常见的业务。资产是指过去的交易、事项形成并由企业拥有或控制的资源，该资源预期会给企业带来经济效益。按其流动性不同，资产可分为流动资产和非流动资产，其中流动资产又可分为货币资金、交易性金融资产、应收票据、应收账款、预付款项、其他应收款、存货等，非流动资产又可分为长期股权投资、固定资产、无形资产及其他资产等。

本章即按照流动资产与非流动资产的顺序依次介绍了上述各资产的账务处理问题。

1. 货币资金。库存现金的收入与支出、备用金、银行存款、其他货币资金。其中，其他货币资金包括外埠存款、银行汇票存款、银行本票存款、信用证存款、信用卡存款和存出投资款等。

2. 应收账款。应收账款的账务处理，坏账损失的确认、提取方法。

3. 应收票据。此处仅指商业汇票，包括带息、不带息商业汇票及背书转让。

4. 其他应收款。包括各种赔款、罚款，存出保证金、备用金及应向职工收取的各种垫付的款项。本书主要对定额备用金和非定额备用金的账务处理进行了介绍。

5. 交易性金融资产。取得、股利或利息、期末计量、处置。主要涉及交易性金融资产、公允价值变动损益、投资收益三个科目。

6. 存货。存货成本的计量方法有两种，即实际成本法与计划成本法；在存货清查的过程中会出现存货盘亏和毁损；在存货减值的账务处理中，出现了

"成本与可变现净值孰低"这一计量方法。

7.长期股权投资。账务处理有成本法和权益法两种，二者有各自的适用范围；减值通过"长期股权投资减值准备"科目核算。

8.固定资产。初始计量、折旧提取、处置等。折旧方法有平均年限法、工作量法、双倍余额递减法、年数总和法。

9.投资性房地产。取得、后续计量、处置。其中，后续计量包括成本模式和公允价值模式；处置的账务处理也因模式的不同而有所不同。

10.无形资产。取得、摊销、处置。主要涉及无形资产、累计摊销、无形资产减值准备三个科目。

11.其他资产业务。主要有长期待摊费用、长期应收款、商誉、递延所得税资产等。

4.1　货币资金业务的账务处理

货币资金是企业资产的重要组成部分，是企业资产中流动性较强的一种资产。任何企业要进行生产经营活动都必须拥有货币资金，持有货币资金是进行生产经营活动的基本条件。根据货币资金的存放地点及其用途的不同，货币资金分为库存现金、银行存款及其他货币资金。

4.1.1　库存现金的账务处理

库存现金的总分类核算应设置"库存现金"账户，借方登记库存现金的增加数，贷方登记库存现金的减少数，期末余额在借方，反映期末库存现金的实有数。

如果企业收付的库存现金中有外币，还应在"库存现金"账户下设置外币库存现金专户进行核算。

1. 库存现金收入的账务处理

库存现金收入是企业在其生产经营和非生产经营业务中取得的库存现金。库存现金收入的账务处理以库存现金收入原始凭证为依据，包括发票、行政事业性专用收据、内部收据等。

案例分析 4-1：库存现金收入的账务处理方法

（1）雷顿公司收回 A 公司所欠货款的尾款，为现金 500 元。进行账务处理如下：

借：库存现金　　　　　　　　　　　　　　　　　　　　500

　贷：应收账款——A 公司　　　　　　　　　　　　　　　500

（2）雷顿公司从银行提取现金 5 000 元。进行账务处理如下：

借：库存现金　　　　　　　　　　　　　　　　　　　5 000

　　　　贷：银行存款　　　　　　　　　　　　　　　　　　5 000

　　（3）雷顿公司收回职工的借款600元。进行账务处理如下：

　　　　借：库存现金　　　　　　　　　　　　　　　　　　600

　　　　　　贷：其他应收款——×××借款　　　　　　　　600

　　（4）雷顿公司出售多余材料收入现金2 000元。进行账务处理如下：

　　　　借：库存现金　　　　　　　　　　　　　　　　　2 000

　　　　　　贷：其他业务收入　　　　　　　　　　　　　2 000

　　2.库存现金支出的账务处理

　　库存现金支出是指企业在其生产经营和非生产经营业务中向外支付的库存现金。库存现金支出的账务处理以库存现金支出原始凭证为依据，分为外来原始凭证和自制原始凭证两部分。常见的库存现金支出原始凭证包括：

　　（1）借据，企业内部所属机构为购买零星办公用品或职工因公出差借款时使用。

　　（2）工资结算单，企业向职工支付工资时使用。

　　（3）报销单（支出凭证），企业内部有关人员为单位内部购买零星物品，接受外单位或个人劳务、服务而办理报销业务，以及单位职工向单位办理托补费、医疗费、统筹医药费的报销时使用。

　　（4）差旅费报销单，企业出差人员办理差旅费报销和出差补贴时使用。

　　（5）领款收据，企业职工向企业领取各种非工资性奖金、津贴、补贴、劳务费和其他各种库存现金款项，其他单位或个人向本企业领取各种劳务费、服务费时使用。

　　案例分析4-2：库存现金支出的账务处理

　　（1）雷顿公司以库存现金18 000元发放2019年3月的职工工资。

　　进行账务处理如下：

　　　　借：应付职工薪酬　　　　　　　　　　　　　　18 000

　　　　　　贷：库存现金　　　　　　　　　　　　　　18 000

（2）雷顿公司用库存现金850元购买办公用品。进行账务处理如下：

　　借：管理费用　　　　　　　　　　　　　　850

　　　　贷：库存现金　　　　　　　　　　　　　850

（3）雷顿公司职工张华出差预借差旅费1 000元，以库存现金支付。进行账务处理如下：

　　借：其他应收款——张华　　　　　　　　1 000

　　　　贷：库存现金　　　　　　　　　　　　1 000

（4）雷顿公司向银行送存库存现金5 000元。进行账务处理如下：

　　借：银行存款　　　　　　　　　　　　　5 000

　　　　贷：库存现金　　　　　　　　　　　　5 000

发生库存现金支出业务时，应根据审核无误的原始凭证，编制付款凭证。

3. 备用金的账务处理

对定额备用金应通过"其他应收款——备用金"账户或单独设置"备用金"账户进行账务处理。

案例分析 4-3：备用金的账务处理

（1）雷顿公司对后勤部门实行定额备用金制度，定额1 000元。后勤部门第一次领取时，进行账务处理如下：

　　借：其他应收款——备用金——总务　　　1 000

　　　　贷：库存现金　　　　　　　　　　　　1 000

（2）月末，后勤部门的备用金保管人员凭有关单据向会计部门报销，报销金额为900元，会计部门经审核准予报销，并以库存现金补足定额。进行账务处理如下：

　　借：管理费用　　　　　　　　　　　　　900

　　　　贷：库存现金　　　　　　　　　　　　900

为进行库存现金的序时核算（类似于库存现金的明细核算），应设置"现金日记账"。由出纳人员按照业务发生的先后顺序逐日逐笔登记，每日终了时结出余额，并同库存现金数核对，月末与库存现金总账核对，做到"日清月结"，保证账款相符、账账相符。库存现金日记账应采用订本式账簿，一般采用三栏式账页。

4. 库存现金清查的账务处理

库存现金清查中发现的待查明原因的库存现金短缺或溢余，应通过"待处理财产损益"账户核算：库存现金短缺，借记"待处理财产损益"，贷记"库存现金"账户；库存现金溢余，借记"库存现金"账户，贷记"待处理财产损益"账户。待查明原因后作如下处理：

（1）库存现金短缺。应由责任人赔偿部分，借记"其他应收款——应收库存现金短缺款（××）"，贷记"待处理财产损益"账户；无法查明原因部分，经批准后，借记"管理费用——现金短缺"账户，贷记"待处理财产损益"账户。

（2）现金溢余。应支付给有关人员或单位的，应借记"待处理财产损益"，贷记"其他应付款——应付现金溢余（某某个人或单位）"账户；无法查明原因的，经批准后，借记"待处理财产损益"账户，贷记"营业外收入——现金溢余"账户。

案例分析 4-4：库存现金清查的账务处理

（1）雷顿公司在对库存现金进行盘点时，发现现金短缺 11 元，进行账务处理如下：

　　借：待处理财产损益　　　　　　　　　　　　　　11
　　　　贷：库存现金　　　　　　　　　　　　　　　　11

（2）后经查明原因，属于出纳人员张某某疏忽大意造成的，应由出纳人员赔偿，进行账务处理如下：

　　借：库存现金　　　　　　　　　　　　　　　　11
　　　　贷：其他应收款——张某某　　　　　　　　　　11

4.1.2 银行存款的账务处理

银行存款是企业存入银行和其他金融机构的货币资金，是企业货币资产的重要组成部分。

银行存款的总分类核算应设置"银行存款"账户，借方登记银行存款的增加数，贷方登记银行存款的减少数，期末余额在借方，反映银行存款的实际结存数。有外币存款的企业，应在"银行存款"账户下分人民币和各种外币设置"银行存款日记账"进行明细核算。

案例分析 4-5：收入银行存款的账务处理

（1）雷顿公司将库存现金 1 800 元存入银行。进行账务处理如下：

借：银行存款　　　　　　　　　　　　　　　　1 800

　　贷：库存现金　　　　　　　　　　　　　　　1 800

（2）雷顿公司从银行取得短期借款 200 000 元。进行账务处理如下：

借：银行存款　　　　　　　　　　　　　　　200 000

　　贷：短期借款　　　　　　　　　　　　　　200 000

（3）雷顿公司销售产品收到支票一张，存入银行，货款 50 000 元，相应的增值税率为 13%，增值税 6 500 元。进行账务处理如下：

借：银行存款　　　　　　　　　　　　　　　56 500

　　贷：主营业务收入　　　　　　　　　　　　50 000

　　　　应交税费——应交增值税（销项税额）　6 500

（4）雷顿公司收到 A 公司转账支票一张 60 000 元，偿还以前欠账款。进行账务处理如下：

借：银行存款　　　　　　　　　　　　　　　60 000

　　贷：应收账款　　　　　　　　　　　　　　60 000

（5）雷顿公司从子公司分得税后利润 240 000 元。进行账务处理如下：

借：银行存款　　　　　　　　　　　　　　　240 000

　　贷：投资收益　　　　　　　　　　　　　　240 000

案例分析 4-6：支出银行存款的账务处理

（1）雷顿公司提取库存现金 28 000 元用于发放工资。进行账务处理如下：

  借：库存现金   28 000

    贷：银行存款   28 000

（2）雷顿公司从外地采购材料，价款 6 000 元，相应的增值税率为 13%，增值税 780 元，均以银行存款支付，材料尚未入库。进行账务处理如下：

  借：材料采购   6 000

    应交税费——应交增值税（进项税额）   780

    贷：银行存款   6 780

（3）雷顿公司交纳增值税 76 000 元。进行账务处理如下：

  借：应交税费——应交增值税（已交税金） 76 000

    贷：银行存款   76 000

（4）雷顿公司用银行存款偿还应付账款 100 000 元。进行账务处理如下：

  借：应付账款   100 000

    贷：银行存款   100 000

（5）雷顿公司兑付到期商业承兑汇票一张，票面金额 291 720 元。进行账务处理如下：

  借：应付票据   291 720

    贷：银行存款   291 720

  银行存款的序时核算就是银行存款的明细核算，应设置"银行存款日记账"。

  "银行存款日记账"由出纳人员按照业务发生的先后顺序逐日逐笔登记，每日终了时结出余额，并定期（一般是每月月末）同银行对账单核对相符。银行存款日记账必须是订本账，一般采用三栏式账页。

4.1.3　其他货币资金的账务处理

其他货币资金包括企业的外埠存款、银行汇票存款、银行本票存款、信用证存款、信用卡存款和存出投资款等。

为了核算其他货币资金的收支和结存情况，应设置"其他货币资金"账户，借方登记其他货币资金的增加数，贷方登记其他货币资金的减少数，余额在借方，表示其他货币资金的结存数额。

1. 外埠存款的账务处理

外埠存款是指企业到外地进行临时或零星采购时，采用汇兑结算方式汇往采购地银行开立采购专户的款项。采购资金存款不计利息，除采购员差旅费可以支取少量库存现金外，一律转账。采购专户只付不收，付完结束账户。

案例分析 4-7：外埠存款的账务处理

（1）北京雷顿公司汇往上海 60 000 元开立采购物资专户。进行账务处理如下：

借：其他货币资金——外埠存款	60 000
贷：银行存款	60 000

（2）在上海采购，支付材料价款 50 000 元，相应的增值税率为 13%，增值税 6 500 元。进行账务处理如下：

借：材料采购（或在途物资）	50 000
应交税费——应交增值税（进项税额）	6 500
贷：其他货币资金——外埠存款	56 500

（3）将多余的外埠存款转回北京的开户银行。进行账务处理如下：

借：银行存款	3 500
贷：其他货币资金——外埠存款	3 500

2. 银行汇票存款的账务处理

银行汇票存款是指企业为取得银行汇票，按照规定存入银行的款项。

企业从银行取得汇票后，借记"其他货币资金——银行汇票"账户，贷记"银行存款"账户。企业使用银行汇票支付款项后，借记"材料采购""应交税费——应交增值税（进项税额）"等账户，贷记"其他货币资金——银行汇票"等账户。

银行汇票使用完毕，应转销"其他货币资金——银行汇票"账户。如实际采购支出小于银行汇票面额，多余部分应借记"银行存款"账户，贷记"其他货币资金——银行汇票"账户。汇票因超过付款期限或其他原因未曾使用而退还款项时，应借记"银行存款"账户，贷记"其他货币资金——银行汇票"账户。

案例分析 4-8：银行汇票存款的账务处理

（1）雷顿公司以银行存款支付银行汇票存款 12 000 元。进行账务处理如下：

借：其他货币资金——银行汇票存款 　　　　　　　12 000

　　贷：银行存款 　　　　　　　　　　　　　　　　12 000

（2）雷顿公司以银行汇票支付采购材料价款 10 000 元，相应的增值税率为 13%，增值税 1 300 元。进行账务处理如下：

借：材料采购（或在途物资） 　　　　　　　　　　10 000

　　应交税费——应交增值税（进项税额） 　　　　　1 300

　　贷：其他货币资金——银行汇票存款 　　　　　　11 300

（3）雷顿公司将银行汇票余额 700 元转销。进行账务处理如下：

借：银行存款 　　　　　　　　　　　　　　　　　700

　　贷：其他货币资金——银行汇票存款 　　　　　　　700

3. 银行本票存款的账务处理

银行本票存款是指企业为取得银行本票，按照规定存入银行的款项。

企业取得银行本票时，借记"其他货币资金——银行本票"账户，贷记"银行存款"账户。

用银行本票支付购货款等款项后，应根据发票账单等有关凭证，借记"材料采购""应交税费——应交增值税（进项税额）"等账户，贷记"其他货币资金——银行本票"账户。

如企业因本票超过付款期等原因未曾使用而要求银行退款时，应填制进账单一式两联，连同本票一并交给银行，然后根据银行收回本票时盖章退回的一联进账单，借记"银行存款"账户，贷记"其他货币资金——银行本票"账户。

案例分析 4-9：银行本票存款的账务处理

（1）雷顿公司以银行存款 4 680 元支付银行本票存款。进行账务处理如下：

借：其他货币资金——银行本票存款　　　　　　　　　4 680

贷：银行存款　　　　　　　　　　　　　　　　　　4 680

（2）雷顿公司支付材料采购款 4 000 元，相应的增值税率为 13%，增值税 520 元。进行账务处理如下：

借：材料采购（或在途物资）　　　　　　　　　　　　4 000

应交税费——应交增值税（进项税额）　　　　　　520

贷：其他货币资金——银行本票存款　　　　　　　　4 520

（3）若雷顿公司未使用该银行本票购买货物，要求银行退款。进行账务处理如下：

借：银行存款（库存现金）　　　　　　　　　　　　　4 520

贷：其他货币资金——银行本票存款　　　　　　　　4 520

4. 存出投资款的账务处理

存出投资款是指企业已存入证券公司但尚未进行交易性金融资产的现金。企业向证券公司划出资金时，应按实际划出的金额，借记"其他货币资金——存出投资款"科目，贷记"银行存款"科目；购买股票、债券等时，借记"交易性金融资产"等科目，贷记"其他货币资金——存出投资款"科目。

案例分析 4-10：存出投资款的账务处理

（1）雷顿公司将银行存款 1 000 000 元存入证券公司，以备购买有价证券。进行账务处理如下：

借：其他货币资金——存出投资款   1 000 000

 贷：银行存款   1 000 000

（2）雷顿公司用存出投资款 1 000 000 元购入股票。

借：交易性金融资产——股票   1 000 000

 贷：其他货币资金——存出投资款   1 000 000

5. 信用证保证金存款

信用证保证金存款是指采用信用证结算方式的企业为开具信用证而存入银行信用证保证金专户的款项。

企业向银行申请开出信用证用于支付供货单位购货款项时，根据开户银行盖章退回的"信用证委托书"回单，借记"其他货币资金——信用证存款"科目，贷记"银行存款"科目。

企业收到供货单位信用证结算凭证及所附发票账单，经核对无误后进行账务处理，借记"在途物资""应交税费——应交增值税（进项税额）"等科目，贷记"其他货币资金——信用证存款"科目。

如果企业收到未用完的信用证存款余款，应借记"银行存款"科目，贷记"其他货币资金——信用证存款"科目。

案例分析 4-11：信用证保证金存款的账务处理

（1）雷顿公司向银行申请开出信用证，金额为 56 500 元，用于支付供货单位购货款项。进行账务处理如下：

借：其他货币资金——信用证存款   56 500

 贷：银行存款   56 500

（2）雷顿公司以信用证的方式，支付供货单位购货款项 50 000 元，相应的增值税率为 13%，增值税进项税额 6 500 元。进行账务处理如下：

借：材料采购（或在途物资）　　　　　　　　　　　50 000

　　　应交税费——应交增值税（进项税额）　　　　6 500

　　贷：其他货币资金——信用证存款　　　　　　　　56 500

（3）若雷顿公司未使用该信用证购买货物，要求银行退款。进行账务处理如下：

借：银行存款（库存现金）　　　　　　　　　　　56 500

　　贷：其他货币资金——信用证存款　　　　　　　　56 500

6. 信用卡存款

信用卡存款是指企业为取得信用卡而存入银行信用卡专户的款项。企业申领信用卡，按照有关规定填制申请表，并按银行要求交存备用金，银行开立信用卡存款账户，发给信用卡。

企业根据银行盖章退回的交存备用金的进账单，借记"其他货币资金——信用卡存款"科目，贷记"银行存款"科目。

企业收到开户银行转来的信用卡存款的付款凭证及所附发票账单，经核对无误后进行账务处理，借记相关科目，贷记"其他货币资金——信用卡存款"科目。

案例分析 4-12：信用卡存款的账务处理

（1）雷顿公司使用单位信用卡，购入办公用品一批，合计 1 000 元。进行账务处理如下：

借：管理费用　　　　　　　　　　　　　　　　　1 000

　　贷：其他货币资金——信用卡存款　　　　　　　　1 000

（2）公司将银行存款 1 000 元存入银行信用卡专户，偿还欠款。进行账务处理如下：

借：其他货币资金——信用卡存款　　　　　　　　1 000

　　贷：银行存款　　　　　　　　　　　　　　　　　1 000

4.2 应收账款的账务处理

应收账款是指企业因销售产品、商品或提供劳务等，应向购货或接受劳务单位收取的款项。

4.2.1 应收账款价值的确定

核算应收账款时，必须确定其入账价值，及时反映应收账款的形成、收回情况，合理地确认、计量坏账损失情况。

应收账款的入账价值包括：销售货物或提供劳务的价款、增值税，以及代购货方垫付的包装费、运杂费等。在确认应收账款的入账价值时，应当考虑有关的折扣和折让因素。

存在现金折扣时，根据我国《企业会计准则》的规定，企业的应收账款应按总价法确认。总价法是将未扣减现金折扣前的实际售价（总价）作为应收账款的入账价值，把实际发生的现金折扣视为销售企业为了尽快回笼资金而发生的理财费用（在现金折扣实际发生时计入财务费用）。

4.2.2 应收账款的账务处理

为了反映应收账款的增减变动及其结存情况，应设置"应收账款"和"坏账准备"账户。

（1）"应收账款"账户

核算企业因销售产品、商品或提供劳务等，应向购货或接受劳务单位收取的款项。该账户的借方登记应收账款的增加数，贷方登记应收账款的收回数及确认的坏账损失数，余额一般在借方，表示尚未收回的应收账款数。

（2）"坏账准备"账户

核算企业提取的坏账准备。该账户贷方登记每期预提的坏账准备数额，借方登记实际发生的坏账损失数额，余额一般在贷方，表示已预提但尚未转销的坏账准备数额。

企业销售商品、产品或提供劳务发生应收款项时，借记"应收账款"账户，贷记"主营业务收入""应交税费——应交增值税（销售税额）"等账户；收回款项时，借记"银行存款"等账户，贷记"应收账款"账户。

企业代购货单位垫付包括包装费、运杂费时，借记"应收账款"账户，贷记"银行存款"等账户；收回代垫费用时，借记"银行存款"账户，贷记"应收账款"账户。

案例分析 4-13：应收账款的账务处理

（1）雷顿公司采用托收承付结算方式向 A 公司销售一批产品，货款 100 000 元，相应的增值税率为 13%，增值税额 13 000 元，以银行存款代垫运杂费 5 000 元，已办理托收手续。进行账务处理如下：

借：应收账款——A 公司	118 000
贷：主营业务收入	100 000
应交税费——应交增值税（销项税额）	13 000
银行存款	5 000

（2）雷顿公司接到银行收款通知，应收 A 公司的全部款项 118 000 元已收到入账，进行账务处理如下：

借：银行存款	118 000
贷：应收账款——A 公司	118 000

4.2.3　坏账损失的账务处理

坏账是指企业无法收回或收回的可能性极小的应收账款。由于发生坏账而产生的损失，称为坏账损失。

1. 坏账损失的确认

企业确认坏账时，应遵循财务报告的目标和会计核算的基本原则，具体分析各应收账款的特性、金额的大小、信用期限、债务人的信誉和当时的经营情况等因素。一般来讲，企业的应收账款符合下列条件之一的，应确认为坏账：

（1）债务人死亡，以其遗产清偿后仍然无法收回。

（2）债务人破产，以其破产财产清偿后仍然无法收回。

（3）债务人较长时期内未履行其偿债义务，并有足够的证据表明无法收回或收回的可能性极小（如债务单位已撤销、破产、资不抵债、现金流量严重不足、发生严重的自然灾害等导致停产而在短时间内无法偿付债务等，以及3年以上的应收款项）。

2.坏账准备的提取方法

企业应当定期或至少于年度终了对应收账款进行检查，对预计可能发生的坏账损失，计提坏账准备。按照《企业会计准则》的规定，计提坏账准备的方法主要有应收账款余额百分比法、账龄分析法和销货百分比法。

（1）应收账款余额百分比法

这种方法是以会计期末应收账款的账面余额为基数，乘以估计的坏账率，计算当期估计的坏账损失，据此提取坏账准备。

（2）账龄分析法

这种方法是根据应收账款挂账时间的长短估计坏账损失，提取坏账准备。

（3）销货百分比法

这种方法是根据赊销金额的一定百分比估计坏账损失，提取坏账准备。

根据《企业会计准则》的规定，采用哪种方法由企业自定。企业应当制定计提坏账准备的政策，明确计提坏账准备的范围、提取方法、账龄的划分和提取比例，按照法律、行政法规的规定报有关各方备案，并备置于企业所在地。坏账准备提取方法一经确定，不得随意变更。如需变更，应当在会计报表附注中予以说明。

企业无论采用哪种方法提取坏账准备，当期应提取的坏账准备都应按以下公式计算：

当期应提取的坏账准备＝当期按应收账款计算应计提的坏账准备金额－（＋）本账户的贷方余额（或借方余额）

当期按应收账款计算应计提的坏账准备金额大于本账户的贷方余额，应按其差额提取坏账准备；如果当期按应收账款计算应计提的坏账准备金额小于本账户的贷方余额，应按其差额冲减已计提的坏账准备；当期按应收账款计算应计提的坏账准备的金额为零，应将本账户的余额全部冲回。

应当指出，对已确认为坏账的应收账款，并不意味着企业放弃了追索权，一旦重新收回，应及时入账。

3. 坏账损失的账务处理

提取坏账准备时，借记"资产减值损失"账户，贷记"坏账准备"账户；发生坏账损失时，借记"坏账准备"账户，贷记"应收账款"账户。已确认并转销的坏账又收回时，借记"应收账款"账户，贷记"坏账准备"账户，同时借记"银行存款"账户，贷记"应收账款"账户。

案例分析 4-14：坏账损失的账务处理

雷顿公司采用应收款项余额百分比法计提坏账准备。2017 ~ 2019 年发生下列经济业务，坏账损失的账务处理方法如下：

（1）雷顿公司 2017 年首次计提坏账准备。年末应收账款余额为 400 000 元，坏账准备的提取比例为 5%，2017 年年末提取坏账准备的会计分录为：

借：资产减值损失　　　　　　　　　　　　　　　　　20 000
　　贷：坏账准备　　　　　　　　　　　　　　　　　　20 000

（2）雷顿公司 2018 年实际发生坏账损失 28 000 元。确认坏账损失时，进行账务处理如下：

借：坏账准备　　　　　　　　　　　　　　　　　　　28 000
　　贷：应收账款　　　　　　　　　　　　　　　　　　28 000

（3）雷顿公司 2018 年年末应收账款余额为 600 000 元，"坏账准备"账户应保持的贷方余额为 30 000 元（即 600 000×5%）；"坏账准备"账户年末的实际余额为借方 8 000 元（即 28 000-20 000），因此本年末应提 38 000 元（即 8 000+30 000）。进行账务处理如下：

借：资产减值损失　　　　　　　　　　　　　　　　　38 000
　　贷：坏账准备　　　　　　　　　　　　　　　　　　38 000

（4）雷顿公司 2019 年 5 月 28 日收到 2015 年已转销的坏账 15 000 元，已存入银行。2019 年 8 月 23 日，又确认坏账损失 24 000 元，进行账务处理如下：

收到已转销的坏账时：

借：应收账款   15 000

    贷：坏账准备   15 000

借：银行存款   15 000

    贷：应收账款   15 000

新确认坏账损失时：

借：坏账准备   24 000

    贷：应收账款   24 000

（5）雷顿公司 2019 年年末应收账款余额为 500 000 元。"坏账准备"账户应保持的余额为 25 000 元（即 500 000×5%），现有贷方余额 21 000 元（30 000+15 000−24 000），因此本年末应提 4000 元（25 000−21 000）。进行账务处理如下：

借：资产减值损失   4 000

    贷：坏账准备   4 000

4.3　应收票据的账务处理

4.3.1　应收票据的含义与内容

根据《中华人民共和国票据法》规定，票据包括汇票、本票和支票。但在我国会计实务中，支票、银行本票及银行汇票均为见票即付的票据，无须将其列为应收票据予以处理。因此，应收票据仅指企业因销售产品、商品或提供劳务等而收到的商业汇票。

4.3.2　应收票据的初始计量

根据我国《企业会计准则》的规定，企业收到开出、承兑的商业汇票时，按照商业汇票的票面金额入账，即应收票据按其面值计价。

4.3.3　商业汇票的利息计算

商业汇票的利息是出票人使用货币资金的成本，它是按照使用货币的时间和规定的利率计算的。对付款人来讲，承担的利息是费用；对收款人来讲，收到的利息是收入。

商业汇票的利息计算公式如下：

商业汇票的利息＝商业汇票的票面金额 × 票面利率 × 票据期限

上式中，"票面利率"一般指年利率；"票据期限"指自签发日起至到期日止的时间间隔。商业汇票的期限，有按月表示和按日表示两种。

票据期限按月表示时，应以到期月份中与出票日相同的那一天为到期日。如 4 月 1 日签发的 3 个月票据，到期日应为 7 月 1 日。月末签发的票据，不论月份大小，以到期月份的月末那一天为到期日。与此同时，计算利息使用的利率要换成月利率（年利率 ÷12）。

票据期限按日表示时，应从出票日起按实际经历天数计算。出票日和到期日只能计算其中的一天，即"算头不算尾"或"算尾不算头"。例如，4 月 1 日签发的 90 天票据，其到期日应为 6 月 30 日 [即 90 天 –4 月实有天数 –5 月实有天数 =90-30-31=29（天）]。同时，计算利息使用的利率，要换算成日利率（即年利率 ÷360）。

4.3.4　应收票据的账务处理

为了核算应收票据的取得和回收情况，企业应设置"应收票据"账户。企业因销售产品、商品或提供劳务收到开出、承兑的商业汇票时，按商业汇票的票面金额，借记"应收票据"账户，按实现的营业收入，贷记"主营业务收入"账户，按专用发票上注明的增值税额，贷记"应交税费——应交增值税（销项税额）"账户。

商业汇票到期，应按实际收到的金额，借记"银行存款"账户，按商业汇票的票面金额，贷记"应收票据"账户。商业承兑汇票到期，承兑人违约拒付或无力支付票款，企业收到银行退回的商业承兑汇票、委托收款凭证、未付票款通知书或拒绝付款证明等，将到期票据的票面金额转入"应收账款"账户。"应收票据"账户期末借方余额，反映企业持有的商业汇票的票面金额。

企业应当设置"应收票据备查簿"，逐笔登记商业汇票的种类、号数和出票日期、票面金额、票面利率、交易合同号和付款人、承兑人、背书人的姓名或单位名称、到期日、背书转让日、贴现日期、贴现率和贴现净额、未计提的利息，以及收款日期和收回金额、退票情况等资料，商业汇票到期结清票款或退票后，应当在备查簿内逐笔注销。现举例说明应收票据的账务处理。

1. 不带息应收票据的账务处理

不带息应收票据的到期价值等于应收票据的面值。企业应当设立"应收票据"账户进行核算。收到应收票据时，按票面金额借记"应收票据"账户，贷记"应收账款""主营业务收入"等账户。应收票据到期收回的票面金额，借记"银行存款"账户，贷记"应收票据"账户。

到期不能收回的不带息应收票据，转入"应收账款"账户，并在有关备查簿中进行登记，待实际收到时再转入"银行存款"账户。

案例分析 4-15：不带息应收票据的账务处理

雷顿公司销售一批产品给 A 公司，货已发出，货款 10 000 元，相应的增值税率为 13%，增值税额为 1 300 元。按合同约定 3 个月以后付款，A 公司交给雷顿公司一张 3 个月到期的商业承兑汇票，票面金额 11 300 元。其账务处理方法如下：

（1）雷顿公司收到该票据时，进行账务处理如下：

借：应收票据   11 300

    贷：主营业务收入   10 000

应交税费——应交增值税（销项税额）　　　　　　　　1 300

（2）3 个月后，该应收票据到期，雷顿公司收回款项 11 300 元，存入银行。进行账务处理如下：

借：银行存款　　　　　　　　　　　　　　　　11 300

　　贷：应收票据　　　　　　　　　　　　　　　　11 300

（3）如果该票据到期，A 公司无力偿还票款，雷顿公司应将到期票据的票面金额转入"应收账款"账户。进行账务处理如下：

借：应收账款——A 公司　　　　　　　　　　　11 300

　　贷：应收票据　　　　　　　　　　　　　　　　11 300

2. 带息应收票据的账务处理

企业收到的带息商业汇票，应于资产负债表日按商业汇票的票面金额和确定的利率计提票据利息，计提的利息一方面增加应收票据的账面余额，另一方面冲减"财务费用"。

带息的商业汇票到期收回款项时，应按收到的本息，借记"银行存款"账户，按账面余额，贷记"应收票据"账户，按其差额（未计提利息部分），贷记"财务费用"账户。

到期不能收回的带息应收票据，转入"应收账款"账户核算后，期末不再计提利息，其所包含的利息，在有关备查簿中进行登记，待实际收到时再冲减收到当期的财务费用。

案例分析 4-16：带息应收票据的账务处理

雷顿公司 2018 年 9 月 1 日销售一批产品给 A 公司，货已发出，专用发票上注明的销售收入为 200 000 元，相应的增值税率为 13%，增值税额 26 000 元。收到 A 公司交来的商业承兑汇票一张，期限为 6 个月，票面利率为 5%。雷顿公司账务处理方法如下：

（1）收到票据时，进行账务处理如下：

借：应收票据　　　　　　　　　　　　　　　226 000

贷：主营业务收入   200 000

应交税费——应交增值税（销项税额）   26 000

（2）年度终了（2018 年 12 月 31 日）计提票据利息时，进行账务处理如下：

票据利息 =226 000×5%÷12×4=3 767（元）

借：应收票据   3 767

  贷：财务费用   3 767

（3）票据到期收回款项时，进行账务处理如下：

收款金额 =226 000×（1+5%÷12×6）=231 650（元）

2019 年 2 月末发生的票据利息 =226 000×5%÷12×2=1 883（元）

借：银行存款   231 650

  贷：应收票据   229 767

    财务费用   1 883

（4）如果票据到期 A 公司无力付款，雷顿公司应将带息应收票据的金额转入"应收账款"账户。进行账务处理如下：

借：应收账款   229 767

  贷：应收票据   229 767

其余的利息在备查簿中登记，待实际收到时再冲减收到当期的财务费用。

3. 收到抵付应收账款的商业汇票的账务处理

商业汇票的到期价值等于商业汇票的票面金额。企业应当设立"应收票据"账户。收到商业汇票时，按票面金额借记"应收票据"账户，贷记"应收账款"账户。商业汇票到期，应按实际收到金额，借记"银行存款"账户，贷记"应收账款"账户。

案例分析 4-17：收到抵付应收账款的商业汇票的账务处理

雷顿公司收到 A 公司寄来一张 2 个月期的商业承兑汇票，面值为 11 300 元，抵偿以前欠的产品货款。雷顿公司应进行如下账务处理：

借：应收票据　　　　　　　　　　　　　　　　11 300

　　贷：应收账款　　　　　　　　　　　　　　　11 300

4. 商业汇票背书转让的账务处理

企业为取得所需物资而将持有的应收票据背书转让时，按应计入取得物资成本的金额，借记"材料采购""原材料""库存商品"等账户，按专用发票上注明的增值税额，借记"应交税费——应交增值税（进项税额）"账户，按商业汇票的票面金额，贷记"应收票据"账户，如有差额，借记或贷记"银行存款"等账户。

案例分析 4-18：商业汇票背书转让的账务处理

雷顿公司将持有的尚未到期的银行承兑汇票背书转让给某钢铁厂，用于购买一批钢材，取得的增值税专用发票上注明价款为 62 000 元，相应的增值税率为 13%，增值税额为 8 060 元，并签发转账支票一张，补付货款与票据面值之间的差额 140 元，材料已到货并验收入库。进行账务处理如下：

借：材料采购　　　　　　　　　　　　　　　　62 000

　　应交税费——应交增值税（进项税额）　　　　8 060

　　贷：应收票据　　　　　　　　　　　　　　　70 200

　　　　银行存款　　　　　　　　　　　　　　　　140

4.4　其他应收款的账务处理

4.4.1　其他应收款的内容

其他应收款是指除应收票据、应收账款、预付账款以外的其他各种应收、暂付款项。其主要内容包括：

（1）应收的各种赔款。如因职工失职给企业造成一定损失而向该职工收取的赔款，或因企业财产等遭受意外损失而向保险公司收取的赔款等。

（2）应收的各种罚款。

（3）存出保证金，如租入包装物后支付的押金等。

（4）备用金。

（5）应向职工收取的各种垫付的款项，如为职工垫付的水电费，应由职工负担的医药费、房租费等。

4.4.2　其他应收款的账务处理

为了反映其他应收款的增减变动及其结存情况，应设置"其他应收款"账户。该账户核算除应收票据、应收账款、预付账款以外的其他各种应收、暂付款项。其借方登记其他应收款的增加数，贷方登记其他应收款的收回数及确认的坏账损失数，余额一般在借方，表示尚未收回的其他应收款数额。

1.备用金的账务处理

备用金是指为了满足企业内部各部门和职工个人生产经营活动的需要，而暂付给有关部门和人员使用的备用库存现金。

为了反映和监督备用金的领用和使用情况，应在"其他应收款"账户下设置"备用金"二级账户，或设置"备用金"一级账户，借方登记备用金的领用数额，贷方登记备用金使用数额，余额在借方，表示暂付周转使用的备用金数额。

根据备用金的管理制度，备用金的账务处理分为定额备用金和非定额备用金两种情况。

（1）定额备用金

它是指根据使用部门和人员工作的实际需要，先核定其备用金定额并依次拨付备用金，使用后再拨付库存现金，补足其定额的制度。

案例分析 4-19：定额备用金的账务处理

雷顿公司某生产车间核定的备用金定额为 5 000 元，以库存现金拨付。进行账务处理如下：

借：其他应收款——备用金　　　　　　　　　5 000

　　贷：库存现金　　　　　　　　　　　　　5 000

上述生产车间报销日常管理支出 3 800 元。进行账务处理如下：

借：制造费用　　　　　　　　　　　　　　3 800

　　贷：库存现金　　　　　　　　　　　　　3 800

（2）非定额备用金

也称一次性备用金，它是指为了满足临时性需要暂付给有关部门和个人的库存现金，使用后实报实销的备用金制度。

案例分析 4-20：非定额备用金的账务处理

（1）雷顿公司行政管理部门张力外出预借差旅费 1 000 元，以库存现金付讫。进行账务处理如下：

借：其他应收款——备用金（张力）　　　　1 000

　　贷：库存现金　　　　　　　　　　　　　1 000

（2）雷顿公司行政管理部门张力出差归来，报销 980 元，剩余库存现金 20 元交回。进行账务处理如下：

借：管理费用　　　　　　　　　　　　　　980

　　库存现金　　　　　　　　　　　　　　20

　　贷：其他应收款——备用金（张力）　　1 000

2. 其他应收款坏账损失的账务处理

企业应当定期或者至少于每年年度终了，对其他应收款进行检查，预计其可能发生的坏账损失，并计提坏账准备。企业对于不能收回的其他应收款应当查明原因，追究责任。对确实无法收回的，按照企业的管理权限，经股东大会、董事会、经理（厂长）会议或类似机构批准作为坏账损失，冲销提取的坏账准备。

经批准作为坏账的其他应收款，借记"坏账准备"账户，贷记"其他应收款"账户。

已确认并转销的坏账损失，如果以后又收回，按实际收回的金额，借记"其他应收款"账户，贷记"坏账准备"账户；同时，借记"银行存款"账户，贷记"其他应收款"账户。

4.5 交易性金融资产的账务处理

交易性金融资产主要是指企业为了近期内出售而持有的金融资产，如企业以赚取差价为目的从二级市场购入的股票、债券、基金等。

4.5.1 交易性金融资产的内容

在企业全部资产中，库存现金、银行存款、应收账款、应收票据、贷款、其他应收款、应收利息、债券投资、股票投资、基金投资及衍生金融资产等统称为金融资产。根据企业管理金融资产的业务模式和金融资产的合同现金流量特征，《企业会计准则第 22 号——金融工具确认和计量》（2020）将金融资产划分为：①以摊余成本计量的金融资产；②以公允价值计量且其变动计入其他综合收益的金融资产；③以公允价值计量且其变动计人当期损益的金融资产。

以公允价值计量且其变动计人当期损益的金融资产称为"交易性金融资产"。它是企业为了近期内出售而持有的金融资产，如企业以赚取差价为目的从二级市场购入的股票、债券、基金等；或者是在初始确认时属于集中管理的可辨认金融工具组合的一部分，且有客观证据表明近期实际存在短期获利模式的金融资产等，如企业管理的以公允价值进行业绩考核的某项投资组合。

从企业管理金融资产的业务模式（即企业如何管理其金融资产以产生现金流量）来看，企业关键管理人员决定对交易性金融资产进行管理的业务目标是以"交易"为目的，而非为收取合同现金流量（即与基本借贷安排相一致，如本金加利息）而持有，也不是为既以收取合同现金流量为目标又以出售该金融资产为目标而持有，仅仅是通过"交易性"活动，即频繁地购买和出售，从市场价格的短期波动中，赚取买卖差价，使企业闲置的资金能获得较高的投资回报。

交易性金融资产预期能在短期内变现以满足日常经营的需要，因此，在资产负债表中作为流动资产列示。

需要说明的是，从金融资产的合同现金流量特征看，尽管交易性金融资产仍将收取合同现金流量，但只是偶尔为之，并非为了实现业务模式目标（即收取合同现金流量）而不可或缺。

4.5.2　交易性金融资产的账务处理

1. 交易性金融资产核算应设置的会计科目

为了反映和监督交易性金融资产的取得、收取现金股利或利息、出售等情况，企业应当设置"交易性金融资产""公允价值变动损益""投资收益"等科目进行核算。

"交易性金融资产"科目核算企业持有的以公允价值计量且其变动计入当期损益的金融资产。"交易性金融资产"科目的借方登记交易性金融资产的取得成本、资产负债表日其公允价值高于账面余额的差额，以及出售交易性金融资产时结转公允价值低于账面余额的变动金额；贷方登记资产负债表日其公允价值低于账面余额的差额，以及企业出售交易性金融资产时结转的成本和公允价值高于账面余额的变动金额。企业应当按照交易性金融资产的类别和品种，分别设置"成本""公允价值变动"等明细科目进行核算。

"公允价值变动损益"科目核算企业交易性金融资产等的公允价值变动而形成的应计入当期损益的利得或损失。"公允价值变动损益"科目的借方登记资产负债表日企业持有的交易性金融资产等的公允价值低于账面余额的差额；贷方登记资产负债表日企业持有的交易性金融资产等的公允价值高于账面余额的差额。

"投资收益"科目核算企业持有交易性金融资产等的期间内取得的投资

收益以及出售交易性金融资产等实现的投资收益或投资损失，借方登记企业取得交易性金融资产时支付的交易费用、出售交易性金融资产等发生的投资损失，贷方登记企业持有交易性金融资产等的期间内取得的投资收益以及出售交易性金融资产等实现的投资收益。"投资收益"科目应当按照投资项目设置明细科目进行核算。

2. 取得交易性金融资产

企业取得交易性金融资产时，应当按照该金融资产取得时的公允价值作为其初始入账金额。金融资产的公允价值，应当以市场交易价格为基础确定。

企业取得交易性金融资产所支付价款中包含的已宣告但尚未发放的现金股利或已到付息期但尚未领取的债券利息，应当单独确认为应收项目。

企业取得交易性金融资产所发生的相关交易费用应当在发生时计入当期损益，冲减投资收益，发生交易费用取得增值税专用发票的，进项税额经认证后可从当月销项税额中扣除。交易费用是指可直接归属于购买、发行或处置金融工具的增量费用。增量费用是指企业没有发生购买、发行或处置相关金融工具的情形就不会发生的费用，包括支付给代理机构、咨询公司、券商、证券交易所、政府有关部门等的手续费、佣金、相关税费及其他必要支出，不包括债券溢价、折价、融资费用、内部管理成本和持有成本等与交易不直接相关的费用。

企业取得交易性金融资产，应当按照该金融资产取得时的公允价值，借记"交易性金融资产——成本"科目；按照发生的交易费用，借记"投资收益"科目；发生交易费用取得增值税专用发票的，按其注明的增值税进项税额，借记"应交税费——应交增值税（进项税额）"科目。按照实际支付的金额，贷记"其他货币资金"等科目。

案例分析 4-21：取得交易性金融资产的账务处理

2019 年 6 月 1 日，甲公司从上海证券交易所购入 A 上市公司股票 1 000 000 股，该笔股票投资在购买日的公允价值为 10 000 000 元，另支付相关交易费用 25 000 元，取得的增值税专用发票上注明的增值税税额为 1 500 元。甲公司将其划分为交易性金融资产进行管理和核算。甲公司应编制如下会计分录：

（1）2019 年 6 月 1 日，购买 A 上市公司股票时：

借：交易性金融资产——A 上市公司股票——成本　10 000 000

　　贷：其他货币资金——存出投资款　　　　　　　　　10 000 000

（2）2019 年 6 月 1 日，支付相关交易费用时：

借：投资收益——A 上市公司股票　　　　　　　　　25 000

　　应交税费——应交增值税（进项税额）　　　　　　1 500

　　贷：其他货币资金——存出投资款　　　　　　　　　26 500

在本例中，取得交易性金融资产所发生的相关交易费用 25 000 元，应当在发生时记入"投资收益"科目，而不记入"交易性金融资产——成本"科目。

案例分析 4-22：取得交易性金融资产的账务处理

假定 2019 年 6 月 1 日，甲公司从上海证券交易所购入 A 上市公司股票 1 000 000 股，支付价款 10 000 000 元（其中包含已宣告但尚未发放的现金股利 600 000 元），另支付相关交易费用 25 000 元，取得的增值税专用发票上注明的增值税税额为 1 500 元。甲公司将其划分为交易性金融资产进行管理和核算。甲公司应编制如下会计分录：

（1）2019 年 6 月 1 日，购买 A 上市公司股票时：

借：交易性金融资产——A 上市公司股票——成本　9 400 000

　　应收股利——A 上市公司股票　　　　　　　　　600 000

　　贷：其他货币资金——存出投资款　　　　　　　　10 000 000

（2）2019 年 6 月 1 日，支付相关交易费用时：

借：投资收益——A 上市公司股票　　　　　　　　　25 000

　　应交税费——应交增值税（进项税额）　　　　　　1 500

　　贷：其他货币资金——存出投资款　　　　　　　　　26 500

在本例中，取得交易性金融资产所发生的相关交易费用 25 000 元，应当在发生时记入"投资收益"科目，而不记入"交易性金融资产——成本"科目。取得交易性金融资产支付价款 10 000 000 元中所包含的已宣告但尚未发放的现金股利 600 000 元，应当记入"应收股利"科目。

4.5.3 持有交易性金融资产

（1）企业持有交易性金融资产期间对于被投资单位宣告发放的现金股利或已到付息期但尚未领取的债券利息，应当确认为应收项目，并计入投资收益，即借记"应收股利"或"应收利息"科目，贷记"投资收益"科目；实际收到款项时作为冲减应收项目处理，即借记"其他货币资金"等科目，贷记"应收股利"或"应收利息"科目。

需要强调的是，企业只有在同时满足三个条件时，才能确认交易性金融资产所取得的股利或利息收入并计入当期损益：一是企业收取股利或利息的权利已经确立（如被投资单位已宣告）；二是与股利或利息相关的经济利益很可能流入企业；三是股利或利息的金额能够可靠计量。

案例分析 4-23：持有交易性金融资产的账务处理

2019 年 6 月 1 日，乙公司购入 B 公司发行的公司债券，支付价款 26 000 000 元（其中包含已到付息期但尚未领取的债券利息 500 000 元），另支付交易费用 300 000 元，取得的增值税专用发票上注明的增值税税额为 18 000 元。该笔 B 公司债券面值为 25 000 000 元。乙公司将其划分为交易性金融资产进行管理和核算。2019 年 6 月 10 日，乙公司收到该笔债券利息 500 000 元。假定不考虑其他相关税费和因素。乙公司应编制如下会计分录：

（1）2019 年 6 月 1 日，购入 B 公司的公司债券时：

借：交易性金融资产——B 公司债券——成本　　25 500 000

　　应收利息——B 公司债券　　　　　　　　　　　500 000

　　投资收益——B 公司债券　　　　　　　　　　　300 000

　　应交税费——应交增值税（进项税额）　　　　　　18 000

　　　贷：其他货币资金——存出投资款　　　　　　　　26 318 000

　　（2）2019 年 6 月 10 日，收到购买价款中包含的已到付息期但尚未领取的债券利息时：

　　　借：其他货币资金——存出投资款　　　　　　　500 000

　　　　贷：应收利息——B 公司债券　　　　　　　　　500 000

　　在本例中，乙公司取得交易性金融资产所支付的交易费用 300 000 元，应当记入"投资收益"科目。乙公司取得交易性金融资产所支付价款 26 000 000 元中包含的已到付息期但尚未领取的债券利息 500 000 元，应当记入"应收利息"科目。

　　（2）资产负债表日，交易性金融资产应当按照公允价值计量，公允价值与账面余额之间的差额计入当期损益。

　　企业应当在资产负债表日按照交易性金融资产公允价值高于其账面余额的差额，借记"交易性金融资产——公允价值变动"科目，贷记"公允价值变动损益"科目；公允价值低于其账面余额的差额作相反的会计分录，借记"公允价值变动损益"科目，贷记"交易性金融资产——公允价值变动"科目。

案例分析 4-24：持有交易性金融资产的账务处理

　　承例 4-23，假定 2019 年 6 月 30 日，乙公司购买的 B 公司债券的公允价值为 26 700 000 元；2019 年 12 月 31 日，乙公司购买的 B 公司债券的公允价值为 25 800 000 元。不考虑相关税费和其他因素。乙公司应编制如下会计分录：

　　（1）2019 年 6 月 30 日，确认 B 公司债券的公允价值变动损益时：

　　　借：交易性金融资产——B 公司债券——公允价值变动　1 200 000

　　　　贷：公允价值变动损益——B 公司债券　　　　　1 200 000

　　（2）2019 年 12 月 31 日，确认 B 公司债券的公允价值变动损益时：

　　　借：公允价值变动损益——B 公司债券　　　　　　900 000

贷：交易性金融资产——B公司债券——公允价值变动　900 000

在本例中，2019年6月30日，B公司债券的公允价值为26 700 000元，账面余额为25 500 000元，公允价值大于账面余额1 200 000元，应记入"公允价值变动损益"科目的贷方；2019年12月31日，B公司债券的公允价值为25 800 000元，账面余额为26 700 000元，公允价值小于账面余额900 000元，应记入"公允价值变动损益"科目的借方。

4.5.4　处置交易性金融资产的账务处理

企业出售交易性金融资产时，应当将该金融资产出售时的公允价值与其账面余额之间的差额作为投资损益进行会计处理。

企业出售交易性金融资产，应当按照实际收到的金额，借记"其他货币资金"等科目；按照该金融资产的账面余额的成本部分，贷记"交易性金融资产——成本"科目；按照该金融资产的账面余额的公允价值变动部分，贷记或借记"交易性金融资产——公允价值变动"科目；按照其差额，贷记或借记"投资收益"科目。

案例分析 4-25：处置交易性金融资产的账务处理

承例4-23和例4-24，假定2020年3月15日，乙公司出售了所持有的全部B公司债券，售价为35 500 000元。不考虑相关税费和其他因素。乙公司应编制如下会计分录：

借：其他货币资金——存出投资款　　　　　　35 500 000
　贷：交易性金融资产——B公司债券——成本　25 500 000
　　　　公允价值变动　　　　　　　　　　　　 300 000
　　　投资收益——B公司债券　　　　　　　　 9 700 000

在本例中，乙公司出售交易性金融资产的售价35 500 000元与其账面余额25 800 000元（即2019年12月31日B公司债券的公允价值25 800 000元）之间的差额9 700 000元应当作为投资收益，记入"投资收益"科目的贷方。

4.6　存货业务的账务处理

存货属于企业的流动资产，根据《企业会计准则第 1 号——存货》的规定，存货是指企业在日常活动中持有以备出售的库存商品或商品、处在生产过程中的在产品、在生产过程或提供劳务过程中耗用的材料和物料等。

4.6.1　存货的种类

具体来讲，存货包括各类原材料、在产品、半成品、库存商品、商品以及周转材料（含包装物、低值易耗品）等。

（1）原材料，指企业在生产过程中经加工改变其形态或性质并构成产品主要实体的各种原料及主要材料、辅助材料、外购半成品（外购件）、修理用备件（备品备件）、包装材料、燃料等。

（2）在产品，指企业正在制造尚未完工的生产物，包括正在各个工序加工的产品，和已加工完毕但尚未检验或已检验但尚未办理入库手续的产品。

（3）半成品，指经过一定生产过程并已检验合格交付半成品仓库保管，但尚未制造完工成为库存商品，仍需进一步加工的中间产品。但不包括从一个生产车间转给另一个生产车间继续加工的自制半成品以及不能单独计算成本的自制半成品。

（4）库存商品，指企业已经完成全部生产过程并验收入库，可以按照合同规定的条件送交订货单位，或者可以作为商品对外销售的产品。企业接受外来原材料加工制造的代制品和为外单位加工修理的代修品，制造和修理完成验收入库后，应视同企业的库存商品。

（5）商品，指可供销售的物品。工业企业的商品包括用本企业自备原材料生产的库存商品和对外销售的半成品等；商品流通企业的商品包括外购或委托加工完成验收入库用于销售的各种商品。

（6）周转材料，是指企业能够多次使用、逐渐转移其价值但仍保持原有形态不确认为固定资产的材料，如包装物和低值易耗品，应当采用一次转销法或者五五摊销法进行摊销；企业（建造承包商）的钢模板、木模板、脚手架和其他周转材料等，可以采用一次转销法或五五摊销法进行摊销。

4.6.2　存货的确认条件与范围

按照《企业会计准则第 1 号——存货》的规定，存货在同时满足以下两个条件时，才能加以确认：

（1）与该存货有关的经济利益很可能流入企业。

（2）该存货的成本能够可靠地计量。

某个项目要确认为存货，首先要符合存货的概念，在此前提下，应当符合上述存货确认的两个条件。

4.6.3　存货的计价方法

存货的价值在流动资产价值中占较大比重。因此，对存货的正确计价直接关系到企业资产价值的确定和企业利润的确定；同时，还可以为使用者提供有关存货信息，借以正确地预测企业未来的资金流转状况。

1. 存货的初始计量

企业存货的取得，主要是通过外购和自制两个途径。从理论上讲，企业无论从何种途径取得的存货，凡与取得存货有关的支出，均应计入存货的历史成本或实际成本之中。

《企业会计准则第 1 号——存货》规定："存货应当按照成本进行初始计量。存货成本包括采购成本、加工成本和其他成本。"其中，存货的采购成本包括购买价款、相关税费、运输费、装卸费、保险费，以及其他可归属于存货采购成本的费用。

2. 实际成本法下的发出存货成本的确定

准确的计量发出存货成本的成本，对于正确的计量产品的成本，计算企业当期的损益有着重要的意义。确定发出存货的成本主要包括实际成本法和计划成本法两个类别。

采用实际成本进行存货日常核算的企业，由于存货入库时间、产地、价格、运输费用及生产耗费的条件不同，造成同一种存货的每批成本往往不同。这样就产生在存货发生时应按什么单价做账的问题。

《企业会计准则第 1 号——存货》规定，企业应当采用先进先出法、加权平均法（包括移动平均法和月末一次加权平均法）或者个别计价法确定发出存货的实际成本。对于性质和用途相似的存货，应当采用相同的成本计算方法确定发出存货的成本。对于不能替代使用的存货、为特定项目专门购入或制造的存货以及提供劳务的成本，通常采用个别计价法确定发出存货的成本。

（1）先进先出法

先进先出法是以先购入的存货先发出这样一种存货实物流转假设为前提，对发出存货进行计价的一种方法。采用这种方法，先购入的存货成本在后购入的存货成本之前转出，据此确定发出存货和期末存货的成本。

（2）移动平均法

也称移动加权平均法，是指在每次进货以后，立即根据库存存货数量和总成本计算出新的平均单位成本，作为下次进货前发出存货的单位成本的一种计价方法。

移动平均法与月末一次加权平均法的计算原理基本相同，只是要求在每次（批）收入存货时重新计算一次加权平均单价。其计算公式如下：

移动加权平均单价 =（本批进货前库存存货成本 + 本批进货成本）/（本批进货前库存存货数量 + 本批进货数量）

（3）月末一次加权平均法

加权平均法是在计算存货的单价时，以期初存货数量和本期各批收入的数量作为权数的计价方法。即平时收入时按数量、单价、金额登记，但每次不确定其结存单价，而是在期终时一次计算其本期的加权平均单价。本期耗用或出售的存货，平时只登记数量，不登记单价和金额，到期终时，再按此加权平均单价确定其金额。其计算公式如下：

公式 1：材料加权平均单价 =（期初结存金额 + 本期收入金额）/（期初结存数量 + 本期收入数量）

公式 2：本期耗用或出售成本 = 本期耗用或出售数量 × 加权平均单价

公式 3：期末结存金额 = 期末结存数量 × 加权平均单价

（4）个别计价法

采用这一方法是假设存货的成本流转与实物流转相一致，按照各种存货，逐一辨认各批发出存货和期末存货所属的购进批别或生产批别，分别按其购入或生产时所确定的单位成本作为计算各批发出存货和期末存货成本的方法。

采用这种方法，计算发出存货的成本和期末存货的成本比较合理、准确，但这种方法的前提是需要对发出和结存存货的批次进行具体认定，以辨别其所属的收入批次，因此实务操作的工作量繁重，困难较大。个别计价法适用于容易识别、存货品种数量不多、单位成本较高的存货计价，如房产、船舶、飞机、重型设备、珠宝、名画等贵重物品。

3.计划成本法下的发出存货成本的确定

计划成本法是指存货的收入、发出和结存均采用计划成本进行日常核算，同时将实际成本与计划成本的差额另行设置有关成本差异账户（如"材料成本差异"账户），反映期末计算发出存货和结存存货应分摊的成本差异，将发出存货和结存存货由计划成本调整为实际成本的方法。

有关计算公式如下：

公式1：存货成本差异率＝（月初结存存货成本差异额＋本月收入存货成本差异额）/（月初结存存货计划成本＋本月收入存货计划成本）×100%

根据存货成本差异率，就可以将发出存货的计划成本调整为实际成本，其计算公式为：

公式2：本月发出存货应负担的成本差异＝发出存货计划成本 × 存货成本差异率

公式3：本月发出存货的实际成本＝发出存货的计划成本 ± 发出存货应负担的成本差异

公式4：月末结存存货的实际成本＝结存存货的计划成本 ± 结存存货应负担的成本差异

案例分析 4-26：计划成本法下的发出存货成本的计算

雷顿公司 2019 年 5 月初结存原材料的计划成本为 50 000 元，本月收入原材料的计划成本为 100 000 元，本月发出材料的计划成本为 80 000 元，原材料成本差异的月初数为 1 000 元（超支），本月收入材料成本差异为 2 000 元（超支）。材料成本差异率及发出材料应负担的成本差异计算如下：

材料成本差异率 =（1 000+2 000）/（50 000+100 000）×100%=2%

本月发出材料应负担的成本差异 =80 000×2%=1 600（元）

本月发出材料的实际成本 =80 000+1 600=81 600（元）

月末结存材料的实际成本 =70 000+1 400=71 400（元）

4.6.4　原材料相关业务的账务处理

原材料是生产经营过程中的劳动对象，是企业生产经营中不可缺少的物质。尽管材料在生产经营过程中所起的作用不同，但它们具有共同的特点：一次性地参加生产经营、经过一个生产周期就要全部消耗掉或改变其原有的实物形态；同时其价值也随着其实物的消耗，一次性地全部转移到产品价值中去，通过产品销售，价值得到一次性补偿。

1. 按实际成本计价进行的日常账务处理

按实际成本计价进行的日常核算，是指从材料的收发凭证到明细分类账和总账均以实际成本来反映材料的收、发、结存情况。

为了总括反映和监督材料的增减变动和结存情况，应设置"原材料""在途物资"等账户。

"原材料"账户核算企业库存的各种材料，其借方发生额反映收入各种材料的实际成本；贷方发生额反映发出材料的实际成本；借方余额表示库存材料的实际成本。

"在途物资"核算企业采用实际成本（或进价）进行材料、商品等物资的日常核算、货款已付尚未验收入库的在途物资的采购成本。"在途物资"可按供货单位和物资品种进行明细核算。其借方发生额反映已支付或已开出、承兑商业汇票的材料货款；贷方发生额反映已验收入库的材料；"在途物资"月末借方余额反映企业在途材料、商品等物资的采购成本。

（1）外购材料收入的总分类核算

从供应单位采购材料和验收入库的业务看，因为货款结算方式、采购地点、收料和付款时间不同，其账务处理也有所不同。

①发票账单与材料同时到达的钱货两清业务。企业采购材料，如果付款后随即收到材料，或者货款支付或已开出承兑商业汇票与材料的验收入库基本上同时进行，则在业务发生后，即可根据银行结算凭证、发票账单和收料单等确定的材料成本，借记"原材料"账户，根据取得的增值税专用发票上注明的税额，借记"应交税费——应交增值税（进项税额）"账户，按照实际支付的款项，贷记"银行存款"（或"库存现金"）、"其他货币资金""应付票据"等账户。

案例分析 4-27：外购原材料的账务处理

雷顿公司是一般纳税人，2019 年 3 月 10 日，该公司购入一批原材料，取得的增值税专用发票上注明的原材料价款为 12 600 元，相应的增值税率为 13%，增值税额为 1 638 元，发票等结算凭证已经收到，货款已通过银行转账支付，材料已验收入库。作如下会计分录：

借：原材料   12 600

  应交税费——应交增值税（进项税额）   1 638

 贷：银行存款   14 238

②付款在前，收料在后。该项业务的产生，多数是在企业向外地采购材料，发生结算凭证等单据已到，并已承付货款或开出承兑商业汇票，但材料尚在运输途中。在会计上将此项业务作为在途物资处理，通过"在途物资"账户核算。

案例分析 4-28：外购原材料的账务处理

接例 4-27，购入材料的业务，假定发票等结算凭证已到，货款已经支付，但材料尚未运到。企业应于收到发票等结算凭证时作如下会计分录：

借：在途物资   12 600

  应交税费——应交增值税（进项税额）   1 638

 贷：银行存款   14 238

上述材料到达验收入库时，再作如下分录：

借：原材料   12 600

 贷：在途物资   12 600

③收料在前，付款在后。企业在材料采购过程中，发生材料已到，结算凭证未到或企业暂时无力支付的业务，如所收到的材料，确属企业订购的品种，可先行办理材料的验收入库手续，并分情况进行必要的账务处理。

第一，材料已到，供应单位发票收单也已到达，但由于企业的银行存款不足而暂未付款，在此情况下，属于企业占用了供应单位的资金，形成了应付而未付供应单位的款项，构成了企业的一项流动负债，应通过"应付账款"账户核算。

案例分析 4-29：外购原材料的账务处理

雷顿公司从外地凤凰铝材公司购入甲种材料 2 000 公斤，买价 8 000 元，增值税发票上的增值税额为 1 040 元，供应单位代垫运杂费 400 元。材料已到达并已验收入库，但货款尚未支付。应据有关发票账单及收料单等凭证作如下分录：

借：原材料——原料及主要材料   8 000

  应交税费——应交增值税（进项税额）   1 040

 贷：应付账款——凤凰铝材公司   9 040

第二，材料已到，但供应单位发票账单未到，而货款尚未支付。在此情况下，为做到材料账实相符，应先按双方合同价格或计划价格暂估入账，借记"原材料"账户，贷记"应付账款"账户。下月初用红字做同样的做账凭证，予以冲回，以便下月付款或开出承兑商业汇票时，按正常程序，借记

"原材料""应交税费——应交增值税（进项税额）"账户，贷记"银行存款"或"应付票据"等账户。

在实际工作中，发生的材料已经验收入库，而发票账单尚未到达情况时，一般情况下，发票账单在材料到达后的几天内即可到达。为简化核算手续，对这些业务月份内可暂不进行总分类核算，只在材料明细分类账中登记收入数量，待发票账单到达后，按实际成本入账。但如果月终仍未收到发票账单，应暂估入账，下月初用红字将暂估价注销，待发票账单到达后再按实际成本入账。

案例分析 4-30：外购原材料的账务处理

接例 4-28，假设上述购入材料的业务，材料已经运到并验收入库，但发票等结算凭证尚未收到，货款尚未支付。月末，按照暂估价入账，假设其暂估价为 8 000 元，有关账务处理如下：

借：原材料   8 000

    贷：应付账款——暂估应付账款   8 000

下月初用红字将上述分录原账冲回：

借：原材料   8 000

    贷：应付账款——暂估应付账款   8 000

（2）材料发出的总分类核算

企业生产过程中发出材料业务非常频繁，平时根据领发料凭证逐笔登记材料明细分类账，以详细反映各种材料的收、发和结存余额。总分类核算一般是根据按实际成本计价的领、发料凭证，按领用部门和用途进行归类汇总，通过编制"发出材料汇总表"，于月末一次登记总分类账，这样就可大大简化做账工作。

2. 按计划成本计价进行的日常核算

按计划成本计价进行的日常核算，是指从材料的收发凭证到明细账、总账上都以计划成本加以计量。实际成本与计划成本之间的差异，单独通过专设的"材料成本差异"组织核算，最终于月末将领用材料的计划成本调整为实际成本。

（1）材料总分类核算

材料按计划成本计价进行的总分类核算，仍应设置"原材料"账户，但均应按计划成本入账，即按计划成本核算企业库存的各种材料。由于材料的计划成本与实际成本之间必然会产生差异，为了正确计算材料的采购成本和考核采购业务成果，还需增设"材料采购"与"材料成本差异"两个资产类账户。

"材料采购"账户核算企业采用计划成本进行材料日常核算而购入材料的采购成本。"材料采购"账户可按供应单位和材料品种进行明细核算。企业支付材料价款和运杂费等，按应计入材料采购成本的金额，借记"材料采购"账户，按实际支付或应支付的金额，贷记"银行存款""库存现金""其他货币资金""应付账款""应付票据""预付账款"等账户。涉及增值税进项税额的，还应进行相应的处理。

月末，企业应将仓库转来的外购收料凭证，分下列不同情况进行处理：

①对于已经付款或已开出承兑商业汇票的收料凭证，应按实际成本和计划成本分别汇总，按计划成本，借记"原材料""周转材料"等账户，贷记"材料采购"账户；将实际成本大于计划成本的差异，借记"材料成本差异"账户，贷记"材料采购"账户；实际成本小于计划成本的差异做相反的会计分录。

②对于尚未收到发票账单的收料凭证，应按计划成本暂估入账，借记"原材料""周转材料"等账户，贷记"应付账款——暂估应付账款"账户，下月初做相反分录予以冲回。下月收到发票账单的收料凭证，借记"材料采购"账户，贷记"银行存款""应付账款""应付票据"等账户。涉及增值税进项税额的，还应进行相应的处理。"材料采购"账户月末借方余额，反映企业在途材料的采购成本。

"材料成本差异"账户核算企业采用计划成本进行日常核算的材料计划成本与实际成本的差额。企业也可以在"原材料""周转材料"等账户设置"成本差异"明细账户。"材料成本差异"账户可以分别"原材料""周转材料"等，按照类别或品种进行明细核算。对于入库材料发生的材料成本差异，实际成本大于计划成本的差异，借记"材料成本差异"账户，贷记"材料采购"账户；实际成本小于计划成本的差异做相反的会计分录。入库材料的计划成本应当尽可能接近实际成本。除特殊情况外，计划成本在年度内不得随意变更。结转发出材料应负担的材料成本差异，按实际成本大于计划成本的差异，借记"生产成本""管理费用""销售费用""委托加工物资""其他业务成本"等账户，贷记"材料成本差异"账户；实际成本小于计划成本的差异做相反的会计分录。发出材料应负担的成本差异应当按月分摊，不得在季末或年末一次计算。发出材料应负担的成本差异，除委托外部加工发出材料可按月初成本差异率计算外，应使用当月的实际差异率；月初成本差异率与本月成本差异率相差不大的，也可按月初成本差异率计算。计算方法一经确定，不得随意变更。材料成本差异率的计算公式如下：

本月材料成本差异率 =（月初结存材料的成本差异 + 本月验收入库材料的成本差异）÷（月初结存材料的计划成本 + 本月验收入库材料的计划成长）× 100%

月初材料成本差异率 = 月初结存材料的成本差异 ÷ 月初结存材料的计划成本 × 100%

发出材料应负担的成本差异 = 发出材料的计划成本 × 材料成本差异率

"材料成本差异"账户月末借方余额，反映企业库存材料等的实际成本大于计划成本的差异；贷方余额反映企业库存材料等的实际成本小于计划成本的差异。

（2）收入材料的总分类核算

同实际成本计价核算一样，由于采购地点、结算方式和收料与付款时间的不同，同样存在几种不同情况。

①发票账单与材料同时到达的钱货两清业务。企业在办理货款结算，同时办理材料验收入库手续后，财会部门应根据银行结算凭证、发票账单等，按采购的实际成本，记入"材料采购"账户的借方和"银行存款""库存现金""其他货币资金""虚付票据"等账户的贷方，同时根据"收料单"按计划成本记入有关材料账户的借方和"材料采购"账户的贷方。

案例分析 4-31：按计划成本法收入原材料的账务处理

2019 年 7 月 5 日，雷顿公司从凤凰铝材公司购入甲种材料 6 000 公斤，价款 12 600 元，取得的增值税专用发票上注明的增值税额为 1 638 元，当即以银行存款付清、材料已按计划成本 12 900 元验收入库。应进行如下账务处理：

第一，借：材料采购——原材料　　　　　　　　　　　　12 600

　　　　　应交税费——应交增值税（进项税额）　　　　1 638

　　　　　　贷：银行存款　　　　　　　　　　　　　　14 238

第二，借：原材料——原料及主要材料　　　　　　　　　12 900

　　　　　　贷：材料采购——原材料　　　　　　　　　12 600

　　　　　　　　材料成本差异　　　　　　　　　　　　300

②付款在前，收料在后。当货款已经支付或已开出承兑商业汇票，材料尚未到达，作为在途材料，记入"材料采购"账户的借方，待材料到达验收入库后，再据"收料单"按计划成本，由"材料采购"账户的贷方，转入有关材料账户的借方。

案例分析 4-32：按计划成本法收入原材料的账务处理

2019 年 7 月 13 日，雷顿公司从外地凤凰铝材公司采购甲种材料 4 000 公斤，买价 8 600 元，增值税额 1 118 元，采用商业汇票结算方式，签发银行承兑汇票一张，计 9 718 元，向开户银行申请承兑，并以银行存款支付手续费 50 元，当日连同解讫通知一并交给供应单位，材料尚未运达。应据有关凭证作如下会计分录：

第一，借：材料采购——原材料　　　　　　　　　　　　8 600

　　　　　应交税费——应交增值税（进项税额）　　　　1 118

　　　　　　贷：应付票据　　　　　　　　　　　　　　9 718

第二，借：财务费用　　　　　　　　　　　　　　　　　50

　　　　　　贷：银行存款　　　　　　　　　　　　　　50

上述甲种材料于 18 日到达,并已验收入库,其计划成本为 9 200 元。

据"收料单"作如下分录:

借:原材料——原料及主要材料 9 200

贷:材料采购——原材料 8 600

材料成本差异 600

案例分析 4-33:按计划成本法收入原材料的账务处理

2019 年 7 月 20 日,雷顿公司从外地凤凰铝材公司采购乙种材料 10 000 公斤,买价 16 000 元,增值税额 2 080 元,采用托收承付结算方式,已承付全部货款,材料尚未到达。应据有关结算凭证,作如下会计分录:

借:材料采用——原材料 16 000

应交税费——应交增值税(进项税额) 2 080

贷:银行存款 18 080

月末上述材料仍未到达,反映为"材料采购"账户的借方余额即在途材料的实际成本。

待上述乙种材料于下月到达,并验收入库后,按计划成本 15 000 元计入"原材料",据"收料单"作如下分录:

借:原材料——原料及主要材料 15 000

材料成本差异 1 000

贷:材料采购——原材料 16 000

③收料在前,付款在后。此类业务仍分为两种情况:一是结算凭证已到,但企业暂时无力支付或未开出承兑商业汇票;二是发票账单等结算凭证未到,而货款尚未支付。应分情况作出必要的账务处理。

第一,材料已到,并已验收入库,供应单位发票账单也已到达,但企业暂时存款不足而未付款或未开出承兑商业汇票。在此情况下,属于企业占用了供应单位的资金,形成了企业的债务,应记入"材料采购"账户的借方和

"应付账款"账户的贷方。

第二，材料已到，但供应单位发票账单未到，而货款尚未支付。在此情况下，平时可不做账务处理，到月终发票账单仍未到达，为使材料账实相符，应按计划成本暂估入账，到下月初用红字冲回，以便下月付款或开出承兑商业汇票后，按正常程序通过"材料采购"账户核算。

案例分析 4-34：按计划成本法收入原材料的账务处理

2019 年 7 月 29 日，雷顿公司接到货场通知，从凤凰铝材公司按合同购入的 12 000 公斤乙种材料已经到达，并于当日验收入库，但对方发票账单未到，故按计划成本 19 000 元暂估入账。应于月终根据收料单作如下会计分录：

借：原材料——原料及主要材料　　　　　　　　　　19 000
　　贷：应付账款——暂估应付账款　　　　　　　　　　19 000

下月初用红字填制相同的收料凭证并据登账，将暂估价冲销。待收到发票账单后，据实按正常程序入账。

（3）发出材料的总分类核算

按计划成本计价的材料发出的总分类核算，一般是在月终根据各种发料和退料凭证，按照发出材料的类别和用途分别汇总，据以编制"发料凭证汇总表"并根据汇总表进行发出材料的总分类核算。

发料凭证汇总表中的计划成本应据各种发料凭证和退料凭证直接分类汇总填列，成本差异应据前述公式计算填列；发出材料的计划成本加上成本差异即为发出材料的实际成本。

4.6.5　存货清查的账务处理

为了保护企业存货的安全完整，做到账实相符，企业应对存货进行定期的清查。企业发生的存货毁损，应当将处置收入扣除账面价值和相关税费后的金额计入当期损益。存货的账面价值是存货成本扣减累计跌价准备后的金额。存货盘亏造成的损失，应当计入当期损益。

为了核算企业在财产清查中查明的各财产物资的盘盈、盘亏和毁损，企业应设置"待处理财产损益"账户。从其性质和结构看，该账户具有双重性质。其借方登记发生的各种财产物资的盘亏金额和批准转销的盘盈金额，贷方登记发生的各种财产物资的盘盈金额和批准转销的盘亏金额。期末借方余额为尚未处理的各种财产物资的净损失；期末贷方余额为尚未处理的各种财产物资的净溢余。

1. 存货盘盈的账务处理

由于盘盈的存货没有账面记录，因此产生了盘盈应该予以补记，按照存货的计划成本或估计价值，借记有关存货账户，贷记"待处理财产损益"账户；存货盘盈一般是由于收发计量或核算上的差错所造成的，故应相应的冲减管理费用，借记"待处理财产损益"，贷记"管理费用"账户。在计划成本进行存货日常核算的情况下，盘盈存货按计划成本入账。

案例分析 4-35：存货盘盈的账务处理

雷顿公司进行存货清查时，发现某产品盘盈 100 公斤，计划单位成本为 9.5 元，计 950 元。应进行如下账务处理：

借：库存商品　　　　　　　　　　　　　　　　　　950

　　贷：待处理财产损益　　　　　　　　　　　　　950

经查该项盘盈属于收发计量错误造成。经批准作为冲减费用处理。作如下会计分录：

借：待处理财产损益　　　　　　　　　　　　　　950

　　贷：管理费用　　　　　　　　　　　　　　　　950

2. 存货盘亏和毁损的账务处理

存货的盘亏和毁损，先按其账面成本，借记"待处理财产损益"账户，贷记有关存货账户。经审批后，按发生的原因和相应的处理决定，分别进行转销。

属于自然损耗造成的定额内损耗，应借记"管理费用"账户；属于过失人责任造成的损失，应扣除其残料价值，借记"原材料""其他应收款"账户；应向保险公司收取赔偿金，借记"其他应收款——保险公司"账户；剩余净损失或未参加保险部分的损失，借记"营业外支出——非常损失"账户；若损失中有一般经营损失部分，借记"管理费用"账户。按盘亏和毁损数额，贷记"待处理财产损益"账户。

案例分析 4-36：存货盘亏和毁损的账务处理

雷顿公司进行存货清查时，发现材料短缺 500 公斤，其计划单位成本为 3.6 元，计 18 000 元，材料成本差异率为 ±2%。应进行如下账务处理：

借：待处理财产损益　　　　　　　　　　　　　　18 360
　贷：原材料　　　　　　　　　　　　　　　　　　18 000
　　　材料成本差异——原材料　　　　　　　　　　　360

经查，该项短缺分别由多种原因造成，经批准，分别进行转销。

（1）材料短缺中属于责任过失人造成 2 000 元损失，应由其予以赔偿。应进行如下账务处理：

借：其他应收款——过失责任人　　　　　　　　　2 000
　贷：待处理财产损益　　　　　　　　　　　　　　2 000

（2）材料短缺中，属于定额内合理耗损部分，价值 325 元，应计入费用。应进行如下账务处理：

借：管理费用　　　　　　　　　　　　　　　　　 325
　贷：待处理财产损益　　　　　　　　　　　　　　 325

（3）材料短缺中，属于非常损失部分，价值 16 000 元，其中，收回残料 100 元，保险公司给予赔款 15 900 元，剩余 35 元经批准转为营业外损失。应作如下分录：

借：原材料　　　　　　　　　　　　　　　　　　 100
　　其他应收款——保险公司　　　　　　　　　　 15 900

营业外支出——非常损失   35
  贷：待处理财产损益   16 035

  盘盈或盘亏的存货，如在期末结账前尚未经批准的，应在对外提供财务报告时现按上述规定进行处理，并在会计报表附注中作出说明；如果其后批准处理的金额与已处理的金额不一致，应按其差额调整会计报表相关项目的年初数。

4.6.6 存货减值的账务处理

  存货在进入企业后可能发生毁损、陈旧或价格下跌等情况，使存货的可变现净值与成本不相等。所以，在会计期末，存货不能单纯的以成本计量，而应采用成本与可变现净值孰低法。

  1. 存货跌价准备的计提和转回

  在资产负债表日，存货应当按照成本与可变现净值孰低计量。其中，成本是指期末存货的实际成本。可变现净值是指在日常活动中，存货的估计售价减去至完工时估计将要发生的成本费用及相关税费后的金额。可变现净值的特征表现为存货的预计未来净现金流量，而不是存货的售价或合同价。当成本低于可变现净值时，存货按成本计价；当成本高于可变现净值时，存货按可变现净值入账。当存货成本高于其可变现净值时，表明存货可能发生损失，应在存货销售之前提前确认这一损失，计入当期损益，并相应减少存货的账面价值。当以前减记存货价值的影响因素已经消失的，减记的金额应当予以恢复，并在原已计提的存货跌价准备金额内转回，转回的金额计入当期损益。

  2. 存货跌价准备的账务处理

  企业应当设置"存货跌价准备"科目，核算计提的存货跌价准备，贷方登记计提的存货跌价准备金额；借方登记实际发生的存货跌价损失金额和冲减的存货跌价准备金额，期末余额一般在贷方：反映企业已计提但尚未转销的存货跌价准备。

  当存货成本高于其可变现净值时，企业应当按照存货可变现净值低于成本的差额，借记"资产减值损失——计提的存货跌价准备"科目，贷记"存货跌价准备"科目。

转回已计提的存货跌价准备金额时，按恢复增加的金额，借记"存货跌价准备"科目，贷记"资产减值损失——计提的存货跌价准备"科目。

企业结转存货销售成本时，对于已计提存货跌价准备的，借记"存货跌价准备"科目，贷记"主营业务成本""其他业务成本"等科目。

案例分析 4-37：存货跌价准备的账务处理

2019 年 12 月 31 日，雷顿公司某材料的账面金额为 200 000 元。由于市场价格下跌，预计可变现净值为 150 000 元。应进行如下账务处理：

借：资产减值损失——计提的存货跌价准备　　　　　　　50 000

　　贷：存货跌价准备　　　　　　　　　　　　　　　　　　50 000

假设 2020 年 6 月 30 日，某材料的账面金额为 150 000 元，已计提存货跌价准备 50 000 元。由于市场价格有所上升，使某材料的预计可变现净值变为 125 000 元。应进行如下账务处理：

借：存货跌价准备　　　　　　　　　　　　　　　　　　25 000

　　贷：资产减值损失——计提的存货跌价准备　　　　　　25 000

4.7　长期股权投资的账务处理

长期股权投资包括企业持有的对其子公司、合营企业及联营企业的权益性投资以及企业持有的对被投资单位不具有控制、共同控制或重大影响，且在活跃市场中没有报价、公允价值不能可靠计量的权益性投资。

4.7.1　长期股权投资的账务处理方法

长期股权投资的账务处理方法有两种：一是成本法；二是权益法。

1. 成本法核算的长期股权投资的范围

（1）企业能够对被投资单位实施控制的长期股权投资，即企业对子公司的长期股权投资。企业对子公司的长期股权投资应当采用成本法核算，编制合并财务报表时按照权益法进行调整。

（2）企业对被投资单位不具有控制、共同控制或重大影响，在活跃市场中没有报价，且公允价值不能可靠计量的长期股权投资。

2. 权益法核算的长期股权投资的范围

企业对被投资单位具有共同控制或者重大影响时，长期股权投资应当采用权益法核算。

（1）企业对被投资单位具有共同控制的长期股权投资，即企业对其合营企业的长期股权投资。

（2）企业对被投资单位具有重大影响的长期股权投资，即企业对其联营企业的长期股权投资。

为了核算企业的长期股权投资，企业应当设置"长期股权投资""投资收益"等科目。

"长期股权投资"科目核算企业持有的采用成本法和权益法核算的长期股权投资，借方登记长期股权投资取得时的成本以及采用权益法核算时按被投资企业实现的净利润计算的应分享的份额，贷方登记收回长期股权投资的价值或采用权益法核算时被投资单位宣告分派现金股利或利润时企业按持股比例计算应享有的份额，以及按被投资单位发生的净亏损计算的应分担的份额，期末借方余额，反映企业持有的长期股权投资的价值。

4.7.2 采用成本法核算的长期股权投资

1. 长期股权投资初始投资成本的确定

除企业合并形成的长期股权投资以外，以支付现金取得的长期股权投资，应当按照实际支付的购买价款作为初始投资成本。企业所发生的与取得长期股权投资直接相关的费用、税金及其他必要支出应计入长期股权投资的初始投资成本。

此外，企业取得长期股权投资，实际支付的价款或对价中包含的已宣告但尚未发放的现金股利或利润，作为应收项目处理，不构成长期股权投资的成本。

2. 取得长期股权投资

取得长期股权投资时，应按照初始投资成本计价。除企业合并形成的长期股权投资以外，以支付现金、非现金资产等其他方式取得的长期股权投资，应按照上述规定确定的长期股权投资初始投资成本，借记"长期股权投资"科目，贷记"银行存款"等科目。如果实际支付的价款中包含有已宣告但尚未发放的现金股利或利润，借记"应收股利"科目，贷记"长期股权投资"科目。

案例分析 4-38：取得长期股权投资的账务处理

雷顿公司 2019 年 1 月 10 日购买 A 股份有限公司发行的股票 50 000 股准备长期持有，从而拥有 A 股份有限公司 5% 的股份。每股买入价为 6 元，另外，雷顿公司购买该股票时发生有关税费 5 000 元，款项已由银行存款支付。该雷顿公司应作如下账务处理：

计算初始投资成本：

股票成交金额　　　　　300 000（50 000×6）

加：相关税费　　　　　5 000

初始投资成本　　　　　305 000

编制购入股票的会计分录：

借：长期股权投资　　　　　　　　　　305 000

　　贷：银行存款　　　　　　　　　　　　305 000

3. 长期股权投资持有期间被投资单位宣告发放现金股利或利润

长期股权投资持有期间被投资单位宣告发放现金股利或利润时，企业按应享有的部分确认为投资收益，借记"应收股利"科目，贷记"投资收益"科目。属于被投资单位在取得本企业投资前实现净利润的分配额，应作为投资成本的收回，借记"应收股利"科目，贷记"长期股权投资"科目。

案例分析 4-39：长期股权投资持有期间被投资单位宣告发放现金股利或利润的账务处理

雷顿公司 2019 年 5 月 15 日以银行存款购买 A 股份有限公司的股票 100 000 股作为长期投资，每股买入价为 10 元，每股价格中包含有 0.2 元的已宣告分派的现金股利，另支付相关税费 7 000 元。雷顿公司应作如下账务处理：

计算初始投资成本：

股票成交金额	1 000 000（100 000×10）
加：相关税费	7 000
减：已宣告分派的现金股利	20 000（100 000×0.2）
初始投资成本	987 000

编制购入股票的会计分录：

借：长期股权投资　　　　　　　　　　　987 000

　　应收股利　　　　　　　　　　　　　 20 000

　贷：银行存款　　　　　　　　　　　　　　　　1 007 000

假定雷顿公司 2019 年 6 月 20 日收到 A 股份有限公司分来的购买该股票时已宣告分派的股利 20 000 元。此时，应作如下账务处理：

借：银行存款　　　　　　　　　　　　　 20 000

　贷：应收股利　　　　　　　　　　　　　　　　 20 000

在这种情况下，取得长期股权投资时，如果实际支付的价款中包含有已宣告但尚未发放的现金股利或利润，应借记"应收股利"科目，不记入"长期股权投资"科目。

案例分析 4-40：长期股权投资持有期间被投资单位宣告发放现金股利或利润的账务处理

雷顿公司 2019 年 5 月 15 日以银行存款购买 A 股份有限公司的股票作为长期投资，如果雷顿公司于 2019 年 6 月 20 日收到 A 有限股份公司宣告发放 2018 年度现金股利的通知，应分得现金股利 5 000 元。雷顿公司应作如下账务处理：

借：应收股利　　　　　　　　　　　　　　　　　　5 000

贷：长期股权投资　　　　　　　　　　　　　　　5 000

在这种情况下，属于被投资单位在取得本企业投资前实现净利润的分配额，应作为投资成本的收回，借记"应收股利"科目，贷记"长期股权投资"科目，而不是确认为投资收益。

如果长期股权投资持有期间被投资单位宣告发放现金股利或利润，且该利润属于投资以后产生的，则应该确认为投资收益。

4. 长期股权投资的处置

处置长期股权投资时，按实际取得的价款与长期股权投资账面价值的差额确认为投资损益，并应同时结转已计提的长期股权投资减值准备。其账务处理是：企业处置长期股权投资时，应按实际收到的金额，借记"银行存款"等科目；按原已计提的减值准备，借记"长期股权投资减值准备"科目。按该项长期股权投资的账面余额，贷记"长期股权投资"科目；按尚未领取的现金股利或利润，贷记"应收股利"科目；按其差额，贷记或借记"投资收益"科目。

案例分析 4-41：处置长期股权投资的账务处理

雷顿公司将其作为长期投资持有的远海股份有限公司 15 000 股股票，以每股 10 元的价格卖出，支付相关税费 1 000 元，取得价款 149 000 元，款项已由银行收妥。该长期股权投资账面价值为 140 000 元，假定没有计提减值准备。雷顿公司应作如下账务处理：

计算投资收益：

取得股票转让价款　　　　　　　149 000

减：投资账面余额　　　　　　　140 000

投资收益　　　　9 000

编制出售股票时的会计分录：

借：银行存款		149 000
贷：长期股权投资		140 000
投资收益		9 000

在这种情况下，企业处置长期股权投资，应按实际取得的价款与长期股权投资账面价值的差额确认为投资损益，并应同时结转已计提的长期股权投资减值准备。

4.7.3　采用权益法核算的长期股权投资

1. 取得长期股权投资

取得长期股权投资，长期股权投资的初始投资成本大于投资时应享有被投资单位可辨认净资产公允价值份额的，不调整已确认的初始投资成本，借记"长期股权投资——成本"科目，贷记"银行存款"等科目。长期股权投资的初始投资成本小于投资时应享有被投资单位可辨认净资产公允价值份额的，借记"长期股权投资——成本"科目，贷记"银行存款"等科目，按其差额，贷记"营业外收入"科目。

案例分析 4-42：采用权益法取得长期股权投资的账务处理

雷顿公司 2019 年 1 月 20 日购买东方股份有限公司发行的股票 5 000 000 股准备长期持有，占东方股份有限公司股份的 30%。每股买入价为 6 元，另外，购买该股票时发生有关税费 500 000 元，款项已由银行存款支付。2018 年 12 月 31 日，东方股份有限公司的所有者权益的账面价值（与其公允价值不存在差异）100 000 000 元。雷顿公司应作如下账务处理：

计算初始投资成本：

股票成交金额	30 000 000（5 000 000×6）
加：相关税费	500 000
初始投资成本	30 500 000

编制购入股票的会计分录：

　　借：长期股权投资——成本　　　　　　　　　　　30 500 000

　　　　贷：银行存款　　　　　　　　　　　　　　　　30 500 000

　　在本例中，长期股权投资的初始投资成本 30 500 000 元大于投资时应享有被投资单位可辨认净资产公允价值份额 30 000 000 元（10 000 000×30%），其差额 500 000 元不调整已确认的初始投资成本。但是，如果长期股权投资的初始投资成本小于投资时应享有被投资单位可辨认净资产公允价值份额，应借记"长期股权投资——成本"科目，贷记"银行存款"等科目，按其差额，贷记"营业外收入"科目。

　　2. 持有长期股权投资期间被投资单位实现净利润或发生净亏损

　　根据被投资单位实现的净利润计算应享有的份额，借记"长期股权投资——损益调整"科目，贷记"投资收益"科目。被投资单位发生净亏损作相反的会计分录，但以本科目的账面价值减记至零为限，借记"投资收益"科目，贷记"长期股权投资——损益调整"科目。

　　被投资单位以后宣告发放现金股利或利润时，企业计算应分得的部分，借记"应收股利"科目，贷记"长期股权投资——损益调整"科目，收到被投资单位宣告发放的股票股利，不进行账务处理，但应在备查簿中登记。

案例分析 4-43：采用权益法持有长期股权投资期间被投资单位实现净利润或发生净亏损的账务处理

　　2018 年东方股份有限公司实现净利润 10 000 000 元。雷顿公司按照持股比例确认投资收益 3 000 000 元。2018 年 5 月 15 日，东方股份有限公司已宣告发放现金股利，每 10 股派 3 元。雷顿公司可分派到 1 500 000 元。2019 年 6 月 15 日，雷顿公司收到东方股份有限公司分派的现金股利。雷顿公司应作如下账务处理：

　　（1）确认东方股份有限公司实现的投资收益时：

　　借：长期股权投资——损益调整　　　　　　　　　3 000 000

　　　　贷：投资收益　　　　　　　　　　　　　　　　3 000 000

（2）东方股份有限公司宣告发放现金股利时：

借：应收股利   1 500 000

 贷：长期股权投资——损益调整   1 500 000

（3）收到东方股份有限公司宣告发放的现金股利时：

借：银行存款   1 500 000

 贷：应收股利   1 500 000

3. 持有长期股权投资期间被投资单位所有者权益的其他变动

在持股比例不变的情况下，被投资单位除净损益以外所有者权益的其他变动，企业按持股比例计算应享有的份额，借记或贷记"长期股权投资——其他权益变动"科目，贷记或借记"资本公积——其他资本公积"科目。

案例分析 4-44：采用权益法持有长期股权投资期间被投资单位所有者权益的其他变动的账务处理

2018 年东方股份有限公司可供出售金融资产的公允价值增加了 4 000 000 元。雷顿公司按照持股比例确认相应的资本公积 1 200 000 元。雷顿公司应作如下账务处理：

借：长期股权投资——其他权益变动   1 200 000

 贷：资本公积——其他资本公积   1 200 000

4. 长期股权投资的处置

处置长期股权投资时，按实际取得的价款与长期股权投资账面价值的差额确认为投资损益，并应同时结转已计提的长期股权投资减值准备。其账务处理是：企业处置长期股权投资时，应按实际收到的金额，借记"银行存款"等科目；按原已计提的减值准备，借记"长期股权投资减值准备"科目。按该长期股权投资的账面余额，贷记"长期股权投资"科目；按尚未领取的现金股利或利润，贷记"应收股利"科目。按其差额，贷记或借记"投资收益"科目。

同时，还应结转原计入资本公积的相关金额，借记或贷记"资本公积——其他资本公积"科目，贷记或借记"投资收益"科目。

案例分析 4-45：处置长期股权投资的账务处理

接上例 4-41、例 4-42、例 4-43，2019 年 1 月 20 日，雷顿公司出售所持东方股份有限公司的股票 5 000 000 股，每股出售价为 10 元，款项已收回。雷顿公司应作如下账务处理：

借：银行存款　　　　　　　　　　　　　　50 000 000
　贷：长期股权投资——成本　　　　　　　30 500 000
　　　　　　　　　——损益调整　　　　　 1 500 000
　　　投资收益　　　　　　　　　　　　　18 000 000
同时：
借：资本公积——其他资本公积　　　　　　 1 200 000
　贷：投资收益　　　　　　　　　　　　　 1 200 000

4.7.4　长期股权投资减值的账务处理

1. 长期股权投资减值金额的确定

（1）企业对子公司、合营企业及联营企业的长期股权投资

企业对子公司、合营企业及联营企业的长期股权投资在资产负债表日存在可能发生减值的迹象时，其可收回金额低于账面价值的，应当将该长期股权投资的账面价值减计至可收回金额，减计的金额确认为减值损失，计入当期损益，同时计提相应的资产减值准备。

（2）企业对被投资单位不具有控制、共同控制或重大影响，在活跃市场中没有报价，且公允价值不能可靠计量的长期股权投资

企业对被投资单位不具有控制、共同控制或重大影响，在活跃市场中没有报价，且公允价值不能可靠计量的长期股权投资，应当将该长期股权投资在资产负债表日的账面价值，与按照类似金融资产当时市场收益率对未来现金流量折现确定的现值之间的差额，确认为减值损失，计入当期损益。

2. 长期股权投资减值的账务处理

企业计提长期股权投资减值准备，应当设置"长期股权投资减值准备"科目核算。企业按应减计的金额，借记"资产减值损失——计提的长期股权投资减值准备"科目，贷记"长期股权投资减值准备"科目。

长期股权投资减值损失一经确认，在以后会计期间不得转回。

4.8 固定资产的账务处理

固定资产，是指同时具有下列特征的有形资产：

①为生产商品、提供劳务、出租或经营管理而持有的。

②使用寿命超过一个会计年度。使用寿命，是指企业使用固定资产的预计期间，或者该固定资产所能生产产品或提供劳务的数量。

固定资产同时满足下列条件的，才能予以确认：

①与该固定资产有关的经济利益很可能流入企业。

②该固定资产的成本能够可靠地计量。

4.8.1 固定资产的分类

企业的固定资产根据不同的管理需要和核算要求，可以进行不同的分类。如果按经济用途和使用情况综合分类，企业的固定资产可分为七大类：

（1）生产经营用固定资产。

（2）非生产经营用固定资产。

（3）租出固定资产（在经营性租赁方式下出租的固定资产）。

（4）不需用固定资产。

（5）未使用固定资产。

（6）土地，指过去已经估价单独入账的土地。因征地而支付补偿费，应计入与土地有关的房屋、建筑物的价值内，不单独作为土地价值入账。企业取得的土地使用权不能作为固定资产管理；

（7）融资租入固定资产（以融资租赁方式租入的固定资产，在租赁期内，应视同自有固定资产进行管理）。

4.8.2　固定资产的初始计量

固定资产应当按照成本进行初始计量。固定资产的初始计量指确定固定资产的取得成本。固定资产的成本是指企业购建某项固定资产达到可使用状态前所发生的一切合理、必要的支出。包括买价、进口关税等税金及包装运输和保险等相关费用，以及为使固定资产达到预定可使用状态前所必要的支出，如应承担的可资本化的借款利息、外币借款折算差额以及应分摊的其他间接费用。

企业新购建固定资产的计价、确定计提折旧的依据等均采用成本计价方法。其优点是具有客观性和可验证性，是固定资产的基本计价标准。在我国会计实务中，固定资产的计价均采用历史成本。

固定资产取得时的成本应当根据不同情况分别确定：

（1）外购固定资产的成本，包括购买价款、相关税费、使固定资产达到预定可使用状态前所发生的可归属于该项资产的运输费、装卸费、安装费和专业人员服务费等。如果需要安装应先通过"在建工程"核算，然后安装完毕达到预定可使用状态时转入"固定资产"科目。不以一笔款项购入多项没有单独标价的固定资产，应当按照各项固定资产公允价值比例对总成本进行分配，分别确定各项固定资产的成本。

购买固定资产的价款超过正常信用条件延期支付，实质上具有融资性质的，固定资产的成本以购买价款的现值为基础确定。实际支付的价款与购买价款的现值之间的差额，除按照《企业会计准则第 17 号——借款费用》应予资本化的以外，应当在信用期间内计入当期损益。

（2）自行建造固定资产的成本，由建造该项资产达到预定可使用状态前所发生的必要支出构成。包括工程用物资成本、人工成本、缴纳的相关税费、应予资本化的借款费用及应分摊的间接费用等。应计入固定资产成本的借款费用，按照《企业会计准则第 17 号——借款费用》处理。

（3）投资者投入固定资产的成本，应当按照投资合同或协议约定的价值确定，但合同或协议约定价值不公允的除外。

确定固定资产成本时，应当考虑预计弃置费用因素。弃置费用通常是指根据国家法律和行政法规、国际公约等规定，企业承担的环境保护和生态恢复等义务所确定的支出，如核电站核设施等的弃置和恢复环境义务等。企业应当根据《企业会计准则第 13 号——或有事项》的规定，按照现值计算确定应计入固定资产成本的金额和相应的预计负债。不属于弃置义务的固定资产报废清理费，应当在发生时作为固定资产处置费用处理。

固定资产的入账成本中，还应当包括企业为取得固定资产而交纳的契税、耕地占用税、车辆购置税等相关税费。

4.8.3　取得固定资产的账务处理

1. 总分类核算的常用科目

固定资产的总分类核算要设置"固定资产""累计折旧""工程物资""在建工程"和"固定资产清理"等科目。

（1）"固定资产"科目

本科目核算企业全部固定资产的原价，借方登记增加的固定资产的原价，贷方登记减少的固定资产的原价，余额在借方，反映期末实有固定资产的原价。

（2）"累计折旧"科目

本科目是"固定资产"的调整科目，核算企业提取的固定资产折旧，贷方登记计提的折旧额，借方登记因固定资产减少而转销的折旧额，余额在贷方，反映期末实有固定资产的累计折旧额。

（3）"工程物资"科目

本科目核算企业固定资产工程所用物资的实际成本，借方登记购入工程物资的实际成本，贷方登记发出工程物资的实际成本，余额在借方，反映期末库存工程物资的实际成本。

（4）"在建工程"科目

本科目核算企业固定资产新建工程、改扩建工程、大修理工程等所发生的实际支出和工程成本的结转，借方登记各项在建工程的实际支出，贷方登记结转的完工工程的实际成本，余额在借方，反映期末尚未完工工程的实际成本。

（5）"固定资产清理"科目

本科目核算企业因出售、报废和毁损等原因转入清理的固定资产价值及清理过程中发生的清理费用和清理收入，借方登记转入清理的固定资产净值和发生的清理费用，贷方登记清理固定资产的变价收入、保险公司或过失人的赔偿款和结转的清理净损失，期末余额如果在借方，反映尚未结转的清理净损失，如果在贷方，反映尚未结转的清理净收入。

2. 购入固定资产的账务处理

（1）购入不需要安装的固定资产

购入不需要安装的固定资产，按实际支付的价款，加上包装费、运杂费等支出，借记"固定资产"账户，贷记"银行存款"等账户。

案例分析 4-46：购入不需要安装的固定资产的账务处理

雷顿公司购入不需要安装的设备一台，价款 10 000 元，相应的增值税率为 13%，支付增值税 1 300 元，另支付运输费 300 元，包装费 500 元。款项以银行存款支付。

该固定资产的原价 =10 000+1 300+300+500=12 100（元）

编制如下会计分录：

借：固定资产　　　　　　　　　　　　　　　　12 100

　　贷：银行存款　　　　　　　　　　　　　　12 100

（2）购入需要安装的固定资产

购入需要安装的固定资产，企业购入的固定资产及发生的安装费等均应通过"在建工程"账户核算，待安装完毕交付使用时，再由"在建工程"转入"固定资产"账户。企业购入固定资产时，按实际支付的价款（包括买价、支付的税金、包装费、运输费等），借记"在建工程"账户，贷记"银行存款"等账户；发生的安装费用，借记"在建工程"账户，贷记"银行存款"等账户；安装完成交付使用时，按在建工程的累计成本，借记"固定资产"账户，贷记"在建工程"账户。

案例分析 4-47：购入需要安装的固定资产的账务处理

雷顿公司购入一台需要安装的设备，取得的增值税专用发票上注明的设备买价为 50 000 元，相应的增值税率为 13%，增值税额为 6 500 元，支付的运输费为 1 200 元。设备由供货商安排，支付安装费 4 200 元。进行账务处理如下：

（1）支付设备价款、税金、运输费：

金额合计 =50 000+6 500+1 200=57 700（元）

借：在建工程　　　　　　　　　　　　　　57 700

　　贷：银行存款　　　　　　　　　　　　　　57 700

（2）支付安装费：

借：在建工程　　　　　　　　　　　　　　4 200

　　贷：银行存款　　　　　　　　　　　　　　4 200

（3）设备安装完毕交付使用：

确定的固定资产价值 =57 700+4 200=61 900（元）

借：固定资产　　　　　　　　　　　　　　61 900

　　贷：在建工程　　　　　　　　　　　　　　61 900

3. 投资者投入固定资产的账务处理

企业对投资者投资转入的机器设备等固定资产，一方面反映本企业固定资产的增加；另一方面要反映投资者投资额的增加。投入的固定资产按投资合同或协议确认的价值，借记"固定资产"账户，贷记"实收资本"或"股本"账户。

案例分析 4-48：投资者投入固定资产的账务处理

雷顿公司收到 A 企业作为资本投入的不需要安装的机器设备一台。

该设备按投资合同或协议确认的净值为 62 000 元。雷顿公司编制如下会计分录：

　　借：固定资产　　　　　　　　　　　　　　　　　62 000

　　　贷：实收资本——A 企业　　　　　　　　　　　　　62 000

4.8.4　固定资产折旧的账务处理

折旧，是指在固定资产使用寿命内，按照确定的方法对应计折旧额进行系统分摊。《企业会计准则》规定，企业应当根据固定资产的性质和使用情况，合理确定固定资产的使用寿命和预计净残值。企业确定固定资产使用寿命，应当考虑下列因素：

①预计生产能力或实物产量。

②预计有形损耗和无形损耗。

③法律或者类似规定对资产使用的限制。

学习固定资产折旧的账务处理，还应掌握以下几个概念。应计折旧额，是指应当计提折旧的固定资产的原价扣除其预计净残值后的金额。已计提减值准备的固定资产，还应当扣除已计提的固定资产减值准备累计金额。预计净残值，是指假定固定资产预计使用寿命已满并处于使用寿命终了时的预期状态，企业目前从该项资产处置中获得的扣除预计处置费用后的金额。

1. 固定资产折旧范围

根据《企业会计准则》的规定，除以下情况外，企业应对所有固定资产计提折旧：

（1）已提足折旧仍继续使用的固定资产。

（2）按规定单独估价作为固定资产入账的土地。

需要注意的是，企业以融资租赁方式租入的固定资产和以经营租赁方式租出的固定资产，应当计提折旧；企业以融资租赁方式租出的固定资产和以经营租赁方式租入的固定资产，不应当计提折旧。

在实际工作中，企业一般应按月计提固定资产折旧。固定资产应当按月计提折旧，当月增加的固定资产，当月不计提折旧，从下月起计提折旧；当月减少的固定资产，当月仍计提折旧，从下月起不计提折旧。

固定资产提足折旧后，不论能否继续使用，均不再计提折旧；提前报废的固定资产，也不再补提折旧。提足折旧，是指已经提足该项固定资产的应计折旧额。应计折旧额，是指应当计提折旧的固定资产的原价扣除其预计净残值后的金额。已计提减值准备的固定资产，还应当扣除已计提的固定资产减值准备累计金额。

已达到预定可使用状态但尚未办理竣工决算的固定资产，应当按照估计价值确定其成本，并计提折旧；待办理竣工决算后，再按实际成本调整原来的暂估价值，但不需要调整原已计提的折旧额。

2.固定资产折旧的计算方法

固定资产折旧的计算方法可以采用年限平均法、工作量法、双倍余额递减法、年数总和法等。折旧方法一经确定，不得随意变动。如需变更，应当在会计报表附注中予以说明。

（1）平均年限法

平均年限法是指将固定资产的可折旧价值平均分摊于其可折旧年限内的一种方法。这种方法适用于在各个会计期间使用程度比较均衡的固定资产。其计算公式为：

公式 1：年折旧额 =（固定资产原值 - 预计净残值）÷ 预计使用年限

公式 2：月折旧额 = 年折旧额 ÷12

案例分析 4-49：固定资产折旧的计算

雷顿公司一台生产用设备原值为 30 000 元，预计清理费为 1 200 元，而预计残值为 3 000 元。使用年限为 4 年。那么用平均年限法怎么算折旧额呢？

年折旧额 =[30 000 -（3 000-1 200）] ÷4=7 050（元）

月折旧额 =7 050÷12=587.50（元）

那计算出的折旧额又怎么做账呢？我们先要知道，折旧额是在"累计折旧"科目核算，而累计折旧是作为固定资产的减项。也就是说，用固定资产的原值，减去累计折旧，便是固定资产还剩多少没提折旧（也就是说固定资产净值）。会计上的核算是这样的，每期提折旧时，在"累计折旧"账户的贷方做账。

像上面的例子，计提的折旧应计入"制造费用"，因为那是生产用的，所以每期的分录如下：

借：制造费用　　　　　　　　　　　　　　　　587.50

　贷：累计折旧　　　　　　　　　　　　　　　　587.50

（2）工作量法

工作量法又称作业量法，是根据固定资产在使用期间完成的总的工作量平均计算折旧的一种方法。工作量法和平均年限法都是平均计算折旧的方法，都属直线法。其计算公式为：

公式 1：单位工作量折旧额 =（固定资产原值 – 预计净残值）÷ 预计总工作量 = 固定资产原值 ×（1 – 预计净残值率）÷ 预计总工作量

公式 2：月折旧额 = 单位工作量折旧额 × 当月实际完成工作量

在会计实务中，工作量法广泛应用于以下三种方式：第一种，按照工作小时计算折旧；第二种，按行驶里程计算折旧；第三种；按台班计算折旧。

案例分析 4-50：工作量法的运用之一

雷顿公司购置一台专用机床，价值 200 000 元，预计总工作小时数为 300 000 小时，预计净残值为 2 000 元，购置的当年便工作了 2 400 小时，则有：

每小时折旧额：（200 000 – 2 000）÷ 300 000=0.6（元 / 小时）

当年的折旧额：2 400 × 0.6=1 440（元）

工作量法实际上也是直线法。它把产量与成本相联系，也就是把收入与费用相配。于是年末计提折旧时的会计分录如下：

借：制造费用　　　　　　　　　　　　　　　　1 440

　贷：累计折旧　　　　　　　　　　　　　　　　1 440

案例分析 4-51：工作量法的运用之二

雷顿公司有经理用的小汽车一辆，原值为 150 000 元，预计净残值率为 5%，预计总行驶里程为 600 000 公里，当月行驶里程为 3 000 公里，该项固定资产的月折旧额计算如下：

单位里程折旧额 =（150 000–150 000×5%）÷600 000=0.2375（元／公里）

本月折旧额 =3 000 公里 ×0.2375 元 =712.5（元）

因为这辆车是企业管理者作为管理用的，所以会计分录如下：

借：管理费用　　　　　　　　　　　　　　　712.50

　贷：累计折旧　　　　　　　　　　　　　　　　　712.50

（3）双倍余额递减法

双倍余额递减法是加速折旧法的一种，是按直线法折旧率的两倍，乘以固定资产在每个会计期间的期初账面净值计算折旧的方法。在计算折旧率时通常不考虑固定资产残值。其计算公式为：

在不考虑预计残值时，

公式 1：年折旧率（双倍直线折旧率）=（2÷预计使用年限）×100%

公式 2：年折旧额 = 期初固定资产账面净值 × 双倍直线折旧率

由于采用双倍余额递减法在确定折旧率时不考虑固定资产净残值因素，因此，在采用这种方法时，应注意以下两点：

第一点，由于每年的折旧额是递减的，因而可能出现某年按双倍余额递减法所提折旧额小于按直线法计提的折旧额。当这一情况在某一折旧年度出现时，应换为按直线法计提折旧。

第二点，各年计提折旧后，固定资产账面净值不能小于预计净残值。避免这一现象的方法是，在可能出现此现象的那一年转换为直线法，即将当年年初的固定资产账面净值减去预计净残值，其差额在剩余的使用年限中平均摊销。但在实际工作中，企业一般采用简化的办法，在固定资产预计耐用年限到期前两年转换成直线法。

案例分析 4-52：**双倍余额递减法的运用**

雷顿公司购入一部自动化生产线，安装完毕后，固定资产原值为 200 000 元，预计使用年限为 5 年，预计净残值收入 8 000 元。该生产线按双倍余额递减法计算各年的折旧额如下：

双倍直线折旧率 $=2 \div 5 \times 100\%=40\%$

第一年应提折旧 $=200\,000 \times 40\%=80\,000$（元）

第二年应提折旧 $=（200\,000-80\,000）\times 40\%=48\,000$（元）

第三年应提折旧 $=（120\,000-48\,000）\times 40\%=28\,800$（元）

第四年应提折旧 $=（200\,000-80\,000-48\,000-28\,800-8\,000）\div 2=17\,600$（元）

第五年应提折旧 $=（200\,000-80\,000-48\,000-28\,800-8\,000）\div 2=17\,600$（元）

可以看出折旧率 40% 是固定不变的。而每一期的期初账面余额是上一期的期末账面余额，每一期的折旧额都是递减的，但累计折旧总额却在增加。等到使用期的最后两年时，将固定资产这时的账面余额即净残值的额。

（4）年数总和法

年数总和法是以固定资产的原值减去预计净残值后的净额为基数，以一个逐年递减的分数为折旧率，计算各年固定资产折旧额的一种折旧方法。

年数总和法的各年折旧率，是以固定资产尚可使用年限作分子，以固定资产使用年限的逐年数字之和作分母。假定固定资产使用年限为 n 年，分母即为 $1+2+3+\cdots+n=n（n+1）\div 2$。计算公式为：

公式 1：年折旧率 = 尚可使用年限 ÷ 预计使用年限的逐年数字总和

公式 2：年折旧额 =（固定资产原值 - 预计净残值）× 年折旧率

公式 3：月折旧额 =（固定资产原值 - 预计净残值）× 月折旧率

案例分析 4-53：**三种折旧方法的比较**

雷顿公司的一台小型机床，原值为 50 000 元，预计使用年限为 5 年，预计净残值为 2 000 元。分别用这三种方法计提折旧，用表 4-1 表示：

表4-1　折旧计算表

三种折旧计提方法的比较

单位：元

年份	比较项目	直线法	双倍余额递减法	年数总和法
第1年	当年折旧基数	48 000	50 000	48 000
	年折旧率	1/5=20%	2/5=40%	5/（1+2+3+4+5）=1/3
	折旧额	9 600	20 000	16 000
第2年	当年折旧基数	48 000	30 000	48 000
	年折旧率	1/5=20%	2/5=40%	4/（1+2+3+4+5）=4/15
	折旧额	9 600	12 000	12 800
第3年	当年折旧基数	48 000	18 000	48 000
	年折旧率	1/5=20%	2/5=40%	3/（1+2+3+4+5）=1/5
	折旧额	9 600	7 200	9 600
第4年	当年折旧基数	48 000	8 800	48 000
	年折旧率	1/5=20%	0.5	2/（1+2+3+4+5）=2/15
	折旧额	9 600	4 400	6 400
第5年	当年折旧基数	48 000	8 800	48 000
	年折旧率	1/5=20%	0.5	1/（1+2+3+4+5）=1/15
	折旧额	9 600	4 400	3 200

注：双倍余额递减法计算折旧，初期不考虑净残值，在最后2年才涉及净残值，且平摊剩余的净残值。

①直线法折旧，折旧额每年都相等。其余两种方法，双倍余额递减法是折旧率不变，余额递减，相乘后得出递减的折旧额；而年数总和法是用递减的折旧率乘以固定的基数，也得出递减的折旧额。

②双倍余额递减法，在使用的最后2年，用原值减去累计折旧再减去净残值后的额，二一添作五，分别平摊在最后2年，最后两年不涉及折旧率的问题。

③5年后，每种方法的账面都会剩余净残值2 000元。

4.8.5　固定资产的处置

企业在生产经营过程中对不需用或不适用的固定资产，可对外出售，对那些由于技术进步等原因，或由于遭受自然灾害等非常损失发生毁损的固定资产应及时进行清理。因此，固定资产减少的方式主要有，出售、调出、报废、毁损、盘亏、投资转出或捐赠转出等。

《企业会计准则》规定，固定资产满足下列条件之一的，应当予以终止确认：①该固定资产处于处置状态；②该固定资产预期通过使用或处置不能产生经济利益。企业持有待售的固定资产，应当对其预计净残值进行调整。企业出售、转让、报废固定资产或发生固定资产毁损，应当将处置收入扣除账面价值和相关税费后的金额计入当期损益。固定资产的账面价值是固定资产成本扣减累计折旧和累计减值准备后的金额。固定资产盘亏造成的损失，应当计入当期损益。根据《企业根据准则》的规定，将发生的固定资产后续支出计入固定资产成本的，应当终止确认被替换部分的账面价值。

1. 核算的基本程序

企业由于出售、报废、转让等原因减少的固定资产，应在"固定资产清理"账户核算。其核算的基本程序如下：

（1）固定资产转入清理

企业因出售、报废、毁损、对外投资、非货币性资产交换、债务重组等转出的固定资产，按该项固定资产的账面价值，借记"固定资产清理"科目；按已计提的累计折旧，借记"累计折旧"科目；按已计提的减值准备，借记"固定资产减值准备"科目。按其账面原价，贷记"固定资产"科目。

（2）结算清理费用等

固定资产清理过程中，应支付的清理费用及其可抵扣的增值税进项税额，借记"固定资产清理""应交税费——应交增值税（进项税额）"科目，贷记"银行存款"等科目。

（3）收回出售固定资产的价款、残料价值和变价收入等

收回出售固定资产的价款和税款，借记"银行存款"科目。按增值税专

用发票上注明的价款，贷记"固定资产清理"科目；按增值税专用发票上注明的增值税销项税额，贷记"应交税费——应交增值税（销项税额）"科目。残料入库，按残料价值，借记"原材料"等科目，贷记"固定资产清理"科目。

（4）确认应收责任单位（或个人）赔偿损失

应由保险公司或过失人赔偿的损失，借记"其他应收款"等科目，贷记"固定资产清理"科目。

（5）结转清理净损益

固定资产清理完成后，对清理净损益，应区分不同情况进行账务处理：

①因固定资产已丧失使用功能或因自然灾害发生毁损等原因而报废清理产生的利得或损失应计入营业外收支。属于生产经营期间报废清理产生的处理净损失，借记"营业外支出——非流动资产处置损失"（正常原因）或"营业外支出——非常损失"（非正常原因）科目，贷记"固定资产清理"科目；如为净收益，借记"固定资产清理"科目，贷记"营业外收入——非流动资产处置利得"科目。

②因出售、转让等原因产生的固定资产处置利得或损失应计入资产处置收益。确认处置净损失，借记"资产处置损益"科目，贷记"固定资产清理"科目；如为净收益，借记"固定资产清理"科目，贷记"资产处置损益"科目。

2.固定资产报废的账务处理

固定资产的报废有的属于正常报废，有的属于非正常报废。正常报废包括使用磨损报废和由于技术进步而发生的提前报废；非正常报废主要是指自然灾害和责任事故所致。

固定资产正常报废与非正常报废的账务处理基本相同。举例如下：

案例分析 4-54：固定资产正常报废的账务处理

雷顿公司有旧厂房一幢，原值450 000元，计提折旧435 000元，因使用期满经批准报废。在清理过程中，以银行存款支付清理费用

12 700 元，拆除的残料一部分作价 15 000 元，由仓库收作维修材料，另一部分变卖收入 6 800 元存入银行。进行账务处理如下：

（1）固定资产转入清理时：

借：固定资产清理   15 000

     累计折旧   435 000

     贷：固定资产   450 000

（2）支付清理费用：

借：固定资产清理   12 700

     贷：银行存款   12 700

（3）材料入库并收到变价收入：

借：原材料   15 000

     银行存款   6 800

     贷：固定资产清理   21 800

（4）结转固定资产清理净损益：

借：营业外支出——处置非流动资产净损失   5 900

     贷：固定资产清理   5 900

案例分析 4-55：固定资产非正常报废的账务处理

雷顿公司的运输卡车一辆，原价 150 000 元，计提折旧 50 000 元，在一次交通事故中报废，收回过失人赔偿款 80 000 元，卡车残料变卖收入 5 000 元。进行账务处理如下：

（1）将报废卡车转销：

借：固定资产清理   100 000

     累计折旧   50 000

     贷：固定资产   150 000

（2）收到过失人赔款及残料变卖收入：

借：银行存款   85 000

     贷：固定资产清理   85 000

（3）结转固定资产净损益：

借：营业外支出 15 000

　　贷：固定资产清理 15 000

3. 固定资产出售的账务处理

企业因调整经营方针或因考虑技术进步等因素，决定将不需用的固定资产出售给其他企业。一般通过"固定资产清理"科目核算。企业出售、转让、报废固定资产或发生固定资产毁损，应当将处置收入扣除账面价值和相关税费后的金额计入当期损益，同时计入"资产处置损益"账户。固定资产的账面价值是固定资产成本扣减累计折旧和累计减值准备后的金额。资产处置损益，反映企业出售划分为持有待售的非流动资产（金融工具、长期股权投资和投资性房地产除外）或处置时确认的处置利得或损失，以及处置未划分为持有待售的固定资产、在建工程、生产性生物资产及无形资产而产生的处置利得或损失。

案例分析 4-56：固定资产出售的账务处理

雷顿公司出售一座建筑物，原价 2 000 000 元，已使用 6 年，计提折旧 300 000 元，支付清理费用 10 000 元，出售收入为 1 900 000 元。进行账务处理如下：

（1）固定资产转入清理：

借：固定资产清理 1 700 000

　　累计折旧 300 000

　　贷：固定资产 2 000 000

（2）支付清理费用：

借：固定资产清理 10 000

　　贷：银行存款 10 000

（3）收到价款：

借：银行存款 1 900 000

　　贷：固定资产清理 1 900 000

（4）结转固定资产清理后的净收益：

借：固定资产清理　　　　　　　　　　　　　　　　190 000

　　贷：资产处置损益　　　　　　　　　　　　　　　190 000

4.8.6　固定资产的后续支出

固定资产的后续支出，是指企业的固定资产投入使用后，为了适应新技术发展的需要，或者为了维护或提高固定资产的使用效能，而对现有固定资产进行维护、改建、扩建或者改良等所发生的各项必要支出。

根据《企业会计准则》的规定，企业发生固定资产后续支出时，需要对支出的性质进行分析，确定这些支出应该资本化还是费用化，并分别采用不同的方法进行核算。固定资产的后续支出是指固定资产在使用过程中发生的更新改造支出、修理费用等。固定资产的更新改造等后续支出，满足《企业会计准则》规定确认条件（与该固定资产有关的经济利益很可能流入企业；该固定资产的成本能够可靠地计量）的，应当计入固定资产成本，如有被替换的部分，应扣除其账面价值；不满足《企业会计准则》第四条规定确认条件的固定资产修理费用等，应当在发生时计入当期损益。

1. 技术改造工程支出

企业通过对厂房进行改建、扩建而使其更加坚固耐用，延长了厂房等固定资产的使用寿命；企业通过对设备的改建，提高了其单位时间内产品的产出数量，提高了机器设备等固定资产的生产能力；企业通过对车床的改良，大大提高了其生产产品的精确度，实现了企业产品的更新换代；企业通过对生产线的改良，促使其大大降低了产品的成本，提高了企业产品的价格竞争力等，通常都表明后续支出提高了固定资产原定的创利能力。根据《企业根据准则》规定，将发生的固定资产后续支出计入固定资产成本的，应当终止确认被替换部分的账面价值。

企业在发生应资本化的固定资产后续支出时，应先将该固定资产的账面原价、已计提的累计折旧和减值准备转销，将固定资产的账面价值转入"在建工程"账户；然后，将发生的各项后续支出通过"在建工程"账户核算；最后，当发生后续支出的固定资产完工并达到预定可使用状态时，应在后续支出资本化后的固定资产账面价值不超过其可收回金额的范围内，从"在建工程"账户转入"固定资产"账户。

案例分析 4-57：固定资产技术改造或改良支出的账务处理

2019 年 9 月 1 日，雷顿公司所拥有的一条生产线，其账面原价为 860 000 元，累计已计提折旧为 500 000 元，账面价值为 360 000 元；由于生产的产品适销对路，现有生产线的生产能力已难以满足企业生产发展的需要，经过可行性研究，企业决定对现有生产线进行扩建，以提高其生产能力；扩建工程从 2019 年 9 月 1 日起至 11 月 30 日止，历时 3 个月，共发生支出 400 000 元，全部以银行存款支付；该生产线扩建工程达到预定可使用状态后，预计其使用寿命将延长 5 年（为简化计算过程，假设扩建过程中无其他相关税费），该生产线已交付使用。

本例中，由于对生产线的扩建支出，提高了生产线的生产能力并延长了其使用寿命，因此，此项后续支出应予以资本化，即增加固定资产的账面价值。其账务处理方法如下：

（1）2019 年 9 月 1 日生产线转入扩建时，进行账务处理如下：

借：在建工程   360 000

    累计折旧   500 000

    贷：固定资产   860 000

（2）2019 年 9 月 1 日至 11 月 30 日，发生各项后续支出时，进行账务处理如下：

借：在建工程   400 000

    贷：银行存款   400 000

（3）2019 年 11 月 30 日，生产线扩建工程达到预定可使用状态并交付使用时，进行账务处理如下：

借：固定资产   760 000

    贷：在建工程   760 000

2. 维护和修理支出的账务处理

固定资产的大修理、中小修理等维护性支出，通常在发生时直接计入当期损益。一般情况下，固定资产投入使用之后，由于固定资产磨损、各组成部分的耐用程度不同，可能导致固定资产的局部损坏，为了维护固定资产的正常运转和使用，充分发挥其使用效能，企业就需要对固定资产进行必要的维护。

企业发生的固定资产维护支出只是确保固定资产处于正常工作状态，它并不导致固定资产性能的改变和固定资产未来经济利益的增加。因此，企业应在固定资产维护支出发生时，根据固定资产的使用地点和用途，一次性直接计入当期的有关费用。即借记"制造费用""销售费用""管理费用""其他业务成本"等账户，贷记"银行存款"等账户。

案例分析 4-58：应费用化的固定资产后续支出的账务处理

雷顿公司委托外单位对行政管理部门办公用的计算机进行维修，以银行存款支付维修费 5 000 元。本例中，由于对计算机的维修，仅仅是为了维护固定资产的正常使用而发生的，因此，雷顿公司应在该项固定资产后续支出发生时确认为当期费用。进行账务处理如下：

借：管理费用　　　　　　　　　　　　　　　　　　5 000
　　贷：银行存款　　　　　　　　　　　　　　　　　5 000

4.9　投资性房地产

4.9.1　投资性房地产的概念和特征

投资性房地产是指为赚取租金或资本增值，或者两者兼有而持有的房地产。投资性房地产应当能够单独计量和出售。主要包括已出租的土地使用权、持有并准备增值后转让的土地使用权和已出租的建筑物。

（1）已出租的土地使用权是指企业通过出让或转让方式取得，并以经营租赁方式出租的土地使用权。企业计划用于出租但尚未出租的土地使用权，不属于此类。对于以经营租赁方式租入土地使用权再转租给其他单位的，不能确认为投资性房地产。

（2）持有并准备增值后转让的土地使用权，是指企业取得的、准备增值后转让的土地使用权。这类土地使用权很可能给企业带来资本增值收益，符合投资性房地产的定义。按照国家有关规定认定的闲置土地，不属于持有并准备增值后转让的土地使用权，也就不属于投资性房地产。

（3）已出租的建筑物是指企业拥有产权的、以经营租赁方式出租的建筑物，包括自行建造或开发活动完成后用于出租的建筑物。已出租的建筑物是企业已经与其他方签订了租赁协议，约定以经营租赁方式出租的建筑物。一般应自租赁协议规定的租赁期开始日起，经营租出的建筑物才属于已出租的建筑物。通常情况下，对企业持有以备经营出租的空置建筑物，如董事会或类似机构作出书面决议，明确表明将其用于经营出租且持有意图短期内不再发生变化的，即使尚未签订租赁协议，也应视为投资性房地产。这里的空置建筑物，是指企业新购入、自行建造或开发完成但尚未使用的建筑物，以及不再用于日常生产经营活动且经整理后达到可经营出租状态的建筑物。

需要指出的是，自用房地产和作为存货的房地产不属于投资性房地产。自用房地产是指为生产商品、提供劳务或者经营管理而持有的房地产。如企业生产经营用的厂房和办公楼属于固定资产；企业生产经营用的土地使用权属于无形资产。作为存货的房地产，通常是指房地产开发企业在正常经营过程中销售的或为销售而正在开发的商品房和土地。这部分房地产属于房地产开发企业的存货，其生产、销售构成企业的主营业务活动，产生的现金流量也与企业的其他资产密切相关。

在实务中，如果某项房地产部分自用或作为存货出售、部分用于赚取租金或资本增值的情形，应当分别确认。例如，某项投资性房地产不同用途的部分能够单独计量和出售的，则应当分别确认为固定资产（或无形资产、存货）和投资性房地产。

4.9.2　投资性房地产的取得

投资性房地产的确认，首先应当符合投资性房地产的概念，其次要同时满足与该投资性房地产相关的经济利益很可能流入企业；另外，该投资性房地产的成本能够可靠地计量。

投资性房地产的取得有外购和自行建造两种方法。初始确认应当按照取得时的成本计量。

1. 外购的投资性房地产

外购取得投资性房地产时，按照取得时的实际成本进行初始计量，借记"投资性房地产"科目，贷记"银行存款"等科目。"实际成本"包括购买价款、相关税费和可直接归属于该资产的其他支出。

2. 自行建造的投资性房地产

企业自行建造投资性房地产的成本，由建造该项房地产达到预定可使用状态前发生的必要支出构成，包括土地开发费、建筑成本、安装成本、应予以资本化的借款费用、支付的其他费用和分摊的间接费用等。建造过程中发生的非正常性损失，直接计入当期损益，不计入建造成本。建造完工后，应按照确定的成本，借记"投资性房地产"科目，贷记"在建工程"等科目。

4.9.3　投资性房地产的后续计量

投资性房地产的后续计量有成本和公允价值两种模式，同一企业只能采用一种模式对所有投资性房地产进行后续计量。

1. 成本模式

采用成本模式进行后续计量的投资性房地产，应当按照固定资产的有关规定，按期（月）计提折旧或摊销，借记"其他业务成本"等科目，贷记"投资性房地产累计折旧"科目。取得的租金收入，借记"银行存款"等科目，贷记"其他业务收入"等科目。投资性房地产存在减值迹象的，经减值测试后确定发生减值的，应当计提减值准备，借记"资产减值损失"科目，贷记"投资性房地产减值准备"科目。已经计提减值准备的投资性房地产，其减值损失在以后的会计期间不得转回。

案例分析4-59：采用成本模式进行后续计量的投资性房地产的账务处理

雷顿公司的一栋办公楼出租给乙企业使用，已确认为投资性房地产，采用成本模式进行后续计量。假设这栋办公楼的成本为1 800万元，按照直线法计提折旧，使用寿命为30年，预计净残值为零。按照经营租赁合同，乙企业每月支付雷顿公司租金6万元。当年12月，这栋办公楼发生减值迹象，经减值测试，其可收回金额为900万元，此时办公楼的账面价值为1 000万元，以前未计提减值准备。应作如下会计处理：

（1）计提折旧：

每月计提的折旧 =1 800÷30÷12=5（万元）

借：其他业务成本　　　　　　　　　　　　　50 000

　　贷：投资性房地产累计折旧　　　　　　　　　50 000

（2）确认租金：

借：银行存款　　　　　　　　　　　　　　　60 000

　　贷：其他业务收入　　　　　　　　　　　　　60 000

（3）计提减值准备：

借：资产减值损失　　　　　　　　　　　　1 000 000

　　贷：投资性房地产减值准备　　　　　　　　1 000 000

2. 公允价值模式

企业有确凿证据表明其投资性房地产的公允价值能够持续可靠取得的，可以对投资性房地产采用公允价值模式进行后续计量。采用公允价值模式计量的，应当同时满足：投资性房地产所在地有活跃的房地产交易市场；企业能够从房地产交易市场上取得同类或类似房地产的市场价格及其他相关信息，从而对投资性房地产的公允价值作出合理的估计。

投资性房地产采用公允价值模式进行后续计量的，不计提折旧或摊销，企业应当以资产负债表日的公允价值为基础，调整其账面价值。资产负债表日，投资性房地产的公允价值高于其账面余额的差额，借记"投资性房地产——公允价值变动"科目，贷记"公允价值变动损益"科目；公允价值低于其账面余额的差额作相反的账务处理。取得的租金收入，借记"银行存款"等科目，贷记"其他业务收入"等科目。

案例分析 4-60：采用公允价值模式进行后续计量的投资性房地产的账务处理

雷顿公司为从事房地产经营开发的企业。2018 年 5 月，雷顿公司与乙公司签订租赁协议，约定将雷顿公司开发的一栋写字楼于完成的同时开始租赁给乙公司使用，租赁期为 15 年。当年 10 月 1 日，该写字楼开发完成并开始起租，写字楼的造价为 1 200 万元。2018 年 12 月 31 日，该写字楼的公允价值为 1 400 万元。雷顿公司采用公允价值计量模式。

应作如下会计处理：

（1）2018 年 10 月 1 日，写字楼完工并出租：

借：投资性房地产——成本　　　　　　　　　12 000 000

　　贷：开发成本　　　　　　　　　　　　　　12 000 000

（2）2018 年 12 月 31 日，按照公允价值调整其账面价值，差额计入当期损益：

借：投资性房地产——公允价值变动　　　　　2 000 000

　　贷：公允价值变动损益　　　　　　　　　　2 000 000

3. 投资性房地产后续计量模式的变更

为保证会计信息的可比性，企业对投资性房地产的计量模式一经确定，不得随意变更。但存在确凿证据表明投资性房地产的公允价值能够持续可靠取得、且能够满足采用公允价值模式条件的情况下，才允许企业对投资性房地产从成本模式计量变更为公允价值模式计量。成本模式转为公允价值模式的，应当作为会计政策变更处理，将计量模式变更时公允价值与账面价值的差额，调整期初留存收益。已采用公允价值模式计量的投资性房地产，不得从公允价值模式转为成本模式。

4.9.4 投资性房地产的处置

1. 成本模式

出售、转让按成本模式进行后续计量的投资性房地产，应当按实际收到的处置收入金额，借记"银行存款"等科目，贷记"其他业务收入"科目；按该项投资性房地产的账面价值，借记"其他业务成本"科目，按其账面余额，贷记"投资性房地产"科目；按照已计提的折旧或摊销，借记"投资性房地产累计折旧（摊销）"科目；原已计提减值准备的，借记"投资性房地产减值准备"科目。

案例分析 4-61：以成本模式计量的投资性房地产的处置

雷顿公司将其出租的一栋写字楼确认为投资性房地产，采用成本模式计量。租赁期届满后，雷顿公司将该栋写字楼出售给乙公司，合同价款为 20 000 万元，乙公司已用银行存款付清。出售时，该栋写字楼的成本为 16 000 万元，已计提折旧 2 000 万元。假定不考虑税费等因素。应作如下会计处理：

（1）收取处置收入：

借：银行存款　　　　　　　　　　　　　　200 000 000
　　贷：其他业务收入　　　　　　　　　　　　200 000 000

（2）结转处置成本：

借：其他业务成本　　　　　　　　　　　　160 000 000
　　　投资性房地产累计折旧　　　　　　　　 20 000 000
　　贷：投资性房地产——写字楼　　　　　　　180 000 000

2. 公允价值模式

处置采用公允价值模式计量的投资性房地产，应当按实际收到的金额，借记"银行存款"等科目，贷记"其他业务收入"科目；按该项投资性房地产的账面余额，借记"其他业务成本"科目；按其成本，贷记"投资性房地产——成本"科目；按其累计公允价值变动，贷记或借记"投资性房地产——公允价值变动"科目。同时，结转投资性房地产累计公允价值变动。若存在原转换日计入资本公积的金额，也一并结转。

案例分析 4-62：以公允价值模式计量的投资性房地产的处置

雷顿公司将其出租的一栋写字楼确认为投资性房地产，采用公允价值模式计量。租赁期届满后，雷顿公司将该栋写字楼出售给乙公司，合同价款为 15 000 万元，乙公司已用银行存款付清。出售时，该栋写字楼的成本为 12 000 万元，公允价值变动为借方余额 1 000 万元。假定不考虑相关税费。应作如下会计处理：

（1）收取处置收入：

借：银行存款　　　　　　　　　　　　　　　150 000 000

　　贷：其他业务收入　　　　　　　　　　　　150 000 000

（2）结转处置成本：

借：其他业务成本　　　　　　　　　　　　　130 000 000

　　贷：投资性房地产——成本　　　　　　　　120 000 000

　　　　　　　　——公允价值变动　　　　　　　10 000 000

（3）结转投资性房地产累计公允价值变动：

借：公允价值变动损益　　　　　　　　　　　　10 000 000

　　贷：其他业务成本　　　　　　　　　　　　　10 000 000

4.10　无形资产相关业务的账务处理

4.10.1　无形资产的概念和特征

无形资产是指企业拥有或者控制的没有实物形态的可辨认非货币性资

产。无形资产具有三个主要特征：

1. 不具有实物形态

无形资产是不具有实物形态的非货币性资产，它不像固定资产、存货等有形资产具有实物形体。

2. 具有可辨认性

资产满足下列条件之一的，符合无形资产定义中的可辨认性标准：

（1）能够从企业中分离或者划分出来，并能单独或者与相关合同、资产或负债一起，用于出售、转移、授予许可、租赁或者交换。

（2）源自合同性权利或其他法定权利，无论这些权利是否可以从企业或其他权利和义务中转移或者分离。

商誉的存在无法与企业自身分离，不具有可辨认性，不在本节规范。

3. 属于非货币性长期资产

无形资产属于非货币性资产且能够在多个会计期间为企业带来经济利益。无形资产的使用年限在一年以上，其价值将在各个受益期间逐渐摊销。

4.10.2　无形资产的确认

无形资产同时满足以下条件时才能予以确认：

（1）与该无形资产有关的经济利益很可能流入企业。

（2）该无形资产的成本能够可靠地计量。

4.10.3　无形资产的构成

无形资产主要包括专利权、非专利技术、商标权、著作权、土地使用权、特许权等。

1. 专利权

专利权是指国家专利主管机关依法授予发明创造专利申请人对其发明创造在法定期限内所享有的专有权利，包括发明专利权、实用新型专利权和外观设计专利权。它给予持有者独家使用或控制某项发明的特殊权利。

一般而言，只有从外单位购入的专利或者自行开发并按法律程序申请取得的专利，才能作为无形资产管理和核算。这种专利可以降低成本，或者提高产品质量，或者将其转让出去获得转让收入。

企业从外单位购入的专利权，应按实际支付的价款作为专利权的成本。企业自行开发并按法律程序申请取得的专利权，应按照无形资产准则确定的金额作为成本。

2. 商标权

商标是用来辨认特定的商品或劳务的标记。商标权是指专门在某类指定的商品或产品上使用特定的名称或图案的权利。商标经过注册登记，就获得了法律上的保护。《中华人民共和国商标法》明确规定，经商标局核准注册的商标为注册商标，商标注册人享有商标专用权，受法律的保护。

企业自创的商标并将其注册登记，所花费用一般不大，是否将其资本化并不重要。如果企业购买他人的商标，一次性支出费用较大的，可以将其资本化，作为无形资产管理。这时，应根据购入商标的价款、支付的手续费及有关费用作为商标的成本。

3. 土地使用权

土地使用权是指国家准许某一企业或单位在一定期间内对国有土地享有开发、利用、经营的权利。企业取得土地使用权，应将取得时发生的支出资本化，作为土地使用权的成本，记入"无形资产"科目。

4. 非专利技术

非专利技术即专有技术，或技术秘密、技术诀窍，是指先进的、未公开的、未申请专利、可以带来经济效益的技术及诀窍。

企业的非专利技术，有些是自己开发研究的，有些是根据合同规定从外部购入的。如果是企业自己开发研究的，应将符合《企业会计准则第6号——无形资产》规定的开发支出资本化条件的，确认为无形资产。对于从外部购入的非专利技术，应将实际发生的支出予以资本化，作为无形资产入账。

5. 著作权

著作权又称版权，制作者对其创作的文学、科学和艺术作品依法享有的某种特殊权利。著作权包括两方面的权利，即精神权利（人身权利）和经济权利（财产权利）。前者指作品署名、发表作品、确认作者身份、保护作品的完整性、修改已经发表的作品等各项权利，包括发表权、署名权、修改权和保护作品完整权；后者指以出版、表演、广播、展览、录制唱片、摄制影片等方式使用作品以及因授权他人使用作品而获得经济利益的权利。

6. 特许权

特许权，又称经营特许权、专营权，指企业在某一地区经营或销售某种特定商品的权利或是一家企业接受另一家企业使用其商标、商号、技术秘密等的权利。前者一般是指政府机关授权、准许企业使用或在一定地区享有经营某种业务的特权，如水、电、邮电通信等专营权、烟草专卖权等；后者指企业间依照签订的合同，有限期或无限期使用另一家企业的某些权利，如连锁店分店使用总店的名称等。

4.10.4 无形资产的账务处理

1. 无形资产业务的常用科目

为了核算无形资产的取得、摊销和处置等情况，企业应当设置"无形资产""累计摊销"等科目。

"无形资产"科目核算企业持有的无形资产成本，借方登记取得无形资产的成本，贷方登记出售无形资产转出的无形资产账面余额，期末借方余额，反映企业无形资产的成本。本科目应按无形资产项目设置明细账，进行明细核算。

"累计摊销"科目属于"无形资产"的调整科目，核算企业对使用寿命有限的无形资产计提的累计摊销，贷方登记企业计提的无形资产摊销，借方登记处置无形资产转出的累计摊销，期末贷方余额，反映企业无形资产的累计摊销额。

此外，企业无形资产发生减值的，还应当设置"无形资产减值准备"科目进行核算。

2. 取得无形资产的账务处理

无形资产应当按照成本进行初始计量。企业取得无形资产的主要方式有外购、自行研究开发等。取得的方式不同，其账务处理也有所差别。

（1）外购无形资产

外购无形资产的成本包括购买价款、相关税费以及直接归属于使该项资产达到预定用途所发生的其他支出。

案例分析 4-63：外购取得无形资产的账务处理

雷顿公司购入一项非专利技术，支付的买价和有关费用合计 900 000 元，以银行存款支付。雷顿公司应作如下账务处理：

借：无形资产——非专利技术品　　　　　　　900 000

　　贷：银行存款　　　　　　　　　　　　　　　900 000

（2）自行研究开发无形资产

企业内部研究开发项目所发生的支出应区分研究阶段支出和开发阶段支出，企业自行开发无形资产发生的研发支出，不满足资本化条件的，借记"研发支出——费用化支出"科目，满足资本化条件的，借记"研发支出——资本化支出"科目，贷记"原材料""银行存款""应付职工薪酬"等科目。研究开发项目达到预定用途形成无形资产的，应按"研发支出——资本化支出"科目的余额，借记"无形资产"科目，贷记"研发支出——资本化支出"科目。期（月）末，应将"研发支出——费用化支出"科目归集的金额转入"管理费用"科目，借记"管理费用"科目，贷记"研发支出——费用化支出"科目。

案例分析 4-64：自行研究开发无形资产的账务处理

雷顿公司自行研究、开发一项技术，截至 2017 年 12 月 31 日，发生研发支出合计 2 000 000 元，经测试该项研发活动完成了研究阶段，从 2018 年 1 月 1 日开始进入开发阶段。

2018 年发生研发支出 300 000 元，假定符合《企业会计准则第 6 号——无形资产》规定的开发支出资本化的条件。2018 年 6 月 30 日，该项研发活动结束，最终开发出一项非专利技术。雷顿公司应作如下账务处理：

（1）2017 年发生的研发支出：

借：研发支出——费用化支出　　　　　　　　　　2 000 000

　　贷：银行存款　　　　　　　　　　　　　　　　　　2 000 000

（2）2017 年 12 月 31 日，发生的研发支出全部属于研究阶段的支出：

借：管理费用　　　　　　　　　　　　　　　　　2 000 000

　　贷：研发支出——费用化支出　　　　　　　　　　　2 000 000

（3）2018 年，发生开发支出并满足资本化确认条件：

借：研发支出——资本化支出　　　　　　　　　　300 000

　　贷：银行存款　　　　　　　　　　　　　　　　　　300 000

（4）2018 年 6 月 30 日，该技术研发完成并形成无形资产：

借：无形资产　　　　　　　　　　　　　　　　　300 000

　　贷：研发支出——资本化支出　　　　　　　　　　　300 000

3. 无形资产的摊销

企业应当于取得无形资产时分析判断其使用寿命。使用寿命有限的无形资产应进行摊销。使用寿命不确定的无形资产不应摊销。使用寿命有限的无形资产，其残值应当视为零。对于使用寿命有限的无形资产应当自可供使用（即其达到预定用途）当月起开始摊销，处置当月不再摊销。

无形资产摊销方法包括直线法、生产总量法等。企业选择的无形资产的摊销方法，应当反映与该项无形资产有关的经济利益的预期实现方式。无法可靠确定预期实现方式的，应当采用直线法摊销。

企业应当按月对无形资产进行摊销。无形资产的摊销额一般应当计入当期损益，企业自用的无形资产，其摊销金额计入管理费用；出租的无形资产，其摊销金额计入其他业务成本。某项无形资产包含的经济利益通过所生产的产品被其他资产实现的，其摊销金额应当计入相关资产成本。

案例分析 4-65：无形资产摊销的账务处理

雷顿公司购买了一项特许权，成本为 4 800 000 元，合同规定受益年限为 10 年，雷顿公司每月应摊销 40 000 元（4 800 100÷10÷12）。每月摊销时，雷顿公司应作如下账务处理：

借：管理费用	40 000
贷：累计摊销	40 000

案例分析 4-66：无形资产摊销的账务处理

2019 年 1 月 1 日，雷顿公司将其自行开发完成的非专利技术出租给丁公司，该非专利技术成本为 3 600 000 元，双方约定的租赁期限为 10 年，雷顿公司每月应摊销 30 000 元（3 600 000÷10÷12）。每月摊销时，雷顿公司应作如下账务处理：

借：其他业务成本	30 000
贷：累计摊销	30 000

4. 无形资产的处置

企业出售无形资产时，应将所取得的价款与该无形资产账面价值的差额作为资产处置利得或损失（资产处置损益），与固定资产处置性质相同，计入当期损益。

案例分析 4-67：无形资产处置的账务处理

雷顿公司将其购买的一专利权转让给 C 公司，该专利权的成本为 600 000 元，已摊销 220 000 元，应交税费 25 000 元，实际取得的转让价款为 500 000 元，款项已存入银行。雷顿公司应作如下账务处理：

借：银行存款	500 000
累计摊销	220 000
贷：无形资产	600 000
应交税费	25 000
资产处置损益	95 000

5. 无形资产的减值

无形资产在资产负债表日存在可能发生减值的迹象时，其可收回金额低于账面价值的，企业应当将该无形资产的账面价值减计至可收回金额，减计的金额确认为减值损失，计入当期损益，同时计提相应的资产减值准备，按应减计的金额，借记"资产减值损失——计提的无形资产减值准备"科目，贷记"无形资产减值准备"科目。无形资产减值损失一经确认，在以后会计期间不得转回。

案例分析 4-68：无形资产减值的账务处理

2018 年 12 月 31 日，市场上某项技术生产的产品销售势头较好，已对雷顿公司产品的销售产生重大不利影响。雷顿公司外购的类似专利技术的账面价值为 800 000 元，剩余摊销年限为 4 年，经减值测试，该专利技术的可收回金额为 750 000 元。

由于该专利权在资产负债表日的账面价值为 800 000 元，可收回金额为 750 000 元，可收回金额低于其账面价值，应按其差额 50 000 元（800 000-750 000）计提减值准备。雷顿公司应作如下账务处理：

借：资产减值损失——计提的无形资产减值准备　　　　50 000
　　贷：无形资产减值准备　　　　　　　　　　　　　　　　50 000

4.10.5　其他资产业务的账务处理

其他资产是指除货币资金、交易性金融资产、应收及预付款项、存货、长期股权投资、固定资产、无形资产等以外的资产，如长期待摊费用、长期应收款、商誉、递延所得税资产等。

1. 长期待摊费用

长期待摊费用是指企业已经发生但应由本期和以后各期负担的分摊期限在一年以上的各项费用，如以经营租赁方式租入的固定资产发生的改良支出等。

案例分析 4-69：长期待摊费用的账务处理

2018 年 4 月 1 日，雷顿公司对其以经营租赁方式新租入的办公楼进行装修，发生以下有关支出：须用生产用材料 500 000 元，购进该批原材料时支付的增值税进项税额为 65 000 元；辅助生产车间为该装修工程提供的劳务支出为 180 000 元；有关人员工资等职工薪酬 435 000 元。2018 年 12 月 1 日，该办公楼装修完工，达到预定可使用状态并交付使用，并按租赁期 10 年开始进行摊销。假定不考虑其他因素，雷顿公司应作如下账务处理：

（1）装修领用原材料时：

借：长期待摊费用　　　　　　　　　　　　　　　565 000

　贷：原材料　　　　　　　　　　　　　　　　　500 000

　　　应交税费——应交增值税（进项税额转出）　 65000

（2）辅助生产车间为装修工程提供劳务时：

借：长期待摊费用　　　　　　　　　　　　　　　180 000

　贷：生产成本——辅助生产成本　　　　　　　　180 000

（3）确认工程人员职工薪酬时：

借：长期待摊费用　　　　　　　　　　　　　　　435 000

　贷：应付职工薪酬　　　　　　　　　　　　　　435 000

（4）2018 年摊销装修支出时：

借：管理费用　　　　　　　　　　　　　　　　　　9 833

　贷：长期待摊费用　　　　　　　　　　　　　　　9 833

2. 长期应收款

长期应收款是指企业融资租赁产生的应收款项和采用递延方式分期收款、实质上具有融资性质的销售商品和提供劳务等经营活动产生的应收款项。企业应设置"长期应收款"科目，本科目也核算实质上构成对被投资单位净投资的长期权益。本科目的期末借方余额，反映企业尚未收回的长期应收款。

出租人融资租赁产生的应收租赁款，在租赁期开始日，应按租赁开始日最低租赁收款额与初始直接费用之和，借记"长期应收款"科目；按未担保余值，借记"未担保余值"科目；按融资租赁资产的公允价值（最低租赁收款额和未担保余值的现值之和），贷记"融资租赁资产"科目；按融资租赁资产的公允价值与账面价值的差额，借记"营业外支出"科目或贷记"营业外收入"科目；按发生的初始直接费用，贷记"银行存款"等科目；按其差额，贷记"未实现融资收益"科目。

采用递延方式分期收款销售商品或提供劳务等经营活动产生的长期应收款，满足收入确认条件的，按应收的合同或协议价款，借记"长期应收款"科目，按应收合同或协议价款的公允价值（折现值），贷记"主营业务收入"等科目，按其差额，贷记"未实现融资收益"科目。涉及增值税的，还应进行相应的处理。

如有实质上构成对被投资单位净投资的长期权益，被投资单位发生的净亏损应由本企业承担的部分，在"长期股权投资"的账面价值减计至零以后，还需承担的投资损失，应以"长期应收款"科目中实质上构成了对被投资单位净投资的长期权益部分账面价值减计至零为限，继续确认投资损失，借记"投资收益"科目，贷记"长期应收款"科目。除上述已确认投资损失外，投资合同或协议中约定仍应承担的损失，确认为预计负债。

企业分期计入租赁收入或利息收入的未实现融资收益，应通过"未实现融资收益"科目核算。本科目可按未实现融资收益项目进行明细核算。本科目期末贷方余额，反映企业尚未转入当期收益的未实现融资收益。

案例分析 4-70：长期应收款的账务处理

雷顿公司于 2017 年年初采用分期收款方式销售一批产品，该批产品成本为 400 万元，公允价值为 500 万元，销售合同中规定价税合计为 565 万元，增值税 65 万元在当时收付款项，剩余的 500 万元在以后的两年内每年年底收取 250 万元。雷顿公司应做如下会计处理：

（1）2017 年年初确认收入 500 万元：

借：长期应收款　　　　　　　　　　　　　　　　　　　500

银行存款	65
贷：主营业务收入	500
应交税费—应交增值税（销项税额）	65
借：主营业务成本	400
贷：库存商品	400

所得税费用：250×25%=62.5

借：所得税费用	62.5
贷：递延所得税负债	62.5

（2）年底收到款项：

借：银行存款	250
贷：长期应收款	250

3. 商誉

　　商誉是指能在未来期间为企业经营带来超额利润的潜在经济价值，或一家企业预期的获利能力超过可辨认资产正常获利能力的资本化价值。商誉是企业整体价值的组成部分。在企业合并时，它是购买企业投资成本超过被合并企业净资产公允价值的差额。商誉是一种不可确指的无形项目，它不具可辨认性，故不属于无形资产。它不能独立存在，它具有附着性特征，与企业的有形资产和企业的环境紧密相联。它既不能单独转让、出售，也不能以独立的一项资产作为投资，不存在单独的转让价值。它只能依附于企业整体，商誉的价值是通过企业整体收益水平来体现的。

　　依据商誉的取得方式，商誉可分为外购商誉和自创商誉。外购商誉是指由于企业合并采用购买法进行核算而形成的商誉；其他商誉即自创商誉或称之为非外购商誉。

　　对于在同一控制下的企业合并，新准则规定相关资产和负债均以账面价值计量，合并溢价只能调整资本公积和留存收益，并不确认商誉；非同一控制下的企业合并，购买方在进行账务处理时应分别根据准则确定合并成本以及合并中取得的被购买方可辨认净资产公允价值的份额，并比较两者之间的大小。若合并成本大于取得的被购买方可辨认净资产公允价值的份额则应当将其差额确认为商誉；而若前者小于后者，则首先应对两者的计量进行复核，如果经复核后前者仍然小于后者，则将其差额计入当期损益。

商誉发生减值的，应在"商誉"科目下设置"减值准备"明细科目进行核算，也可以单独设置"商誉减值准备"科目进行核算。资产负债表日，企业根据资产减值准则确定商誉发生减值的，按应减记的金额，借记"资产减值损失"科目，贷记"商誉——减值准备"。

4. 递延所得税资产

递延所得税资产产生于可抵扣暂时性差异。确认因可抵扣暂时性差异产生的递延所得税资产应以未来期间可能取得的应纳税所得额为限，以预期收回该资产期间的适用所得税税率为基础计算确定。

对与子公司、联营企业、合营企业的投资相关的可抵扣暂时性差异，同时满足下列条件的，应当确认相关的递延所得税资产：

（1）暂时性差异在可预见的未来很可能转回。

（2）未来很可能获得用来抵扣可抵扣暂时性差异的应纳税所得额。

同时，对于按照税法规定可以结转以后年度的未弥补亏损和税款抵减，应视同可抵扣暂时性差异处理。

但是，在某些情况下，企业发生的某项交易或事项不属于企业合并，并且交易发生时既不影响会计利润也不影响应纳税所得额，且该项交易中产生的资产、负债的初始确认金额与其计税基础不同，产生可抵扣暂时性差异的，所得税准则中规定在交易或事项发生时不确认相应的递延所得税资产。

企业设置"递延所得税资产"科目核算企业根据所得税准则确认的可抵扣暂时性差异产生的所得税资产。递延所得税资产的核算主要涉及"递延所得税资产""所得税——递延所得税费用""资本公积——其他资本公积"这三个科目。

企业在确认相关资产、负债时，应予确认的递延所得税资产，借记"递延所得税资产"，贷记"所得税——递延所得税费用""资本公积——其他资本公积"等科目。

案例分析 4-71：递延所得税资产的账务处理

雷顿公司于 2018 年 1 月 1 日购买乙公司 80% 股权，形成非同一控制下企业合并。因《企业会计准则》规定与适用税法规定的处理方法不同，在购买日产生可抵扣暂时性差异 300 万元，假定购买日及未来期间企业适用的所得税税率为 25%。购买日，因预计未来期间无法取得足够的应纳税所得额，未确认与可抵扣暂时性差异相关的递延所得税资产 75 万元。购买日确认的商誉为 50 万元。

在购买日后 6 个月，雷顿公司预计能够产生足够的应纳税所得额用以抵扣企业合并时产生的可抵扣暂时性差异 300 万元，且该事实于购买日已经存在，则雷顿公司应作如下会计处理：

借：递延所得税资产 　　　　　　　　　　　　　　750 000

　　贷：商誉　　　　　　　　　　　　　　　　　　500 000

　　　　所得税费用　　　　　　　　　　　　　　　250 000

假定，在购买日后 6 个月，雷顿公司根据新的事实预计能够产生足够的应纳税所得额用以抵扣企业合并时产生的可抵扣暂时性差异 300 万元，且该新的事实于购买日并不存在，则甲公司应作如下会计处理：

借：递延所得税资产 　　　　　　　　　　　　　　750 000

　　贷：所得税费用　　　　　　　　　　　　　　　750 000

第 5 章　做账的重头戏（二）
——负债类业务

本章导读

负债是指企业过去的交易或者事项形成的、预期会导致经济利益流出企业的现时义务。按照负债的流动性，可以划分为流动负债和长期负债。

流动负债是指将在1年（含1年）或超过1年的1个营业周期内偿还的债务，包括短期借款、交易性金融负债、应付票据、应付账款、预收账款、应付职工薪酬、应付股利、应付利息、应交税费、其他应付款和1年内到期的长期借款等。长期负债是指偿还期在1年或者超过1年的1个营业周期以上的负债，包括长期借款、应付债券、长期应付款项等。

本章依次介绍了上述负债类业务的账务处理。

1.应付账款、应付票据、其他应付款的账务处理十分相似，只是适用范围不同，是企业在日常经济活动中最常见的负债类业务。

2."应付职工薪酬"科目核算企业在职工在职期间和离职后提供的全部货币性薪酬和非货币性福利。该账户应当按照"工资""职工福利""社会保险费""住房公积金""工会经费""职工教育经费""非货币性福利""辞退福利""股份支付"等应付职工薪酬项目进行明细核算。

3.长短期借款的账务处理相同。主要涉及"短期（长期）借款""银行存款""财务费用""应付利息"等科目。其中，长期借款产生的借款费用应按照有关规定予以费用化或资本化。

4.我国税法为企业规定了各种税费，所以应交税费科目下有"应交增值税""应交消费税""应交资源税""应交城市维护建设税""应交教育费附加""应交土地增值税""应交房产税、土地使用税、车船使用税和矿产资源补偿费""应交个人所得税"等多个明细科目。

5.递延所得税负债的会计处理与递延所得税资产的大致相同。

5.1 应付账款的账务处理

5.1.1 应付账款的确认与计量

应付账款是指因购买材料、商品或接受劳务供应等而发生的债务。这种负债通常是由于交易双方在商品购销和提供劳务等活动中由于取得物资或接受劳务与支付价款在时间上不一致而产生的。

应付账款入账时间的确定，应以所购买物资的所有权转移或接受劳务已发生为标志。但在实际商品购销活动中，可以区别以下两种情况分别进行处理：

（1）在物资和发票账单同时到达的情况下，要区分两种情况处理：如果物资验收入库的同时支付货款，则不通过"应付账款"账户核算；如果物资验收入库后仍未付款，则按发票账单登记入账。按发票账单登记入账主要是为了确认所购入的物资是否在质量、数量和品种上都与合同上订明的条件相符。

（2）在物资和发票账单不是同时到达的情况下，也要区分两种情况处理：在发票账单已到、物资未到的情况下，应当直接根据发票账单支付物资价款和运杂费，计入有关物资的成本和"应付账款"（未能及时支付货款时），不需要按照应付债务估计入账；在物资已到，发票账单未到也无法确定实际成本的情况下，在月度终了，需要按照所购物资和应付债务估计入账，待下月初再用红字予以冲回。

应付账款一般按应付金额入账，而不按到期应付金额的现值入账。如果购入的资产在形成一笔应付账款时是带有现金折扣的，应付账款入账金额按发票上记载的应付金额的总值（即不扣除折扣）确定。在这种方法下，应按发票上记载的全部应付金额，借记有关账户，贷记"应付账款"账户；现金折扣实际获得时，冲减财务费用。应付账款一般在较短期限内支付，但有时应付账款由于债权单位撤销或其他原因而无法支付，无法支付的应付款项直接转入营业外收入。

5.1.2　应付账款的账务处理

为了总括反映和监督企业因购买材料、商品和接受劳务供应等产生的债务及其偿还情况，企业应设置"应付账款"账户。该账户贷方登记企业购买材料、商品、接受劳务供应的应付而未付的款项；借方登记偿还的应付账款以及用商业汇票抵付的应付账款；期末贷方余额反映尚未偿还或抵付的应付账款。该账户应按债权人设置明细账。

企业购入材料、商品等时，若货款尚未支付，根据有关凭证（发票账单、随货同行发票上记载的实际价款或暂估价值），借记"材料采购""在途物资"等账户，按可抵扣的增值税额，借记"应交税费——应交增值税（进项税额）"等账户，按应付的价款，贷记"应付账款"账户。企业接受供应单位提供劳务而发生的应付未付款项，根据供应单位的发票账单，借记"生产成本""管理费用"等账户，贷记"应付账款"账户。

企业开出承兑商业汇票抵付应付账款，借记"应付账款"账户，贷记"应付票据"账户。企业偿付应付款时，借记"应付账款"账户，贷记"银行存款"账户。企业将应付账款划转出去或者确实无法支付的应付账款，应按其账面余额，借记"应付账款"账户，贷记"营业外收入——其他"账户。

案例分析 5-1：应付账款的账务处理

雷顿公司向 A 公司购入一批材料，价款 50 000 元，增值税税率 13%，付款条件为 2／10，n／30。材料已验收入库，货款暂欠。雷顿公司应作如下账务处理：

（1）借：原材料　　　　　　　　　　　　　　　　50 000

　　　　　应交税费——应交增值税（进项税额）　　6 500

　　　贷：应付账款——A 公司　　　　　　　　　　56 500

（2）若 10 天内付款：

借：应付账款——A 公司   56 500

    贷：银行存款   55 370

        财务费用   1 130

5.2 应付票据的账务处理

5.2.1 应付票据的概念

应付票据是由出票人出票，委托付款人在指定日期无条件支付确定的金额给收款人或者持票人的票据。应付票据也是委托付款人允诺在一定时期内支付一定款额的书面证明。应付票据与应付账款不同，虽然都是由于交易而引起的流动负债，但应付账款是尚未结清的债务，而应付票据是一种期票，是延期付款的证明，有承诺付款的票据作为凭据。应付票据分为带息和不带息两种。理论上，应付票据的做账可以以票据的面值或现值作为入账金额。在我国，由于应付票据不论是否带息，其期限较短，实务中通常按票据面值做账。

5.2.2 应付票据的账务处理

为了反映企业购买材料、商品和接受劳务供应等而开出承兑商业汇票的情况，企业应设置"应付票据"账户。该账户贷方登记开出的商业汇票面值和应计利息，借方登记支付票据的款项，期末贷方余额反映企业开出的尚未到期的应付票据本息。

（1）企业开出承兑商业汇票或以承兑商业汇票抵付货款、应付账款时，借记"材料采购""在途物资""库存商品""应付账款""应交税费——应交增值税（进项税额）"等账户，贷记"应付票据"账户。

（2）支付银行承兑汇票的手续费，借记"财务费用"账户，贷记"银行存款"账户。收到银行支付到期票据的付款通知，借记"应付票据"账户，贷记"银行存款"账户。

（3）企业开出的商业汇票，如为带息票据，应于期末计算应付利息，借记"财务费用"账户，贷记"应付票据"账户。票据到期支付本息时，按票据账面余额，借记"应付票据"账户，按未计的利息，借记"财务费用"账户，按实际支付的金额，贷记"银行存款"账户。

（4）应付票据到期，如企业无力支付票款，按应付票据的账面余额，借记"应付票据"账户，贷记"应付账款"账户（如为银行承兑汇票，则贷记"短期借款"账户）。到期不能支付的带息应付票据，先计提应付利息，再转入"应付账款"账户；转入"应付账款"账户核算后，期末不再计提利息。

企业应当设置"应付票据备查簿"，详细登记每一应付票据的种类、号数、签发日期、到期日、票面金额、票面利率、合同交易号、收款人姓名或单位名称，以及付款日期和金额等资料。应付票据到期结清时，应当在备查簿内逐笔注销。

案例分析 5-2：应付票据的账务处理

雷顿公司（系一般纳税企业）2019 年 2 月 1 日购入一批价格为 300 000 元的商品（尚未验收入库），收到增值税专用发票一张，相应的增值税率为 13%，注明增值税额 39 000 元；同时出具了一张期限为 3 个月的带息商业汇票，年利率为 4%。根据上述资料，该公司应作如下账务处理：

（1）2019 年 2 月 1 日购入商品时：

借：在途物资　　　　　　　　　　　　　　　300 000

　　应交税费——应交增值税（进项税额）　　　 39 000

　　贷：应付票据　　　　　　　　　　　　　　339 000

（2）2019 年 3 月 31 日，计算 2 个月的应付利息 2 260 元（339 000×4%×2÷12）：

借：财务费用　　　　　　　　　　　　　　　　　2 260

　　贷：应付票据　　　　　　　　　　　　　　　　2 260

（3）2019 年 5 月 1 日到期付款时：

借：应付票据　　　　　　　　　　　　　　　　341 260

　　财务费用　　　　　　　　　　　　　　　　　1 130

　　贷：银行存款　　　　　　　　　　　　　　342 390

（4）2019 年 5 月 1 日到期无力付款时：

借：财务费用　　　　　　　　　　　　　　　　　1 130

　　贷：应付票据　　　　　　　　　　　　　　　1 130

同时将该商业汇票的账面余额结转，如为商业承兑汇票时：

借：应付票据　　　　　　　　　　　　　　　　342 390

　　贷：应付账款　　　　　　　　　　　　　　342 390

如为银行承兑汇票时：

借：应付票据　　　　　　　　　　　　　　　　342 390

　　贷：短期借款　　　　　　　　　　　　　　342 390

应付票据结转后，不再计提应付利息。

5.3　其他应付款的账务处理

5.3.1　其他应付款的概念

　　其他应付款是指与企业购销业务没有直接关系的应付、暂付款项，包括应付租入包装物的租金、经营租入固定资产的应付租金、出租或出借包装物收取的押金、应付及暂收其他单位的款项、应付职工统筹退休金等。

　　为此应设置"其他应付款"账户进行核算。该账户的贷方登记发生的各种应付、暂收款项，借方登记偿还或转销的各种应付暂收款项，余额在贷方，表示应付未付款项。本账户应按应付、暂收款项的类别设置明细账户。

5.3.2　其他应付款的账务处理

企业发生各种应付、暂收款项时，借记"银行存款""管理费用"等账户，贷记"其他应收款"账户；支付或退回有关款项时，借记"其他应付款"账户，贷记"银行存款"等账户。

案例分析 5-3：其他应付款的账务处理

雷顿公司将一台设备出租给 B 企业，租期 3 个月，收取押金 1 500 元，存入银行。进行账务处理如下：

（1）收到押金时：

借：银行存款	1 500
贷：其他应付款——B 企业	1 500

（2）3 个月后，B 企业退还该设备后，退还其押金：

借：其他应付款——B 企业	1 500
贷：银行存款	1 500

（3）假设 3 个月后，B 企业对设备保管不善，按租约规定，扣押金的 50% 作为罚款，其余押金退还 B 企业，则进行账务处理如下：

借：其他应付款——B 企业	1 500
贷：其他业务收入	750
银行存款	750

5.4　应付职工薪酬的账务处理

职工薪酬是指企业为获得职工提供的服务而给予各种形式的报酬以及其他相关支出。换言之，职工薪酬就是企业在职工在职期间和离职后提供的全部货币性薪酬和非货币性福利，包括提供给职工本人的薪酬，以及提供给职工配偶、子女或其他被赡养人的福利等。

5.4.1　企业职工薪酬的确认与计量原则

1. 劳动关系补偿的确认与计量

企业在职工为其提供服务的会计期间，除解除劳动关系补偿（也称辞退福利）全计入当期费用以外，其他职工薪酬均应根据职工提供服务的受益对象，将应确认的职工酬（包括货币性薪酬和非货币性福利）计入相关资产成本或当期费用，同时确认为应付工薪酬负债。其中：

（1）应由生产产品、提供劳务负担的职工薪酬，计入产品成本或劳务成本。

（2）应由在建工程、无形资产负担的职工薪酬，计入建造固定资产或无形资产成本。

（3）上述（1）和（2）之外的其他职工薪酬，计入当期损益。

2. 企业为职工缴纳的社会保险的确认与计量

企业为职工缴纳的医疗保险费、养老保险费、失业保险费、工伤保险费、生育保险费等社会保险费和住房公积金，应当在职工为其提供服务的会计期间，根据工资总额的一定比例计算，并按照上述 1 的办法处理。

在企业应付给职工的各种薪酬中，国家有规定计提基础和计提比例的，应当按照国家规定的标准计提。比如，应向社会保险经办机构等缴纳的医疗保险费、养老保险费（包括根据企业年金计划向企业年金基金相关管理人缴纳的补充养老保险费）、失业保险费、工伤保险费、生育保险费等社会保险费，应向住房公积金管理机构缴存的住房公积金，以及工会经费和职工教育经费等。

国家没有规定计提基础和计提比例的，如职工福利费等，企业应当根据历史经验数据和实际情况，合理预计当期的应付职工薪酬。当期实际发生金额大于预计金额的，应当补提应付职工薪酬；当期实际发生金额小于预计金额的，应当冲回多提的应付职工薪酬。在资产负债表日至财务报告批准报出日之间的期间，如有确凿证据表明需要调整资产负债表日原确认的应付职工薪酬的，应当按照《企业会计准则第 29 号——资产负债表日后事项》处理。

对于在职工提供服务的会计期末以后 1 年以上到期的应付职工薪酬，企业应当选择合理的折现率，以应付职工薪酬折现后金额，计入相关资产成本或当期费用；应付职工薪酬金额与其折现后金额相差不大的，也可以以未折现金额计入相关资产成本或当期费用。

3. 非货币性福利的确认与计量

（1）企业以其自产产品或外购商品作为非货币性福利发放给职工的，应当根据受益对象，按照该产品或商品的公允价值，计入相关资产成本或当期损益，同时确认应付职工薪酬。

（2）将企业拥有的住房等资产无偿提供给职工使用的，应当根据受益对象，将该住房每期应计提的折旧计入相关资产成本或费用，同时确认应付职工薪酬。租赁住房等资产供职工无偿使用的，应当根据受益对象，将每期应付的租金计入相关资产成本或费用，并确认应付职工薪酬。难以认定受益对象的非货币性福利，直接计入管理费用和应付职工薪酬。

5.4.2　应付职工薪酬的账务处理

企业应设置"应付职工薪酬"账户核算企业根据有关规定应付给职工的各种薪酬，贷方登记本月实际发生的应付职工薪酬总额，即应付职工薪酬的分配数，借方登记本月实际支付的各种应付职工薪酬，期末贷方余额反映企业尚未支付的应付职工薪酬。该账户应当按照"工资""职工福利""社会保险费""住房公积金""工会经费""职工教育经费""非货币性福利""辞退福利""股份支付"等应付职工薪酬项目进行明细核算。

1. 企业支付应付职工薪酬时的处理

企业按照有关规定向职工支付工资、奖金、津贴等，借记"应付职工薪酬"账户，贷记"银行存款""库存现金"等账户。

企业从应付职工薪酬中扣还的各种款项（代垫的家属药费、个人所得税等），借记"应付职工薪酬"账户，贷记"其他应收款""应交税费——应交个人所得税"等账户。

企业向职工支付职工福利费，借记"应付职工薪酬"账户，贷记"银行存款""库存现金"等账户。

企业支付工会经费和职工教育经费用于工会运作和职工培训，借记"应付职工薪酬"账户，贷记"银行存款"等账户。

企业按照国家有关规定缴纳社会保险费和住房公积金，借记"应付职工薪酬"账户，贷记"银行存款"账户。

企业因解除与职工的劳动关系向职工给予的补偿，借记"应付职工薪酬"账户，贷记"银行存款""库存现金"等账户。

在行权日，企业以现金与职工结算股份支付，借记"应付职工薪酬"账户，贷记"银行存款""库存现金"等账户。

2. 企业分配职工薪酬的账务处理

企业应当根据职工提供服务的受益对象，对发生的职工薪酬分配的账务处理。其中，生产部门人员的职工薪酬，借记"生产成本""制造费用""劳务成本"账户，贷记"应付职工薪酬"账户。管理部门人员的职工薪酬，借记"管理费用"账户，贷记"应付职工薪酬"账户。销售人员的职工薪酬，借记"销售费用"账户，贷记"应付职工薪酬"账户。

应由在建工程、研发支出负担的职工薪酬，借记"在建工程""研发支出"账户，贷记"应付职工薪酬"账户。因解除与职工的劳动关系给予的补偿，借记"管理费用"账户，贷记"应付职工薪酬"账户。在等待期内每个资产负债表日，根据股份支付准则确定的金额，借记"管理费用"等账户，贷记"应付职工薪酬"账户。在可行权日之后，根据股份支付准则确定的金额，借记或贷记"公允价值变动损益"账户，贷记或借记"应付职工薪酬"账户。

外商投资企业按规定从净利润中提取的职工奖励及福利基金，也在"应付职工薪酬"账户核算。外商投资企业按规定从净利润中提取的职工奖励及福利基金，借记"利润分配——提取的职工奖励及福利基金"账户，贷记"应付职工薪酬"账户。

案例分析 5-4：企业分配职工薪酬的账务处理

雷顿公司本月应付职工薪酬总额为 205 000 元，其中，车间生产工人工资 150 000 元，车间管理人员工资 20 000 元，厂部行政管理人员工资 15 000 元，从事专项工程人员工资 10 000 元，离退休人员工资5 000 元，生产工人其他福利 5 000 元。该公司月末应进行如下的账务处理：

借：生产成本		155 000
制造费用		20 000
管理费用		20 000
在建工程		10 000
贷：应付职工薪酬		205 000

该公司以银行存款实际发放时，应编制如下会计分录：

借：应付职工薪酬		205 000
贷：银行存款		205 000

3. 非货币性福利的账务处理

企业以其自产产品发给职工作为职工薪酬的，借记"管理费用""生产成本""制造费用"等账户，贷记"应付职工薪酬"账户。企业以其自产产品发放给职工的，借记"应付职工薪酬"账户，贷记"主营业务收入"账户，同时，还应结转产成品的成本。涉及增值税销项税额的，还应进行相应的处理。

无偿向职工提供住房等资产使用的，按应计提的折旧额，借记"管理费用"等账户,贷记"应付职工薪酬"账户;同时,借记"应付职工薪酬"账户,贷记"累计折旧"账户。租赁住房等资产供职工无偿使用的,每期应支付的租金,借记"管理费用"等账户,贷记"应付职工薪酬"账户。

企业支付租赁住房等资产供职工无偿使用所发生的租金,借记"应付职工薪酬"账户,贷记"银行存款"等账户。

案例分析5-5:非货币性福利的账务处理

雷顿公司共有职工200名,2019年2月,公司以其生产的每台成本为1 000元的电视机作为福利发放给公司每名职工。该型号电视机的售价为每台1 400元,适用增值税税率为13%。假定公司职工中170名为直接参加生产的人员,30名为总部管理人员。该公司此项职工福利应作如下账务处理:

电视机的增值税销项税额=170×1 400×13%+30×1 400×13%=30 940+5 460=36 400(元)

借:生产成本	268 940
管理费用	47 460
贷:应付职工薪酬	316 400
借:应付职工薪酬	316 400
贷:主营业务收入	280 000
应交税费——应交增值税(销项税额)	36 400
借:主营业务成本	200 000
贷:库存商品	200 000

5.5　短期借款的账务处理

企业的借款通常按其流动性或偿还时间的长短，划分为短期借款和长期借款。短期借款是指企业向银行或其他金融机构借入的期限在一年（含一年）以下的各种借款。

短期借款一般是补充企业生产经营的流动资金，是企业的一项流动负债。借款到期时，除偿还本金外，还需按期支付利息。利息作为财务费用计入损益核算，如果利息分期（季、半年）支付或到期一次支付、且数额较大，可采用预提的方法分期计入损益；如果利息按月支付，或者虽然分期（季、半年）支付或到期一次支付、但数额较小，可不用预提的方法，而在实际支付利息时直接计入当期损益。

5.5.1　账户的设置

短期借款的账务处理设置"短期借款"账户，贷方登记借入的短期借款，借方登记归还的短期借款，期末余额在贷方，反映尚未归还的短期借款。该账户按债权人设置明细账，并按借款的种类进行明细分类核算。

企业借入各种短期借款时，应借记"银行存款"账户，贷记"短期借款"账户；归还借款时，借记"短期借款"账户，贷记"银行存款"账户。

5.5.2　利息的处理

短期借款的利息，通过"财务费用""应付利息"等账户核算。短期借款利息一律计入财务费用，预提利息时，借记"财务费用"账户，贷记"应付利息"账户；支付已预提的利息时，借记"预提费用"账户，贷记"银行存款"账户；利息直接支付、不预提的，于付款时借记"财务费用"账户，贷记"银行存款"账户。

案例分析 5-6：短期借款利息的账务处理

雷顿公司于 2019 年 1 月 1 日取得银行借款 20 000 元，期限半年，年利率 5%。利息直接支付，不预提。账务处理如下：

借：银行存款　　　　　　　　　　　　　　　　20 000
　贷：短期借款　　　　　　　　　　　　　　　　20 000

雷顿公司于 2019 年 7 月 1 日将借款还本付息。账务处理如下：

借：短期借款　　　　　　　　　　　　　　　　20 000
　财务费用　　　　　　　　500（20 000×5%×0.5）
　贷：银行存款　　　　　　　　　　　　　　　　20 500

案例分析 5-7：短期借款利息的账务处理

雷顿公司于 2019 年 1 月 1 日取得银行借款 100 000 元，期限 9 个月，年利率 6%，该借款到期后按期如数偿还，利息分月预提，按季支付。

（1）1 月 1 日取得借款时，进行账务处理如下：

借：银行存款　　　　　　　　　　　　　　　100 000
　贷：短期借款　　　　　　　　　　　　　　　100 000

（2）1 月末计提当月借款利息时，进行账务处理如下：

借：财务费用　　　　　　　　　　　　　　　　　500
　贷：应付利息　　　　　　　500（100 000×6%÷12）

（2 月末预提当月利息的处理相同）

（3）3 月末支付本季度借款利息时，进行账务处理如下：

借：应付利息　　　　　　　　　　　　　　　　1 500
　贷：银行存款　　　　　　　　　　　　　　　1 500

（第二、三季度的账务处理同上）

（4）10 月 1 日到期偿还本金时，进行账务处理如下：

借：短期借款　　　　　　　　　　　　　　　100 000
　贷：银行存款　　　　　　　　　　　　　　　100 000

5.6　应交税费的账务处理

企业根据税法规定应交纳的各种税费包括：增值税、消费税、城市维护建设税、资源税、所得税、土地增值税、房产税、车船使用税、土地使用税、教育费附加、矿产资源补偿费、印花税、耕地占用税等。

企业应通过"应交税费"科目，总括反映各种税费的交纳情况，并按照应交税费项目进行明细核算。该科目贷方登记应交纳的各种税费等，借方登记实际交纳的税费；期末余额一般在贷方，反映企业尚未交纳的税费，期末余额如在借方，反映企业多交或尚未抵扣的税费。企业交纳的印花税、耕地占用税等不需要预计应交数的税金，不通过"应交税费"科目核算。

5.6.1　应交增值税

1. 增值税概述

增值税是指对我国境内销售货物、进口货物，或提供加工、修理修配劳务的增值额征收的一种流转税。增值税的纳税人是在我国境内销售货物、进口货物，或提供加工、修理修配劳务的单位和个人。按照纳税人的经营规模及会计核算的健全程度，增值税纳税人分为一般纳税人和小规模纳税人。一般纳税人应纳增值税额，根据当期销项税额减去当期进项税额计算确定；小规模纳税人应纳增值税额，按照销售额和规定的征收率计算确定。

按照《增值税暂行条例》规定，企业购入货物或接受应税劳务支付的增值税（即进项税额），可从销售货物或提供劳务按规定收取的增值税（即销项税额）中抵扣。准予从销项税额中抵扣的进项税额通常包括：

①从销售方取得的增值税专用发票上注明的增值税额。

②从海关取得的完税凭证上注明的增值税额。

2. 一般纳税企业的核算

为了核算企业应交增值税的发生、抵扣、交纳、退税及转出等情况，应在"应交税费"科目下设置"应交增值税"明细科目，并在"应交增值税"明细账内设置"进项税额""已交税金""销项税额""出口退税""进项税额转出"等专栏。

（1）采购物资和接受应税劳务

企业从国内采购物资或接受应税劳务等，根据增值税专用发票上记载的应计入采购成本或应计入加工、修理修配等物资成本的金额，借记"材料采购""在途物资""原材料""库存商品"或"生产成本""制造费用""委托加工物资""管理费用"等科目，根据增值税专用发票上注明的可抵扣的增值税税额，借记"应交税费——应交增值税（进项税额）"科目，按照应付或实际支付的总额，贷记"应付账款""应付票据""银行存款"等科目。购入货物发生的退货，作相反的会计分录。

案例分析 5-8：采购物资和接受应税劳务时，应交增值税的账务处理

雷顿公司购入一批原材料，增值税专用发票上注明货款 60 000 元，相应的增值税率为 13%，增值税额 7 800 元，货物尚未到达，货款和进项税款已用银行存款支付。该企业采用计划成本对原材料进行核算。雷顿公司有关的账务处理如下：

借：材料采购　　　　　　　　　　　　　　　　　60 000

　　应交税费——应交增值税（进项税额）　　　　7 800

　　贷：银行存款　　　　　　　　　　　　　　　　67 800

按照增值税暂行条例，企业购入免征增值税货物，一般不能够抵扣增值税销项税额。但是对于购入的免税农产品，可以按照买价和规定的扣除率计算进项税额，并准予从企业的销项税额中抵扣。企业购入免税农产品，按照买价和规定的扣除率计算进项税额，借记"应交税费——应交增值税（进项税额）"科目，按买价扣除按规定计算的进项税额后的差额，借记"材料采购""原材料""库存商品"等科目，按照应付或实际支付的价款，贷记"应付账款""银行存款"等科目。

案例分析 5-9：采购物资和接受应税劳务时，应交增值税的账务处理

雷顿公司购入一批免税农产品，价款 100 000 元，规定的扣除率为 10%，货物尚未到达，货款已用银行存款支付。雷顿公司有关的账务处理如下：

借：材料采购　　　　　　　　　　　　　　　　90 000

　　应交税费——应交增值税（进项税额）　　　10 000

　　贷：银行存款　　　　　　　　　　　　　　100 000

进项税额＝购买价款 × 扣除率 =100 000×10%=10 000（元）

企业购进固定资产所支付的不可抵扣的增值税额，应计入固定资产的成本；企业购进的货物用于非应税项目，其所支付的增值税额应计入购入货物的成本。

案例分析 5-10：采购物资和接受应税劳务时，应交增值税的账务处理

雷顿公司购入一台不需要安装的设备，价款及运输保险等费用合计 300 000 元，增值税专用发票上注明的增值税额 39 000 元，款项尚未支付。雷顿公司有关的账务处理如下：

借：固定资产　　　　　　　　　　　　　　　339 000

　　贷：应付账款　　　　　　　　　　　　　339 000

本例中，企业购进固定资产所支付的增值税额 39 000 元，应计入固定资产的成本。

案例分析 5-11：采购物资和接受应税劳务时，应交增值税的账务处理

雷顿公司购入一批基建工程所用物资，价款及运输保险等费用合计 5 000 元，增值税专用发票上注明的增值税额 650 元，物资已验收入库，款项尚未支付。雷顿公司有关的账务处理如下：

借：工程物资　　　　　　　　　　　　　　　5 650

　　贷：应付账款　　　　　　　　　　　　　5 650

本例中，企业购进的货物用于非应税项目所支付的增值税额 650 元，应计入购入货物的成本。

案例分析 5-12：采购物资和接受应税劳务时，应交增值税的账务处理

雷顿公司生产车间委托外单位修理机器设备，对方开来的专用发票上注明修理费用 10 000 元，相应的增值税率为 13%，增值税额 1 300 元，款项已用银行存款支付。雷顿公司有关的账务处理如下：

借：制造费用　　　　　　　　　　　　　　　　　10 000

　　应交税费——应交增值税（进项税额）　　　　 1 300

　　贷：银行存款　　　　　　　　　　　　　　　　　11 300

（2）进项税额转出

企业购进的货物发生非常损失，以及将购进货物改变用途（如用于非应税项目、集体福利或个人消费等），其进项税额应通过"应交税费——应交增值税（进项税额转出）"科目转入有关科目，借记"待处理财产损溢""在建工程""应付职工薪酬"等科目，贷记"应交税费——应交增值税（进项税额转出）"科目；属于转作待处理财产损失的进项税额，应与遭受非常损失的购进货物、在产品或库存商品的成本一并处理。

购进货物改变用途通常是指购进的货物在没有经过任何加工的情况下，对内改变用途的行为，如在建工程领用原材料、企业下属医务室等福利部门领用原材料等。

案例分析 5-13：增值税进项税额转出的账务处理

因意外火灾雷顿公司毁损一批库存材料，有关增值税专用发票确认的成本为 10 000 元，相应的增值税率为 13%，增值税额 1 300 元。雷顿公司有关的账务处理如下：

借：待处理财产损溢——待处理流动资产损溢　　　　11 300

$$
\begin{array}{lr}
\text{贷：原材料} & 10\ 000 \\
\quad \text{应交税费——应交增值税（进项税额转出）} & 1\ 300
\end{array}
$$

案例分析 5-14：增值税进项税额转出的账务处理

因火灾雷顿公司毁损一批库存商品，其实际成本 80 000 元，经确认损失外购材料的增值税 10 400 元。雷顿公司有关的账务处理如下：

$$
\begin{array}{lr}
\text{借：待处理财产损溢——待处理流动资产损溢} & 90\ 400 \\
\text{贷：库存商品} & 80\ 000 \\
\quad \text{应交税费——应交增值税（进项税额转出）} & 10\ 400
\end{array}
$$

案例分析 5-15：增值税进项税额转出的账务处理

雷顿公司建造厂房领用生产用原材料 50 000 元，原材料购入时支付的增值税为 6 500 元。雷顿公司有关的账务处理如下：

$$
\begin{array}{lr}
\text{借：在建工程} & 56\ 500 \\
\text{贷：原材料} & 50\ 000 \\
\quad \text{应交税费——应交增值税（进项税额转出）} & 6\ 500
\end{array}
$$

案例分析 5-16：增值税进项税额转出的账务处理

雷顿公司所属的职工医院维修领用原材料 5 000 元，其购入时支付的增值税为 650 元。雷顿公司有关的账务处理如下：

$$
\begin{array}{lr}
\text{借：应付职工薪酬——职工福利} & 5\ 650 \\
\text{贷：原材料} & 5\ 000 \\
\quad \text{应交税费——应交增值税（进项税额转出）} & 650
\end{array}
$$

（3）销售物资或者提供应税劳务

企业销售货物或者提供应税劳务，按照营业收入和应收取的增值税税额，借记"应收账款""应收票据""银行存款"等科目，按专用发票上注明的增值税税额，贷记"应交税费——应交增值税（销项税额）"科目，按照实现的营业收入，贷记"主营业务收入""其他业务收入"等科目。发生的销售退回，作相反的会计分录。

案例分析 5-17：销售物资或者提供应税劳务的账务处理

雷顿公司销售一批产品，价款 500 000 元，相应的增值税率为 13%，按规定应收取增值税额 65 000 元，提货单和增值税专用发票已交给买方，款项尚未收到。雷顿公司有关的账务处理如下：

借：应收账款　　　　　　　　　　　　　　　565 000
　　贷：主营业务收入　　　　　　　　　　　　500 000
　　　　应交税费——应交增值税（销项税额）　　65 000

案例分析 5-18：销售物资或者提供应税劳务的账务处理

雷顿公司为外单位代加工电脑桌 400 个，每个收取加工费 100 元，适用的增值税税率为 13%，加工完成，款项已收到并存入银行。雷顿公司有关的账务处理如下：

借：银行存款　　　　　　　　　　　　　　　45 200
　　贷：主营业务收入　　　　　　　　　　　　40 000
　　　　应交税费——应交增值税（销项税额）　　5 200

此外，企业将自产、委托加工或购买的货物分配给股东，应当参照企业销售物资或者提供应税劳务进行账务处理。

（4）视同销售行为

企业的有些交易和事项从会计角度看不属于销售行为，不能确认销售收入，但是按照税法规定，应视同对外销售处理，计算应交增值税。视同销售需要交纳增值税的事项如企业将自产或委托加工的货物用于非应税项目、集体福利或个人消费，将自产、委托加工或购买的货物作为投资、分配给股东或投资者、无偿赠送他人等。在这些情况下，企业应当借记"在建工程""长期股权投资""营业外支出"等科目，贷记"应交税费——应交增值税（销项税额）"科目等。

案例分析 5-19：销售物资或者提供应税劳务的账务处理

雷顿公司将自己生产的产品用于自行建造职工俱乐部。该批产品的成本为 200 000 元，计税价格为 300 000 元。增值税税率为 13%。雷顿公司有关的账务处理如下：

借：在建工程　　　　　　　　　　　　　　　　239 000

　　贷：库存商品　　　　　　　　　　　　　　　200 000

　　　　应交税费——应交增值税（销项税额）　　39 000

企业在建工程领用自己生产的产品的销项税额=300 000×13%=39 000（元）

（5）出口退税

企业出口产品按规定退税的，按应收的出口退税额，借记"其他应收款"科目，贷记"应交税费——应交增值税（出口退税）"科目。

（6）交纳增值税

企业交纳的增值税，借记"应交税费——应交增值税（已交税金）"科目，贷记"银行存款"科目。"应交税费——应交增值税"科目的贷方余额，表示企业应交纳的增值税。

案例分析 5-20：交纳增值税的账务处理

雷顿公司以银行存款交纳本月增值税 100 000 元。该企业有关的账务处理如下：

借：应交税费——应交增值税（已交税金）　　　100 000

　　贷：银行存款　　　　　　　　　　　　　　100 000

案例分析 5-21：交纳增值税的账务处理

雷顿公司本月发生销项税额合计 84 770 元，进项税额转出 24 578 元，进项税额 20 440 元，已交增值税 60 000 元。

该企业本月"应交税费——应交增值税"科目的余额为：

84 770+24 578-20 440-60 000=28 908（元）

该金额在贷方，表示企业尚未交纳增值税 28 908 元。

3. 小规模纳税企业的核算

小规模纳税企业应当按照不含税销售额和规定的增值税征收率计算交纳增值税，销售货物或提供应税劳务时只能开具普通发票，不能开具增值税专用发票。小规模纳税企业不享有进项税额的抵扣权，其购进货物或接受应税劳务支付的增值税直接计入有关货物或劳务的成本。因此，小规模纳税企业只需在"应交税费"科目下设置"应交增值税"明细科目，不需要在"应交增值税"明细科目中设置专栏，"应交税费——应交增值税"科目贷方登记应交纳的增值税，借方登记已交纳的增值税；期末贷方余额为尚未交纳的增值税，借方余额为多交纳的增值税。

小规模纳税企业购进货物和接受应税劳务时支付的增值税，直接计入有关货物和劳务的成本，借记"材料采购""在途物资"等科目，贷记"应交税费——应交增值税"科目。

案例分析 5-22：小规模纳税企业增值税的账务处理

某小规模纳税企业购入一批材料，取得的专用发票中注明货款 10 000 元，相应的增值税率为 13%，增值税 1 300 元，款项以银行存款支付，材料已验收入库（该企业按实际成本计价核算）。该企业有关的账务处理如下：

借：原材料　　　　　　　　　　　　　　　　　　　11 300

　　贷：银行存款　　　　　　　　　　　　　　　　　　　11 300

本例中，小规模纳税企业购进货物时支付的增值税 1 300 元，直接计入有关货物和劳务的成本。

案例分析 5-23：小规模纳税企业增值税的账务处理

某小规模纳税企业销售一批产品，所开出的普通发票中注明的货款（含税）为 20 600 元，增值税征收率为 3%，款项已存入银行。该企业有关的账务处理如下：

借：银行存款　　　　　　　　　　　　　　　　　　　　20 600
　　贷：主营业务收入　　　　　　　　　　　　　　　　20 000
　　　　应交税费——应交增值税　　　　　　　　　　　　600

不含税销售额＝含税销售额÷（1＋征收率）=20 600÷（1+3%）=20 000（元）

应纳增值税＝不含税销售额×征收率=20 000×3%=600（元）

该小规模纳税企业月末以银行存款上交增值税 600 元。有关账务处理如下：

借：应交税费——应交增值税　　　　　　　　　　　　　600
　　贷：银行存款　　　　　　　　　　　　　　　　　　600

此外，企业购入材料不能取得增值税专用发票的，比照小规模纳税企业进行处理，发生的增值税计入材料采购成本，借记"材料采购""在途物资"等科目，贷记"应交税费——应交增值税"科目。

5.6.2　应交消费税

消费税是指在我国境内生产、委托加工和进口应税消费品的单位和个人，按其流转额交纳的一种税。消费税有从价定率和从量定额两种征收方法。采取从价定率方法征收的消费税，以不含增值税的销售额为税基，按照税法规定的税率计算。企业的销售收入包含增值税的，应将其换算为不含增值税的销售额。采取从量定额计征的消费税，根据按税法确定的企业应税消费品的数量和单位应税消费品应缴纳的消费税计算确定。企业应在"应交税费"科目下设置"应交消费税"明细科目，核算应交消费税的发生、交纳情况。该科目贷方登记应交纳的消费税，借方登记已交纳的消费税；期末贷方余额为尚未交纳的消费税，借方余额为多交纳的消费税。

1. 销售应税消费品

企业销售应税消费品应交的消费税，应借记"税金及附加"科目，贷记"应交税费——应交消费税"科目。

案例分析 5-24：销售应税消费品时消费税的账务处理

雷顿公司销售所生产的化妆品，价款 2 000 000 元（不含增值税），适用的消费税税率为 30%。该企业有关的账务处理如下：

借：税金及附加　　　　　　　　　　　　　　　　600 000

　　贷：应交税费——应交消费税　　　　　　　　　600 000

　　应交消费税额 =2 000 000×30%=600 000（元）

2. 自产自用应税消费品

企业将生产的应税消费品用于在建工程等非生产机构时，按规定应交纳的消费税，借记"在建工程"等科目，贷记"应交税费——应交消费税"科目。

案例分析 5-25：自产自用应税消费品的账务处理

雷顿公司在建工程领用自产柴油 60 000 元，相应的增值税率为 13%，应纳增值税 7 800 元，应纳消费税 6 000 元。该企业有关的账务处理如下：

借：在建工程　　　　　　　　　　　　　　　　73 800

　　贷：库存商品　　　　　　　　　　　　　　　60 000

　　　　应交税费——应交增值税（销项税额）　　　7 800

　　　　　　　　——应交消费税　　　　　　　　6 000

本例中，企业将生产的应税消费品用于在建工程等非生产机构时，按规定应交纳的消费税 6 000 元应记入"在建工程"科目。

案例分析 5-26：自产自用应税消费品的账务处理

雷顿公司下设的职工食堂享受企业提供的补贴，本月领用自产产品一批，该产品的账面价值 40 000 元，市场价格 60 000 元（不含增值税），适用的消费税税率为 10%，增值税税率为 13%。该企业的有关的账务处理如下：

借：应付职工薪酬——职工福利　　　　　　　53 800

　　贷：库存商品　　　　　　　　　　　　　40 000

　　　　应交税费——应交增值税（销项税额）　7 800

　　　　　　　　——应交消费税　　　　　　6 000

应计入"应付职工薪酬——职工福利"科目的金额 =40 000+60 000×13%+60 000×10%=53 800（元）。

3. 委托加工应税消费品

企业如有应交消费税的委托加工物资，一般应由受托方代收代交税款，受托方按照应交税款金额，借记"应收账款""银行存款"等科目，贷记"应交税费——应交消费税"科目。受托加工或翻新改制金银首饰按照规定由受托方交纳消费税。

委托加工物资收回后，直接用于销售的，应将受托方代收代交的消费税计入委托加工物资的成本，借记"委托加工物资"等科目，贷记"应付账款""银行存款"等科目；委托加工物资收回后用于连续生产的，按规定准予抵扣的，应按已由受托方代收代交的消费税，借记"应交税费——应交消费税"科目，贷记"应付账款""银行存款"等科目。

案例分析 5-27：委托加工应税消费品的账务处理

雷顿公司委托 A 企业代为加工一批应交消费税的材料（非金银首饰）。雷顿公司的材料成本为 1 000 000 元，加工费为 200 000 元，由 A

企业代收代交的消费税为 80 000 元（不考虑增值税）。材料已经加工完成，并由雷顿公司收回验收入库，加工费尚未支付。雷顿公司采用实际成本法进行原材料的核算。

（1）如果雷顿公司收回的委托加工物资用于继续生产应税消费品，雷顿公司有关的账务处理如下：

借：委托加工物资	1 000 000
贷：原材料	1 000 000
借：委托加工物资	200 000
应交税费——应交消费税	80 000
贷：应付账款	280 000
借：原材料	1 200 000
贷：委托加工物资	1 200 000

（2）如果雷顿公司收回的委托加工物资直接用于对外销售，雷顿公司有关的账务处理如下：

借：委托加工物资	1 000 000
贷：原材料	1 000 000
借：委托加工物资	280 000
贷：应付账款	280 000
借：原材料	1 280 000
贷：委托加工物资	1 280 000

（3）A 企业对应收取的受托加工代收代交消费税的账务处理如下：

借：应收账款	80 000
贷：应交税费——应交消费税	80 000

4. 进口应税消费品

企业进口应税物资在进口环节应交的消费税，计入该项物资的成本，借记"材料采购""固定资产"等科目，贷记"银行存款"科目。

案例分析 5-28：进口应税消费品时，消费税的账务处理。

雷顿公司从国外进口一批需要交纳消费税的商品，商品价值 2 000 000 元，进口环节需要交纳的消费税为 400 000 元（不考虑增值税），采购的商品已经验收入库，货款尚未支付，税款已经用银行存款支付。雷顿公司有关的账务处理如下：

借：库存商品　　　　　　　　　　　　　　　　　2 400 000
　　贷：应付账款　　　　　　　　　　　　　　　2 000 000
　　　　银行存款　　　　　　　　　　　　　　　　400 000

本例中，企业进口应税物资在进口环节应交的消费税 400 000 元，应计入该项物资的成本。

5.6.3　其他应交税费

其他应交税费是指除上述应交税费以外的应交税费，包括应交资源税、应交城市维护建设税、应交土地增值税、应交所得税、应交房产税、应交土地使用税、应交车船使用税、应交教育费附加、应交矿产资源补偿费、应交个人所得税等。企业应当在"应交税费"科目下设置相应的明细科目进行核算，贷方登记应交纳的有关税费，借方登记已交纳的有关税费，期本贷方余额表示尚未交纳的有关税费。

1. 应交资源税

资源税是对在我国境内开采矿产品或者生产盐的单位和个人征收的税。资源税按照应税产品的课税数量和规定的单位税额计算。开采或生产应税产品对外销售的，以销售数量为课税数量；开采或生产应税产品自用的，以自用数量为课税数量。

对外销售应税产品应交纳的资源税应记入"税金及附加"科目，借记"税金及附加"科目，贷记"应交税费——应交资源税"科目；自产自用应税产品应交纳的资源税应记入"生产成本""制造费用"等科目，借记"生产成本""制造费用"等科目，贷记"应交税费——应交资源税"科目。

案例分析 5-29：应交资源税的账务处理

雷顿公司对外销售某种资源税应税矿产品 2 000 吨，每吨应交资源税 5 元。该企业有关的账务处理如下：

借：税金及附加　　　　　　　　　　　　　　　　10 000

　　贷：应交税费——应交资源税　　　　　　　　10 000

企业对外销售应税产品而应交的资源税 =2 000×5=10 000（元）

案例分析 5-30：应交资源税的账务处理

雷顿公司将自产的资源税应税矿产品 500 吨用于企业的产品生产，每吨应交资源税 5 元。该企业有关的账务处理如下：

借：生产成本　　　　　　　　　　　　　　　　　2 500

　　贷：应交税费——应交资源税　　　　　　　　2 500

企业自产自用应税矿产品而应交纳的资源税 =500×5=2 500（元）

2. 应交城市维护建设税

城市维护建设税是以增值税、消费税为计税依据征收的一种税。其纳税人为交纳增值税、消费税的单位和个人，税率因纳税人所在地的不同从 1% 到 7% 不等。公式为：

应纳税额 =（应交增值税 + 应交消费税）× 适用税率

企业应交的城市维护建设税，借记"税金及附加"等科目，贷记"应交税费——应交城市维护建设税"科目。

案例分析 5-31：应交城市维护建设税的账务处理

雷顿公司本期实际应上交增值税 400 000 元，消费税 241 000 元。该企业适用的城市维护建设税税率为 7%。该企业有关的账务处理如下：

（1）计算应交的城市维护建设税：

借：税金及附加　　　　　　　　　　　　　　　　44 870

　　贷：应交税费——应交城市维护建设税　　　　　44 870

应交的城市维护建设税 =（400 000+241 000）× 7% = 44 870（元）

（2）用银行存款上交城市维护建设税时：

借：应交税费——应交城市维护建设税　　　　　　44 870

　　贷：银行存款　　　　　　　　　　　　　　　　44 870

3. 应交教育费附加

教育费附加是为了发展教育事业而向企业征收的附加费用，企业按应交流转税的一定比例计算交纳。企业应交的教育费附加，借记"税金及附加"等科目，贷记"应交税费——应交教育费附加"科目。

案例分析 5-32：应交教育费附加的账务处理

雷顿公司按税法规定计算，2019 年度第一季度应交纳教育费附加 300 000 元。款项已经用银行存款支付。该企业有关的账务处理如下：

借：税金及附加　　　　　　　　　　　　　　　　300 000

　　贷：应交税费——应交教育费附加　　　　　　　300 000

借：应交税费——应交教育费附加　　　　　　　　300 000

　　贷：银行存款　　　　　　　　　　　　　　　　300 000

4. 应交土地增值税

土地增值税是指在我国境内有偿转让土地使用权及地上建筑物和其他附着物产权的单位和个人，就其土地增值额征收的一种税。土地增值额是指转让收入减去规定扣除项目金额后的余额。转让收入包括货币收入、实物收入和其他收入。扣除项目主要包括取得土地使用权所支付的金额、开发土地的费用、新建及配套设施的成本、旧房及建筑物的评估价格等。

企业应交的土地增值税视情况计入不同科目：企业转让的土地使用权

连同地上建筑物及其附着物一并在"固定资产"等科目核算的，转让时应交的土地增值税，借记"固定资产清理"科目，贷记"应交税费——应交土地增值税"科目；土地使用权在"无形资产"科目核算的，按实际收到的金额，借记"银行存款"科目，按应交的土地增值税，贷记"应交税费——应交土地增值税"科目，同时冲销土地使用权的账面价值，贷记"无形资产"科目，按其差额，借记"营业外支出"科目或贷记"营业外收入"科目。

案例分析 5-33：应交土地增值税的账务处理

雷顿公司对外转让一炼厂房，根据税法规定计算的应交土地增值税为 27 000 元。有关账务处理如下：

（1）计算应交纳的土地增值税：

借：固定资产清理	27 000
贷：应交税费——应交土地增值税	27 000

（2）企业用银行存款交纳应交土地增值税税款

借：应交税费——应交土地增值税	27 000
贷：银行存款	27 000

5. 应交房产税、土地使用税、车船使用税和矿产资源补偿费

房产税是国家对在城市、县城、建制具和工矿区征收的由产权所有人缴纳的一种税。房产税依照房产原值一次减除 10% 至 30% 后的余额计算交纳。没有房产原值作为依据的，由房产所在地税务机关参考同类房产核定；房产出租的，以房产租金收入为房产税的计税依据。

土地使用税是国家为了合理利用城镇土地，调节土地级差收入，提高土地使用效益，加强土地管理而开征的一种税，以纳税人实际占用的土地面积为计税依据，依照规定税额计算征收。

车船使用税由拥有并且使用车船的单位和个人交纳。车船使用税按照适用税额计算交纳。

矿产资源补偿费是对在我国领域和管辖海域开采矿产资源而征收的费用。矿产资源补偿费按照矿产品销售收入的一定比例计征，由采矿人交纳。

企业应交的房产税、土地使用税、车船使用税、矿产资源补偿费，记入"管理费用"科目，借记"管理费用"科目，贷记"应交税费——应交房产税（或应交土地使用税、应交车船使用税、应交矿产资源补偿费）"科目。

6. 应交个人所得税

企业按规定计算的代扣代交的职工个人所得税，借记"应付职工薪酬"科目，贷记"应交税费——应交个人所得税"科目；企业交纳个人所得税时，借记"应交税费——应交个人所得税"科目；贷记"银行存款"等科目。

案例分析 5-34：应交个人所得税的账务处理

雷顿公司结算本月应付职工工资总额 200 000 元，代扣职工个人所得税共计 2 000 元，实发工资 198 000 元。该企业与应交个人所得税有关的会计分录如下：

借：应付职工薪酬——工资　　　　　　　　　　　2 000
　　贷：应交税费——应交个人所得税　　　　　　　2 000

本例中，企业按规定计算的代扣代交的职工个人所得税 2 000 元，应记入"应付职工薪酬"科目。

5.7　长期借款的账务处理

长期借款是企业向银行或其他金融机构借入的偿还期在一年以上（不含一年）的各种借款。长期借款一般用于固定资产的购建、改扩建工程、大修理工程以及流动资产的正常需要等方面，是企业的一项长期负债。长期借款关系到企业未来的生产经营规模和经济效益，使用合理可以使企业扩大经营规模和范围，增强生产能力，增强获利能力；但如果决策失误，借款项目未能达到预期的目标，会使企业陷入困境，到期无力偿还本息，因此，必须强化管理。企业贷款时须办理如下手续：首先，向银行或金融机构提出借款申请，说明借款的种类、用途、金额、还款计划等；然后，银行或金融机构对借款人的资格进行审查，对投资项目的前景进行分析调查，决定贷款与否和贷款数额。如果银行或金融机构同意贷款，要与企业签订借款合同并发放贷款，企业必须按规定的用途使用借款，按期还本付息。

5.7.1　长期借款的账户设置

长期借款的账务处理设置"长期借款"账户，长期借款的借入、应计利息、汇兑损益和偿还本息等业务的账务处理都通过该账户进行。该账户贷方登记借入长期借款的本金、利息和汇兑损失；借方登记长期借款的汇兑收益和归还的本息；贷方余额反映尚未偿还的长期借款的本息。该账户按借款单位和种类设置明细账，进行明细分类核算。

5.7.2　借款费用的处理

长期借款产生的借款费用，我国的《企业会计准则》规定了不同的处理方法：

（1）为购建或者生产符合资本化条件的资产而借入专门借款的，应当以专门借款当期实际发生的利息费用，减去将尚未动用的借款资金存入银行取得的利息收入或者进行暂时性投资取得的投资收益后的金额，确定为专门借款利息费用的资本化金额，并应当在资本化期间内，将其计入符合资本化条件的资产成本。企业借款购建或者生产的存货中，符合借款费用资本化条件的，应当将符合资本化条件的借款费用予以资本化。

（2）为购建或者生产符合资本化条件的资产而占用了一般借款的，企业应当根据累计资产支出超过专门借款部分的资产支出加权平均数乘以所占用一般借款的资本化率，计算确定一般借款应予资本化的利息金额。资本化率应当根据一般借款加权平均利率计算确定。

（3）安排专门借款发生的辅助费用（手续费等）。专门借款发生的辅助费用在所购建或者生产的符合资本化条件的资产达到预定可使用或者可销售状态之前，应当在发生时根据其发生额予以资本化，计入符合资本化条件的资产的成本；在所购建或者生产的符合资本化条件的资产达到预定可使用或者可销售状态之后，应当在发生时根据其发生额确认为费用，计入当期损益。上述资本化或计入当期损益的辅助费用的发生额，是指根据《企业会计准则第 22 号——金融工具确认和计量》，按照实际利率法所确定的金融负债交易费用对每期利息费用的调整额。借款实际利率与合同利率差异较小的，也可以来用合同利率计算确定利息费用。一般借款发生的辅助费用，也应当按照上述原则确定其发生额并进行处理。

（4）其他借款费用，应当在发生时根据其发生额确认为费用，计入当期损益。

5.7.3 账务处理

（1）取得长期借款

企业取得长期借款并存入银行时，借记"银行存款"账户，贷记"长期借款"账户；如果用借款直接购置了固定资产或用于在建工程项目，则应借记"固定资产"或"在建工程"账户，贷记"长期借款"账户。

（2）计算长期借款利息

长期借款所发生的利息支出，应按权责发生制原则按期预提，计入在建工程的成本或计入当期损益，通过"在建工程"或"财务费用"账户进行核算。如果长期借款用于购建、改扩建固定资产的，利息的处理方法应以固定资产达到预定可使用状态为界限，在此之前发生的利息支出，应计入所购建、改扩建固定资产的价值中；在此之后发生的利息支出，应计入当期损益，即记入"财务费用"账户。如果长期借款是用于正常经营所需流动资金的，应将其发生的利息支出计入当期损益。

（3）归还长期借款

归还长期借款的本金和利息时，借记"长期借款"账户，贷记"银行存款"账户。

5.8 递延所得税负债的账务处理

递延所得税负债产生于应纳税暂时性差异，其应以相关应纳税暂时性差异转回期间税法规定适用的所得税税率计量。确认递延所得税负债时，应遵循的原则是，除所得税准则中明确规定可不确认递延所得税负债的情况以外，企业对于所有的应纳税暂时性差异均应确认相关的递延所得税负债。除与直接计入所有者权益的交易或事项以及企业合并中取得资产、负债相关的以外，在确认递延所得税负债的同时，应增加利润表中的所得税费用。

有些情况下，虽然资产、负债的账面价值与其计税基础不同，产生了应纳税暂时性差异，但出于各方面考虑，所得税准则中规定不确认相应的递延所得税负债，主要包括：

（1）商誉的初始确认。非同一控制下的企业合并中，企业合并成本大于合并中取得的被购买方可辨认净资产公允价值份额的差额，按照会计准则规定应确认为商誉。因会计与税收的划分标准不同，会计上作为非同一控制下的企业合并，但如果按照税法规定计税时作为免税合并的情况下，商誉的计税基础为零，其账面价值与计税基础形成应纳税暂时性差异，不确认与其相关的递延所得税负债。

（2）除企业合并以外的其他交易或事项中，如果该项交易或事项发生时既不影响会计利润，也不影响应纳税所得额，则所产生的资产、负债的初始确认金额与其计税基础不同，形成应纳税暂时性差异的，交易或事项发生时不确认相应的递延所得税负债。

（3）与子公司、联营企业、合营企业投资等相关的应纳税暂时性差异，一般应确认相应的递延所得税负债，但同时满足以下两个条件的除外：一是投资企业能够控制暂时性差异转回的时间；二是该暂时性差异在可预见的未来很可能不会转回。

案例分析 5-35：递延所得税负债的账务处理

雷顿企业于 2018 年 12 月 6 日购入某项设备，取得成本为 500 万元，会计上采用年限平均法计提折旧，使用年限为 10 年，净残值为零，因该资产常年处于强震动状态，计税时按双倍余额递减法计列折旧，使用年限及净残值与会计相同。适用的所得税税率为 25%。假定该企业不存在其他会计与税收处理的差异。

分析：

2019 年资产负债表日，该项固定资产按照会计规定计提的折旧额为 50 万元，计税时允许扣除的折旧额为 100 万元，则该固定资产的账面价值 450 万元与其计税基础 400 万元的差额构成应纳税暂时性差异，企业应确认相关的递延所得税负债。

第 6 章　企业动力的来源
——所有者权益类业务

　　所有者权益来源于所有者投入的资本、直接计入所有者权益的利得和损失、留存收益等。直接计入所有者权益的利得和损失，是指不应计入当期损益会导致所有者权益发生增减变动的，与所有者投入资本或者向所有者分配利润无关的利得或者损失。

　　所有者权益可分为实收资本（或股本）、资本公积、盈余公积和未分配利润等部分。其中，盈余公积和未分配利润统称为留存收益。

　　1.实收资本。企业接受现金投资和非现金投资及实收资本增减变动的账务处理。股份有限公司应通过"股本"科目核算，其他各类企业应通过"实收资本"科目核算。

　　2. 资本公积包括资本溢价（或股本溢价）和直接计入所有者权益的利得和损失（其他资本公积）等。本科目的账务处理要注意股份有限公司与其他类型公司的不同之处。

　　3.留存收益包括盈余公积和未分配利润两部分。企业进行利润分配的顺序是：

　　①提取法定盈余公积；②提取任意盈余公积；③向投资者分配利润。

6.1 所有者权益概述

所有者权益是指企业投资者对企业净资产的所有权，包括企业投资者对企业的投入资本以及形成的资本公积、盈余公积和未分配利润等。在资产负债表上，作为所有者权益列示的金额，是指全部资产扣除全部负债后的余额。正因如此，有人说所有者权益是个平衡数。股份有限公司的所有者权益又称为股东权益。

6.1.1 所有者权益含义

我国《企业会计准则——基本准则》第二十六条规定："所有者权益是指企业资产扣除负债后由所有者享有的剩余权益。公司的所有者权益又称为股东权益"。第二十七条第一款规定："所有者权益的来源包括所有者投入的资本、直接计入所有者权益的利得和损失、留存收益等。"

6.1.2 所有者权益和负债的联系和区别

所有者权益和负债同属"权益"。"权益"是指对企业资产的求偿权。它包括投资人的求偿权和债权人的求偿权两种。但二者又有区别，主要表现在以下几个方面：

（1）性质不同

表现为负债是债权人对企业资产的求偿权，是债权人的权益，债权人与企业只有债权债务关系，到期可以收回本息；而所有者权益则是企业所有者对企业净资产的求偿权，包括所有者对企业投入的资本以及其对投入资本的运作所产生的盈余的要求权，没有明确的偿还期限。

（2）偿还责任不同

表现为企业的负债要求企业按规定的时间和利率支付利息，到期偿还本金；而所有者权益则与企业共存亡，在企业经营期内无须偿还，国有企业按照国家规定分配收益，股份制企业按照董事会的决定支付股利，其他企业按照企业最高层管理机构的决定分配利润。

（3）享受的权利不同

债权人通常只有享受收回本金和按事先约定的利息率收回利息的权利，既没有参与企业经营管理的权利，也没有参与企业收益分配的权利；而企业的所有者通常既具有参与企业管理的权利，也具有参与收益分配的权利。企业的所有者不仅享有法定的自己管理企业的权利，而且还享有委托他人管理企业的权利。

（4）计量特性不同

负债通常可以单独直接地进行计量，而所有者权益除了投资者投资时以外，一般不能直接计量，而是通过资产和负债的计量来进行间接的计量。

（5）风险和收益的大小不同

负债由于具有明确的偿还期限，约定的收益率，而且一旦到期就可以收回本金与相应的利息，因而风险较小，因为债权人承担的风险小，因此，债权人所获得的收益一般也要小些；而所有者的投入资本，一旦投入被投资企业，一般情况下，无论企业未来经营的状况如何，都不会抽回投资，因而承担的风险较大，相应地也就有可能获得较高的收益，当然，也有可能要承担更大的损失。

6.2　实收资本的账务处理

我国有关法律规定，投资者设立企业首先必须投入资本。《企业法人登记管理条例》规定，企业申请开业，必须具备国家规定的与其生产经营和服务规模相适应的资金。为了反映和监督投资者投入资本的增减变动情况，企业必须按照国家统一的会计制度的规定进行实收资本的核算，真实地反映所有者投入企业资本的状况，维护所有者各方在企业的权益。除股份有限公司以外，其他各类企业应通过"实收资本"科目核算，股份有限公司应通过

"股本"科目核算。

企业收到所有者投入企业的资本后，应根据有关原始凭证（如投资清单、银行通知单等），分别不同的出资方式进行账务处理。

6.2.1 接受现金资产投资

1. 股份有限公司以外的企业接受现金资产投资

实收资本的构成比例即投资者的出资比例或股东的股份比例，是确定所有者在企业所有者权益中所占的份额和参与企业财务经营决策的基础，也是企业进行利润分配或股利分配的依据，同时还是企业清算时确定所有者对净资产的要求权的依据。

案例分析 6-1：有限责任公司接受现金资产投资的账务处理

甲、乙、丙共同投资设立 A 有限责任公司，注册资本为 2 000 000 元，甲、乙、丙持股比例分别为 60%、25% 和 15%。按照章程规定，甲、乙、丙投入资本分别为 1 200 000 元、500 000 元和 300 000 元。A 公司已如期收到各投资者一次缴足的款项。A 有限责任公司在进行账务处理时，应进行如下账务处理：

借：银行存款   2 000 000
　　贷：实收资本——甲   1 200 000
　　　　　　——乙   500 000
　　　　　　——丙   300 000

2. 股份有限公司接受现金资产投资

股份有限公司发行股票时，既可以按面值发行股票，也可以溢价发行（我国目前不准许折价发行）。股份有限公司在核定的股本总额及核定的股份总额的范围内发行股票时，应在实际收到现金资产时进行账务处理。

案例分析 6-2：股份有限公司接受现金资产投资的账务处理

利兴股份有限公司发行普通股 10 000 000 股，每股面值 1 元，每股发行价格 5 元。假定股票发行成功，股款 50 000 000 元已全部收到，不考虑发行过程中的税费等因素。根据上述资料，利兴股份有限公司应作如下账务处理：

应记入"资本公积"科目的金额=50 000 000-10 000 000=40 000 000（元）
进行如下账务处理：

借：银行存款　　　　　　　　　　　　　　　　50 000 000
　　贷：股本　　　　　　　　　　　　　　　　10 000 000
　　　　资本公积——股本溢价　　　　　　　　40 000 000

本例中，该公司发行股票实际收到的款项为 50 000 000 元，应借记"银行存款"科目；实际发行的股票面值为 10 000 000 元，应贷记"股本"科目，按其差额，贷记"资本公积——股本溢价"科目。

6.2.2　接受非现金资产投资

我国《公司法》规定，股东可以用货币出资，也可以用实物、知识产权、土地使用权等可以用货币估价并可以依法转让的非货币财产作价出资；但是，法律、行政法规规定不得作为出资的财产除外。对作为出资的非货币财产应当评估作价，核实财产，不得高估或者低估作价。法律、行政法规对评估作价有规定的，从其规定。全体股东的货币出资金额不得低于有限责任公司注册资本的30%。不论以何种方式出资，投资者如在投资过程中违反投资合约，不按规定如期缴足出资额，企业可以依法追究投资者的违约责任。

企业接受非现金资产投资时，应按投资合同或协议约定价值确定非现金资产价值（但投资合同或协议约定价值不公允的除外）和在注册资本中应享有的份额。

1. 接受投入固定资产
企业接受投资者作价投入的房屋、建筑物、机器设备等固定资产，应按投资合同或协议约定价值确定固定资产价值（但投资合同或协议约定价值不公允的除外）和在注册资本中应享有的份额。

案例分析6-3：接受投入固定资产的账务处理

雷顿有限责任公司于设立时收到A公司作为资本投入的不需要安装的机器设备一台，合同约定该机器设备的价值为2 000 000元，增值税进项税额为340 000元（假设不允许抵扣）。合同约定的固定资产价值与公允价值相符，不考虑其他因素，甲有限责任公司进行账务处理时，应进行如下账务处理：

借：固定资产   2 340 000

  贷：实收资本——A公司   2 340 000

本例中，该项固定资产合同约定的价值与公允价值相符，并且雷顿公司接受的固定资产投资产生的相关增值税进项税额不允许抵扣，因此，固定资产应按合同约定价值与增值税进项税额的合计金额2 340 000元入账。雷顿公司接受A公司投入的固定资产按合同约定全额作为实收资本，因此，可按2 340 000元的金额贷记"实收资本"科目。

2. 接受投入材料物资

企业接受投资者作价投入的材料物资，应按投资合同或协议约定价值确定材料物资价值（但投资合同或协议约定价值不公允的除外）和在注册资本中应享有的份额。

案例分析6-4：接受投入材料物资的账务处理

雷顿有限责任公司于设立时收到B公司作为资本投入的原材料一批，该批原材料投资合同或协议约定价值（不含可抵扣的增值税进项税额部分）为100 000元，相应的增值税率为13%，增值税进项税额为13 000元。B公司已开具了增值税专用发票。假设合同约定的价值与公允价值相符，该进项税额允许抵扣，不考虑其他因素，雷顿有限责任公司在进行账务处理时，应进行如下账务处理：

借：原材料	100 000
应交税费——应交增值税（进项税额）	13 000
贷：实收资本——B 公司	113 000

本例中，原材料的合同约定价值与公允价值相符，因此，可按照 100 000 元的金额借记"原材料"科目；同时，该进项税额允许抵扣，因此，增值税专用发票上注明的增值税税额 13 000 元，应借记"应交税费——应交增值税（进项税额）"科目。雷顿公司接受 B 公司投入的原材料按合同约定全额作为实收资本，因此可按 113 000 的金额贷记"实收资本"科目。

3. 接受投入无形资产

企业收到以无形资产方式投入的资本，应按投资合同或协议约定价值确定无形资产价值（但投资合同或协议约定价值不公允的除外）和在注册资本中应享有的份额。

案例分析 6-5：接受投入无形资产的账务处理

雷顿有限责任公司于设立时收到 A 公司作为资本投入的非专利技术一项，该非专利技术投资合同约定价值为 60 000 元，同时收到 B 公司作为资本投入的土地使用权一项，投资合同约定价值为 80 000 元。假设雷顿公司接受该非专利技术和土地使用权符合国家注册资本管理的有关规定，可按合同约定作实收资本入账，合同约定的价值与公允价值相符，不考虑其他因素。雷顿有限责任公司在进行账务处理时，应进行如下账务处理：

借：无形资产——非专利技术	60 000
——土地使用权	80 000
贷：实收资本——A 公司	60 000
——B 公司	80 000

本例中，非专利技术与土地使用权的合同约定价值与公允价值相符，因此，可分别按照 60 000 元和 80 000 元的金额借记"无形资产"科目。A、B 公司投入的非专利技术和土地使用权按合同约定全额作为实收资本，因此可分别按 60 000 元和 80 000 元的金额贷记"实收资本"科目。

6.2.3 实收资本（或股本）的增减变动

一般情况下，企业的实收资本应相对固定不变，但在某些特定情况下，实收资本也可能发生增减变化。我国《企业法人登记管理条例》中规定，除国家另有规定外，企业的注册资金应当与实收资本相一致，当实收资本比原注册资金增加或减少的幅度超过 20% 时，应持资金信用证明或者验资证明，向原登记主管机关申请变更登记。如擅自改变注册资本或抽逃资金，要受到工商行政管理部门的处罚。

1. 实收资本（或股本）的增加

一般企业增加资本主要有三个途径：接受投资者追加投资、资本公积转增资本和盈余公积转增资本。

需要注意的是，由于资本公积和盈余公积均属于所有者权益，用其转增资本时，如果是独资企业比较简单，直接结转即可。如果是股份公司或有限责任公司应该按照原投资者出资比例相应增加各投资者的出资额。

案例分析 6-6：实收资本增加的账务处理

甲、乙、丙三人共同投资设立 A 有限责任公司，原注册资本为 4 000 000 元，甲、乙、丙分别出资 500 000 元、2 000 000 元和 1 500 000 元。

（1）为扩大经营规模，经批准，A 公司注册资本扩大为 5 000 000 元，甲、乙、丙按照原出资比例分别追加投资 125 000 元、500 000 元和 375 000 元。A 公司如期收到甲、乙、丙追加的现金投资。A 公司会计分录如下：

借：银行存款   1 000 000

贷：实收资本——甲   125 000

——乙	500 000
——丙	375 000

本例中，甲、乙、丙按原出资比例追加实收资本，因此，A公司应分别按照125 000元、500 000元和375 000元的金额贷记"实收资本"科目中甲、乙、丙明细分类账。

（2）因扩大经营规模需要，经批准，A公司按原出资比例将资本公积1 000 000元转增资本。A公司会计分录如下：

借：资本公积　　　　　　　　　　　　　　　1 000 000
　贷：实收资本——甲　　　　　　　　　　　　　　125 000
　　　　　　——乙　　　　　　　　　　　　　　500 000
　　　　　　——丙　　　　　　　　　　　　　　375 000

本例中，资本公积1 000 000元按原出资比例转增实收资本，因此，A公司应分别按照125 000元、500 000元和375 000元的金额贷记"实收资本"科目中甲、乙、丙明细分类账。

（3）因扩大经营规模需要，经批准，A公司按原出资比例将盈余公积1000000元转增资本。A公司会计分录如下：

借：盈余公积　　　　　　　　　　　　　　　1 000 000
　贷：实收资本——甲　　　　　　　　　　　　　　125 000
　　　　　　——乙　　　　　　　　　　　　　　500 000
　　　　　　——丙　　　　　　　　　　　　　　375 000

本例中，盈余公积1 000 000元按原出资比例转增实收资本，因此，A公司应分别按照125 000元、500 000元和375 000元的金额贷记"实收资本"科目中甲、乙、丙明细分类账。

2. 实收资本（或股本）的减少

企业减少实收资本应按法定程序报经批准，股份有限公司采用收购本公司股票方式减资，按股票面值和注销股数计算的股票面值总额冲减股本，投注销库存股的账面余额与所冲减股本的差额冲减股本溢价，股本溢价不足冲减的，再冲减盈余公积直至未分配利润。如果购回股票支付的价款低于面值总额的，所注销库存股的账面余额与所冲减股本的差额作为增加股本溢价处理。

案例分析6-7：实收资本减少的账务处理

A公司2018年12月31日的股本为100 000 000股，面值为1元，资本公积（股本溢价）30 000 000元，盈余公积40 000 000元。经股东大会批准，A公司以现金回购本公司股票20 000 000股并注销。

（1）假定A公司按每股2元回购股票，不考虑其他因素，A公司的账务处理如下：

①回购本公司股票时：

借：库存股	40 000 000
贷：银行存款	40 000 000

库存股成本 =20 000 000×2=40 000 000（元）

②注销本公司股票时：

借：股本	20 000 000
资本公积——股本溢价	20 000 000
贷：库存股	40 000 000

应冲减的资本公积 =20 000 000×2-20 000 000×1=20 000 000（元）

（2）假定A公司按每股3元回购股票，其他条件不变，A公司的账务处理如下：

①回购本公司股票时：

借：库存股	60 000 000
贷：银行存款	60 000 000

库存股成本 =20 000 000×3=60 000 000（元）

②注销本公司股票时：

借：股本	20 000 000
资本公积——股本溢价	30 000 000
盈余公积	10 000 000

　　　　贷：库存股　　　　　　　　　　　　　　　60 000 000

　　应冲减的资本公积 =20 000 000×3-20 000 000×1=40 000 000（元）

　　由于应冲减的资本公积大于公司现有的资本公积，所以只能冲减资本公积 30 000 000 元，剩余的 10 000 000 元应冲减盈余公积。

　　（3）假定 A 公司按每股 0.9 元回购股票，其他条件不变，A 公司的账务处理如下：

　　①回购本公司股票时：

　　借：库存股　　　　　　　　　　　　　　　18 000 000

　　　贷：银行存款　　　　　　　　　　　　　18 000 000

　　库存股成本 =20 000 000×0.9=18 000 000（元）

　　②注销本公司股票时：

　　借：股本　　　　　　　　　　　　　　　　20 000 000

　　　贷：库存股　　　　　　　　　　　　　　18 000 000

　　　　资本公积——股本溢价　　　　　　　　 2 000 000

　　应增加的资本公积 =20 000 000×1-20 000 000×0.9=2 000 000（元）

　　由于折价回购，股本与库存股成本的差额 2 000 000 元应作为增加资本公积处理。

6.3　资本公积

　　资本公积是企业收到投资者的超出其在企业注册资本（或股本）中所占份额的投资，以及直接计入所有者权益的利得和损失等。资本公积包括资本溢价（或股本溢价）和直接计入所有者权益的利得和损失等。

　　资本溢价（或股本溢价），是企业收到投资者的超出其在企业注册资本（或股本）中所占份额的投资。形成资本溢价（或股本溢价）的原因有溢价发行股票、投资者超额缴入资本等。

　　直接计入所有者权益的利得和损失是指不应计入当期损益、会导致所有者权益发生增减变动的、与所有者投入资本或者向所有者分配利润无关的利得或者损失。

资本公积的核算包括资本溢价（或股本溢价）的核算、其他资本公积的核算和资本公积转增资本的核算等内容。

6.3.1 资本溢价（或股本溢价）的核算

1. 资本溢价

除股份有限公司外的其他类型的企业，在企业创立时，投资者认缴的出资额与注册资本一致，一般不会产生资本溢价。但在企业重组或有新的投资者加入时，常常会出现资本溢价。因为在企业进行正常生产经营后，其资本利润率通常要高于企业初创阶段，另外，企业有内部积累，新投资者加入企业后，对这些积累也要分享，所以新加入的投资者往往要付出大于原投资者的出资额，才能取得与原投资者相同的出资比例。投资者多缴的部分就形成了资本溢价。

案例分析 6-8：产生资本溢价时的账务处理

A 有限责任公司由两位投资者投资 200 000 元设立，每人各出资 100 000 元。一年后，为扩大经营规模，经批准，A 有限责任公司注册资本增加到 300 000 元，并引入第三位投资者加入。按照投资协议，新投资者需缴入现金 110 000 元，同时享有该公司三分之一的股份。A 有限责任公司已收到该现金投资。假定不考虑其他因素，A 有限责任公司的会计分录如下：

借：银行存款 110 000
　贷：实收资本 100 000
　　　资本公积——资本溢价 10 000

本例中，A 有限责任公司收到第三位投资者的现金投资 110 000 元中，100 000 元属于第三位投资者在注册资本中所享有的份额，应记入"实收资本"科目，10 000 元属于资本溢价，应记入"资本公积——资本溢价"科目。

2. 股本溢价

股份有限公司是以发行股票的方式筹集股本的，股票可接面值发行，也可按溢价发行，我国目前不准折价发行。与其他类型的企业不同，股份有限公司在成立时可能会溢价发行股票，因而在成立之初，就可能会产生股本溢价。股本溢价的数额等于股份有限公司发行股票时实际收到的款额超过股票面值总额的部分。

在接面值发行股票的情况下，企业发行股票取得的收入，应全部作为股本处理；在溢价发行股票的情况下，企业发行股票取得的收入，等于股票面值部分作为股本处理，超出股票面值的溢价收入应作为股本溢价处理。

发行股票相关的手续费、佣金等交易费用，如果是溢价发行股票的，应从溢价中抵扣，冲减资本公积（股本溢价）；无溢价发行股票或溢价金额不足以抵扣的，应将不足抵扣的部分冲减盈余公积和未分配利润。

案例分析 6-9：产生股本溢价时的账务处理

B 股份有限公司首次公开发行了普遍股 50 000 000 股，每股面值 1 元，每股发行价格为 4 元。B 公司以银行存款支付发行手续费、咨询费等费用共计 6 000 000 元。假定发行收入已全部收到，发行费用已全部支付，不考虑其他因素，B 公司的账务处理如下：

（1）收到发行收入时：

借：银行存款　　　　　　　　　　　　　　　200 000 000

　贷：股本　　　　　　　　　　　　　　　　　50 000 000

　　资本公积——股本溢价　　　　　　　　　150 000 000

应增加的资本公积 =50 000 000×（4-1）=150 000 000（元）

本例中，B 股份有限公司溢价发行普通股，发行收入中等于股票面值的部分 50 000 000 元应记入"股本"科目，发行收入超出股票面值的部分 150 000 000 元记入"资本公积——股本溢价"科目。

（2）支付发行费用时：

借：资本公积——股本溢价　　　　　　　　　　　　6 000 000

　　贷：银行存款　　　　　　　　　　　　　　　　6 000 000

本例中，B 股份有限公司的股本溢价 150 000 000 元高于发行中发生的交易费用 6 000 000 元，因此，交易费用可从股本溢价中扣除，作为冲减资本公积处理。

6.3.2　其他资本公积的核算

其他资本公积是指除资本溢价（或股本溢价）项目以外所形成的资本公积，其中主要是直接计入所有者权益的利得和损失。本书以因被投资单位所有者权益的其他变动产生的利得或损失为例，介绍相关的其他资本公积的核算。

企业对某被投资单位的长期股权投资采用权益法核算的，在持股比例不变的情况下，对因被投资单位除净损益以外的所有者权益的其他变动，如果是利得，则应按持股比例计算其应享有被投资企业所有者权益的增加数额；如果是损失，则作相反的分录。在处置长期股权投资时，应转销与该笔投资相关的其他资本公积。

案例分析 6-10：其他资本公积的账务处理

C 有限责任公司于 2018 年 1 月 1 日向 F 公司投资 8 000 000 元。拥有该公司 20% 的股份，并对该公司有重大影响，因而对 F 公司长期股权投资采用权益法核算。2018 年 12 月 31 日，F 公司净损益之外的所有者权益增加了 1 000 000 元。假定除此以外，F 公司的所有者权益没有变化，C 有限责任公司的持股比例没有变化，F 公司资产的账面价值与公允价值一致，不考虑其他因素。C 有限责任公司的会计分录如下：

借：长期股权投资——F 公司　　　　　　　　　　　200 000

　　贷：资本公积——其他资本公积　　　　　　　　　200 000

C 有限责任公司增加的资本公积 =1 000 000 × 20%=200 000（元）。

本例中，C 有限责任公司对 F 公司的长期股权投资采用权益法核算，持股比例未发生变化，F 公司发生了除净损益之外的所有者权益的其他变动，C 有限责任公司应按其持股比例计算应享有的 F 公司权益的数额200 000 元，作为增加其他资本公积处理。

6.3.3　资本公积转增资本的核算

经股东大会或类似机构决议，用资本公积转增资本时，应冲减资本公积，同时按照转增前的实收资本（或股本）的结构或比例，将转增的金额记入"实收资本"或"股本"科目下各所有者的明细分类账。

6.4　留存收益

留存收益包括盈余公积和未分配利润两个部分。

6.4.1　盈余公积

盈余公积是指企业按规定从净利润中提取的企业积累资金。公司制企业的盈余公积包括法定盈余公积和任意盈余公积。

按照《公司法》有关规定，公司制企业应当按照净利润（减弥补以前年度亏损，下同）的 10% 提取法定盈余公积。非公司制企业法定盈余公积的提取比例可超过净利润的 10%。法定盈余公积累计额已达注册资本的 50% 时可以不再提取。值得注意的是，在计算提取法定盈余公积的基数时，不应包括企业年初未分配利润。

公司制企业可根据股东大会的决议提取任意盈余公积。非公司制企业经类似权力机构批准，也可提取任意盈余公积。法定盈余公积和任意盈余公积的区别在于其各自计提的依据不同，前者以国家的法律法规为依据；后者由企业的权力机构自行决定。

企业提取的盈余公积经批准可用于弥补亏损、转增资本、发放现金股利或利润等。

案例分析 6-11: 提取盈余公积的账务处理

E 股份有限公司本年实现净利润为 5 000 000 元, 年初未分配利润为 0。经股东大会批准, E 股份有限公司按当年净利润的 10% 提取法定盈余公积。假定不考虑其他因素, E 股份有限公司的会计分录如下:

借: 利润分配——提取法定盈余公积　　　　　　　500 000

　　贷: 盈余公积——法定盈余公积　　　　　　　　　500 000

本年提取盈余公积金额 =5 000 000 × 10%=500 000（元）

案例分析 6-12: 盈余公积补亏的账务处理

经股东大会批准, F 股份有限公司用以前年度提取的盈余公积弥补当年亏损, 当年弥补亏损的数额为 600 000 元。假定不考虑其他因素, E 股份有限公司的会计分录如下:

借: 盈余公积　　　　　　　　　　　　　　　　　600 000

　　贷: 利润分配——盈余公积补亏　　　　　　　　　600 000

案例分析 6-13: 盈余公积转增资本的账务处理

因扩大经营规模需要, 经股东大会批准, G 股份有限公司将盈余公积 400 000 元转增股本。假定不考虑其他因素, G 股份有限公司的会计分录如下:

借: 盈余公积　　　　　　　　　　　　　　　　　400 000

　　贷: 股本　　　　　　　　　　　　　　　　　　　400 000

案例分析 6-14: 用盈余公积发放现金股利或利润的账务处理

H 股份有限公司 2018 年 12 月 31 日普通股股本为 50 000 000 股, 每股面值 1 元, 可供投资者分配的利润为 5 000 000 元, 盈余公积

20 000 000 元。2019 年 3 月 20 日，股东大会批准了 2018 年度利润分配
方案，以 2018 年 12 月 31 日为登记日，按每股 0.2 元发放现金股利。H
股份有限公司共需要分派 10 000 000 元现金股利，其中动用可供投资者
分配的利润 5 000 000 元、盈余公积 5 000 000 元。假定不考虑其他因素，
H 股份有限公司账务处理如下：

（1）宣告分派股利时：

借：利润分配——应付现金股利		5 000 000
盈余公积		5 000 000
贷：应付股利		10 000 000

（2）支付股利时：

借：应付股利		10 000 000
贷：银行存款		10 000 000

本例中，H 股份有限公司经股东大会批准，以未分配利润和盈余公
积发放现金股利，属于以未分配利润发放现金股利的部分 5 000 000 元应
记入"利润分配——应付现金股利"科目，属于以盈余公积发放现金股
利的部分 5 000 000 元应记入"盈余公积"科目。

6.4.2　利润分配

利润分配是指企业根据国家有关规定和企业章程、投资者协议等，对企
业当年可供分配的利润所进行的分配。

可供分配的利润 = 当年实现的净利润 + 年初未分配利润（或 – 年初未弥
补亏损）+ 其他转入利润

分配的顺序依次是：①提取法定盈余公积；②提取任意盈余公积；③向
投资者分配利润。

未分配利润是经过弥补亏损、提取法定盈余公积、提取任意盈余公积和
向投资者分配利润等利润分配之后剩余的利润，它是企业留待以后年度进行
分配的历年结存的利润。相对于所有者权益的其他部分来说，企业对于未分
配利润的使用有较大的自主权。

企业应通过"利润分配"科目，核算企业利润的分配（或亏损的弥

补）和历年分配（或弥补）后的未分配利润（或未弥补亏损）。该科目应分别"提取法定盈余公积""提取任意盈余公积""应付现金股利或利润""盈余公积补亏""本分配利润"等进行明细核算。企业未分配利润通过"利润分配——未分配利润"明细科目进行核算。年度终了，企业应将全年实现的净利润或发生的净亏损，自"本年利润"科目转入"利润分配——未分配利润"科目，并将"利润分配"科目所属其他明细科目的余额，转入"未分配利润"明细科目。结转后，"利润分配——未分配利润"科目如为贷方余额，表示累积未分配的利润数额；如为借方余额，则表示累积未弥补的亏损数额。

案例分析 6-15：资本公积转增资本的的账务处理

D 股份有限公司年初未分配利润为 0，本年实现净利润 2 000 000 元，本年提取法定盈余公积 200 000 元，宣告发放现金股利 800 000 元。假定不考虑其他因素，D 股份有限公司账务处理如下：

（1）结转本年利润：

借：本年利润   2 000 000

  贷：利润分配——未分配利润   2 000 000

如企业当年发生亏损，则应借记"利润分配——未分配利润"科目，贷记"本年利润"科目。

（2）提取法定盈余公积、宣告发放现金股利：

借：利润分配——提取法定盈余公积   200 000

     ——应付现金股利   800 000

  贷：盈余公积   200 000

    应付股利   800 000

同时，

借：利润分配——未分配利润   1 000 000

  贷：利润分配——提取法定盈余公积 200 000

      ——应付现金股利   800 000

　　结转后，如果"未分配利润"明细科目的余额在贷方，表示累计未分配的利润；如果余额在借方，则表示累积未弥补的亏损。本例中，"利润分配——未分配利润"明细科目的余额在贷方，此贷方余额 1 000 000 元（本年利润 2 000 000 – 提取法定盈余公积 200 000 – 支付现金股利 800 000）即为 D 股份有限公司本年年末的累计未分配利润。

第 7 章

企业盈利了吗
——收入、费用和利润业务

收入－费用＝利润。但在企业会计实务中，利润的结算过程并非如此简单：净利润＝营业利润＋营业外收入－营业外支出－所得税费用。本章对损益类科目做了系统的介绍。

1. 收入。包括销售商品收入、提供劳务收入和让渡资产使用权收入。三者的确认和计量标准存在一定程度的差异。收入的核算主要涉及四个账户："主营业务收入""主营业务成本""其他业务收入""其他业务成本"。

2. 费用。包括产品生产费用（直接费用、直接材料、制造费用）和期间费用（管理费用、销售费用、财务费用）。费用可以在发生时直接确认，也可以通过分配确认，还可以通过与收入的直接关系确认。其账务处理十分简单，将发生额直接计入借方即可。

3. 政府补助。包括财政拨款、财政贴息、税收返还。本节介绍了与资产和收益相关的政府补助的账务处理：前者应计入递延收益，后者以不同情况分别计入递延收益或当期营业外收入，与资产和收益均相关的政府补助，要将其分解以分别进行账务处理。

4. 利润。为了进行利润的账务处理，企业设置了"营业外收入""营业外支出""资产减值损失""所得税费用""本年利润"等科目，本年利润是企业本年度实现的最终经营成果，其余额将转入未分配利润账户，留待企业进行利润分配。企业的利润分配也要按照一定顺序进行，并应作出相应的账务处理。

7.1 收入的账务处理

7.1.1 收入的特点

《企业会计准则第14号——收入》规定：收入，是指企业在日常活动中形成的、会导致所有者权益增加的、与所有者投入资本无关的经济利益的总流入。企业代第三方收取的款项，应当作为负债处理，不应当确认为收入。

（1）收入从企业的日常经营活动中产生，而不是从偶发的交易或事项中产生。其中"日常活动"，是指企业为完成其经营目标所从事的经常性活动以及与之相关的活动。比如，工业企业制造并销售产品、商品流通企业销售商品、保险公司签发保单、咨询公司提供咨询服务、软件企业为客户开发软件、安装公司提供安装服务、商业银行对外贷款、租赁公司出租资产等，均属于企业为完成其经营目标所从事的经常性活动，由此产生的经济利益的总流入构成收入。有些交易或事项也能为企业带来经济利益，但不属于企业的日常经营活动，其流入的经济利益是利得而不是收入，如出售固定资产所取得的收益。

（2）会导致所有者权益增加的、与所有者投入资本无关的经济利益的总流入。收入取得后可能表现为：①增加资产。如增加银行存款或应收账款等；②减少负债。如以商品或劳务抵偿债务；③增加所有者权益。如前所述，收入能增加资产或减少负债或两者兼而有之，因此，根据"资产＝负债＋所有者权益"的等式，企业所取得的收入一定能增加所有者权益（这里所说的收入能增加所有者权益，仅指收入本身的影响，而收入扣除相关成本与费用后，则可能增加所有者权益也可能减少所有者权益）。

（3）本企业的收入只包括本企业经济利益的流入，而不包括为第三方或客户代收的款项。如增值税、代收利息等。

7.1.2　收入的确认与计量

1. 收入确认的原则

企业应当在履行了合同中的履约义务，即在客户取得相关商品控制权时确认收入。取得相关商品控制权，是指客户能够主导该商品的使用并从中获得几乎全部经济利益，也包括有能力阻止其他方主导该商品的使用并从中获得经济利益。取得商品控制权包括三个要素：一是客户必须拥有现时权利，能够主导该商品的使用并从中获得几乎全部经济利益。如果客户只能在未来的某一期间主导该商品的使用并从中获益，则表明其尚未取得该商品的控制权。二是客户有能力主导该商品的使用，即客户在其活动中有权使用该商品，或者能够允许或阻止其他方使用该商品。三是客户能够获得商品几乎全部的经济利益。商品的经济利益是指商品的潜在现金流量，既包括现金流入的增加，也包括现金流出的减少。客户可以通过使用、消耗、出售、处置、交换、抵押或持有等多种方式直接或间接地获得商品的经济利益。

需要说明的是，本章所称的客户是指与企业订立合同以向该企业购买其日常活动产出的商品并支付对价的一方；所称的商品包括商品和服务。本章的收入不涉及企业对外出租资产收取的租金、进行债权投资收取的利息、进行股权投资取得的现金股利以及保费收入等。

2. 收入确认的前提条件

企业与客户之间的合同同时满足下列五项条件的，企业应当在客户取得相关商品控制权时确认收入：

（1）合同各方已批准该合同并承诺将履行各自义务。

（2）该合同明确了合同各方与所转让商品相关的权利和义务。

（3）该合同有明确的与所转让商品相关的支付条款。

（4）该合同具有商业实质，即履行该合同将改变企业未来现金流量的风险、时间分布或金额。

（5）企业因向客户转让商品而有权取得的对价很可能收回。

3. 收入确认和计量的步骤

根据《企业会计准则第 14 号——收入》，收入确认和计量大致分为五步：

第一步，识别与客户订立的合同。合同是指双方或多方之间订立具有法律约束力的权利义务的协议。合同有书面形式、口头形式以及其他形式。合同的存在是企业确认客户合同收入的前提，企业与客户之间的合同一经签订，企业即享有从客户取得与转移商品和服务对价的权利，同时负有向客户转移商品和服务的履约义务。

第二步，识别合同中的单项履约义务。履约义务是指合同中企业向客户转让可明确区分商品或服务的承诺。企业应当将向客户转让可明确区分商品（或者商品的组合）的承诺以及向客户转让一系列实质相同且转让模式相同的、可明确区分商品的承诺作为单项履约义务。例如，企业与客户签订合同，向其销售商品并提供安装服务，该安装服务简单，除该企业外其他供应商也可以提供此类安装服务，该合同中销售商品和提供安装服务为两项单项履约义务。若该安装服务复杂且商品需要按客户定制要求修改，则合同中销售商品和提供安装服务合并为单项履约义务。

第三步，确定交易价格。交易价格是指企业因向客户转让商品而预期有权收取的对价金额，不包括企业代第三方收取的款项（如增值税）以及企业预期将退还给客户的款项。合同条款所承诺的对价，可能是固定金额、可变金额或两者兼有。例如，甲公司与客户签订合同为其建造一栋厂房，约定的价款为 100 万元，4 个月完工，交易价格就是固定金额 100 万元；假如合同中约定若提前 1 个月完工，客户将额外奖励甲公司 10 万元，甲公司对合同估计工程提前 1 个月完工的概率为 95%，则甲公司预计有权收取的对价为110 万元，因此交易价格包括固定金额 100 万元和可变金额 10 万元，总计为 110 万元。

第四步，将交易价格分摊至各单项履约义务。当合同中包含两项或多项履约义务时，需要将交易价格分摊至各单项履约义务，分摊的方法是在合同开始日，按照各单项履约义务所承诺商品的单独售价（企业向客户单独销售商品的价格）的相对比例，将交易价格分摊至各单项履约义务。通过分摊交易价格，使企业分摊至各单项履约义务的交易价格能够反映其因向客户转让已承诺的相关商品而有权收取的对价金额。例如，企业与客户签订合同，向其销售 A、B、C 三件产品，不含增值税的合同总价款为 10 000 元。A、B、

C 产品的不含增值税单独售价分别为 5 000 元、3 500 元和 7 500 元，合计 16 000 元。按照交易价格分摊原则，A 产品应当分摊的交易价格为 3 125 元（5 000 ÷ 16 000 × 10 000），B 产品应当分摊的交易价格为 2 187.5 元（3 500 ÷ 16 000 × 10 000），C 产品应当分摊的交易价格为 4 687.5 元（7 500 ÷ 16 000 × 10 000）。

第五步，履行各单项履约义务时确认收入。当企业将商品转移给客户，客户取得了相关商品的控制权，意味着企业履行了合同履约义务，此时，企业应确认收入。企业将商品控制权转移给客户，可能是在某一时段内（即履行履约义务的过程中）发生，也可能在某一时点（即履约义务完成时）发生。企业应当根据实际情况，首先判断履约义务是否满足在某一时段内履行的条件，如不满足，则该履约义务属于在某一时点履行的履约义务。

收入确认和计量五个步骤中，第一步、第二步和第五步主要与收入的确认有关，第三步和第四步主要与收入的计量有关。

需要说明的是，一般而言，确认和计量任何一项合同收入都应考虑全部的五个步骤。但履行某些合同义务确认收入不一定都经过五个步骤，如企业按照第二步确定某项合同仅为单项履约义务时，可以从第三步直接进入第五步确认收入，不需要第四步（分摊交易价格）。

7.1.3 收入核算应设置的会计科目

为了核算企业与客户之间的合同产生的收入及相关的成本费用，一般需要设置"主营业务收入""其他业务收入""主营业务成本""其他业务成本""合同取得成本""合同履约成本""合同资产""合同负债"等科目。其中：

"主营业务收入"科目核算企业确认的销售商品、提供服务等主营业务的收入。该科目贷方登记企业主营业务活动实现的收入，借方登记期末转入"本年利润"科目的主营业务收入，结转后该科目应无余额。该科目可按主营业务的种类进行明细核算。

"其他业务收入"科目核算企业确认的除主营业务活动以外的其他经营活动实现的收入，包括出租固定资产、出租无形资产、出租包装物和商品、销售材料、用材料进行非货币性交换（非货币性资产交换具有商业实质且公允价值能够可靠计量）或债务重组等实现的收入。该科目贷方登记企业其他业务活动实现的收入，借方登记期末转入"本年利润"科目的其他业务收入，结转后该科目应无余额。该科目可按其他业务的种类进行明细核算。

"主营业务成本"科目核算企业确认销售商品、提供服务等主营业务收入时应结转的成本。该科目借方登记企业应结转的主营业务成本，贷方登记期末转入"本年利润"科目的主营业务成本，结转后该科目应无余额。该科目可按主营业务的种类进行明细核算。

"其他业务成本"科目核算企业确认的除主营业务活动以外的其他经营活动所形成的成本，包括出租固定资产的折旧额、出租无形资产的摊销额、出租包装物的成本或摊销额、销售材料的成本等。该科目借方登记企业应结转的其他业务成本，贷方登记期末转入"本年利润"科目的其他业务成本，结转后该科目应无余额。该科目可按其他业务的种类进行明细核算。

"合同取得成本"科目核算企业取得合同发生的、预计能够收回的增量成本。该科目借方登记发生的合同取得成本，贷方登记摊销的合同取得成本，期末借方余额，反映企业尚未结转的合同取得成本。该科目可按合同进行明细核算。

"合同履约成本"科目核算企业为履行当前或预期取得的合同所发生的、不属于其他企业会计准则规范范围且按照收入准则应当确认为一项资产的成本。该科目借方登记发生的合同履约成本，贷方登记摊销的合同履约成本，期末借方余额，反映企业尚未结转的合同履约成本。该科目可按合同分"服务成本""工程施工"等进行明细核算。

"合同资产"科目核算企业已向客户转让商品而有权收取对价的权利，且该权利取决于时间流逝之外的其他因素（如履行合同中的其他履约义务）。该科目借方登记因已转让商品而有权收取的对价金额，贷方登记取得无条件收款权的金额，期末借方余额，反映企业已向客户转让商品而有权收取的对价金额。该科目按合同进行明细核算。

"合同负债"科目核算企业已收或应收客户对价而应向客户转让商品的

义务。该科目贷方登记企业在向客户转让商品之前，已经收到或已经取得无条件收取合同对价权利的金额；借方登记企业向客户转让商品时冲销的金额；期末贷方余额，反映企业在向客户转让商品之前，已经收到的合同对价或已经取得的无条件收取合同对价权利的金额。该科目按合同进行明细核算。

此外，企业发生减值的，还应当设置"合同履约成本减值准备""合同取得成本减值准备""合同资产减值准备"等科目进行核算。

7.1.4 履行履约义务确认收入的账务处理

（一）在某一时点履行履约义务确认收入

对于在某一时点履行的履约义务，企业应当在客户取得相关商品控制权时点确认收入。在判断控制权是否转移时，企业应当综合考虑下列迹象：

（1）企业就该商品享有现时收款权利，即客户就该商品负有现时付款义务。例如，甲企业与客户签订销售商品合同，约定客户有权定价且在收到商品无误后 10 日内付款。在客户收到甲企业开具的发票、商品验收入库后，客户能够自主确定商品的销售价格或商品的使用情况，此时甲企业享有收款权利，客户负有现时付款义务。

（2）企业已将该商品的法定所有权转移给客户，即客户已拥有该商品的法定所有权。例如，房地产企业向客户销售商品房，在客户付款后取得房屋产权证时，表明企业已将该商品房的法定所有权转移给客户。

（3）企业已将该商品实物转移给客户，即客户已占有该商品实物。例如，企业与客户签订交款提货合同，在企业销售商品并送货到客户指定地点，客户验收合格并付款，表明企业已将该商品实物转移给客户，即客户已占有该商品实物。

（4）企业已将该商品所有权上的主要风险和报酬转移给客户，即客户已取得该商品所有权上的主要风险和报酬。例如，甲房地产公司向客户销售商品房办理产权转移手续后，该商品房价格上涨或下跌带来的利益或损失全部属于客户，表明客户已取得该商品房所有权上的主要风险和报酬。

（5）客户已接受该商品。例如，企业向客户销售为其定制生产的节能设备，客户收到并验收合格后办理入库手续，表明客户已接受该商品。

（6）其他表明客户已取得商品控制权的迹象。

1. 一般销售商品业务收入的账务处理

案例分析 7-1：一般销售商品业务收入的账务处理

甲公司向乙公司销售一批商品，开具的增值税专用发票上注明售价为 400 000 元，增值税税额为 52 000 元；甲公司收到乙公司开出的不带息银行承兑汇票一张，票面金额为 452 000 元，期限为 2 个月；甲公司以银行存款支付代垫运费，增值税专用发票上注明运输费 2 000 元，增值税税额为 180 元，所垫运费尚未收到；该批商品成本为 320 000 元；乙公司收到商品并验收入库。

本例中甲公司已经收到乙公司开出的不带息银行承兑汇票，客户乙公司收到商品并验收入库，因此，销售商品为单项履约义务且属于在某一时点履行的履约义务。甲公司应编制如下会计分录：

（1）确认收入时：

借：应收票据	452 000
贷：主营业务收入	400 000
应交税费——应交增值税（销项税额）	52 000
借：主营业务成本	320 000
贷：库存商品	320 000

（2）代垫运费时：

借：应收账款	2 180
贷：银行存款	2 180

2. 已经发出商品但不能确认收入的账务处理

企业按合同发出商品，合同约定客户只有在商品售出取得价款后才支付货款。企业向客户转让商品的对价未达到"很可能收回"收入确认条件。在发出商品时，企业不应确认收入，将发出商品的成本记入"发出商品"科目，借记"发出商品"科目，贷记"库存商品"科目。如已发出的商品被客户退回，应编制相反的会计分录。"发出商品"科目核算企业商品已发出但客户没有取得商品的控制权的商品成本。当收到货款或取得收取货款权利时，确认收入，借记"银行存款""应收账款"科目，贷记"主营业务收入""应交税费——应交增值税（销项税额）"科目，同时结转已销商品成本，借记"主营业务成本"科目，贷记"发出商品"科目。

案例分析 7-2：已经发出商品但不能确认收入的账务处理

甲公司与乙公司均为增值税一般纳税人。2019 年 6 月 3 日，甲公司与乙公司签订委托代销合同，甲公司委托乙公司销售 W 商品 1 000 件，W 商品已经发出，每件商品成本为 70 元。合同约定乙公司应按每件 100 元对外销售，甲公司按不含增值税的销售价格的 10% 向乙公司支付手续费。除非这些商品在乙公司存放期间内由于乙公司的责任发生毁损或丢失，否则在 W 商品对外销售之前，乙公司没有义务向甲公司支付货款。乙公司不承担包销责任，没有售出的 W 商品须退回给甲公司，同时，甲公司也有权要求收回 W 商品或将其销售给其他的客户。至 2019 年 6 月 30 日，乙公司实际对外销售 1 000 件，开出的增值税专用发票上注明的销售价款为 100 000 元，增值税税额为 13 000 元。

本例中，甲公司将 W 商品发送至乙公司后，乙公司虽然已经承担 W 商品的实物保管责任，但仅为接受甲公司的委托销售 W 商品，并根据实际销售的数量赚取一定比例的手续费。甲公司有权要求收回 W 商品或将其销售给其他的客户，乙公司并不能主导这些商品的销售，这些商品对外销售与否、是否获利以及获利多少等不由乙公司控制，乙公司没有取得这些商品的控制权。因此，甲公司将 W 商品发送至乙公司时，不应确认收入，而应当在乙公司将 W 商品销售给最终客户时确认收入。

（1）2019 年 6 月 10 日，甲公司按合同约定发出商品时，应编制如下会计分录：

借：发出商品——乙公司　　　　　　　　　　　　　70 000

  贷：库存商品——W商品   70 000

  （2）2019年6月30日，甲公司收到乙公司开具的代销清单时，应编制如下会计分录：

  借：应收账款   113 000

   贷：主营业务收入   100 000

     应交税费——应交增值税（销项税额） 13 000

  借：主营业务成本   70 000

   贷：发出商品   70 000

  借：销售费用   10 000

     应交税费——应交增值税（进项税额） 600

   贷：应收账款   10 600

  （3）收到乙公司支付的货款时：

  借：银行存款   102 400

   贷：应收账款   102 400

  3. 商业折扣、现金折扣和销售退回的账务处理

  （1）商业折扣

  商业折扣是指企业为促进商品销售而给予的价格扣除。例如，企业为鼓励客户多买商品，可能规定购买100件以上商品给予客户10%的折扣。此外，企业为了尽快出售一些残次、陈旧、冷背的商品，也可能降价（即打折）销售。商业折扣在销售前即已发生，并不构成最终成交价格的一部分，企业应当按照扣除商业折扣后的金额确定商品销售价格和销售商品收入金额。

  （2）现金折扣

  现金折扣是指债权人为鼓励债务人在规定的期限内付款而向债务人提供的债务扣除。现金折扣一般用符号"折扣率／付款期限"表示，例如，"2/10""1/20""N/30"表示：销货方允许客户最长的付款期限为30天，如果客户在10天内付款，销货方可按商品售价给予客户2%的折扣；如果客户在11～20天内付款，销货方可按商品售价给予客户1%的折扣；如果客

户在 21 ～ 30 天内付款，将不能享受现金折扣。

现金折扣发生在商品销售之后，是否发生以及发生多少要视客户的付款情况而定，企业在确认销售商品收入时不能确定现金折扣金额。因此，企业销售商品涉及现金折扣的，应当按照扣除现金折扣前的金额确定销售商品收入金额。现金折扣实际上是企业为了尽快回笼资金而发生的理财费用，应在实际发生时计入当期财务费用。

在计算现金折扣时，还应注意是按不含增值税的价款计算确定，还是按含增值税的价款计算确定，两种情况下客户享有的折扣金额不同。例如，销售价格为 1 000 元的商品，增值税税额为 130 元，如计算现金折扣不考虑增值税，按 1% 折扣率计算，客户享有的现金折扣金额为 10 元；如果企业与客户约定计算现金折扣时一并考虑增值税，则客户享有的现金折扣金额为 11.3 元。

案例分析 7-3：现金折扣的账务处理

甲公司为增值税一般纳税人，2019 年 9 月 1 日销售 A 商品 5 000 件并开具增值税专用发票，每件商品的标价为 200 元（不含增值税），A 商品适用的增值税税率为 13%；每件商品的实际成本为 120 元；由于是成批销售，甲公司给予客户 10% 的商业折扣，并在销售合同中规定现金折扣条件为 2/10，1/20，N/30；A 商品于 9 月 1 日发出，客户于 9 月 9 日付款。该项销售业务属于在某一时点履行的履约义务。假定计算现金折扣不考虑增值税。

本例涉及商业折扣和现金折扣问题，销售商品收入的金额应是未扣除现金折扣但扣除商业折扣后的金额，现金折扣应在实际发生时计入当期财务费用。因此，甲公司应确认的销售商品收入的金额为 900 000 元（200×5 000 -200×5 000×10%），增值税销项税额为 1 17 000 元（900 000×13%）。客户在 10 日内付款，享有的现金折扣为 18 000 元（900 000×2%）。甲公司应编制如下会计分录：

（1）9 月 1 日确认收入时：

借：应收账款　　　　　　　　　　　　　　　　　　1 017 000

贷：主营业务收入	900 000
应交税费——应交增值税（销项税额）	117 000
借：主营业务成本	600 000
贷：库存商品	600 000

（2）9月9日收到货款时：

借：银行存款	999 000
财务费用	18 000
贷：应收账款	1 017 000

本例中，若客户于9月19日付款，则享受的现金折扣为9 000元（900 000×1%），收到货款时，甲公司应编制如下会计分录：

借：银行存款	1 008 000
财务费用	9 000
贷：应收账款	1 017 000

若客户于9月底付款，则应按全额付款，收到货款时，甲公司应编制如下会计分录：

借：银行存款	1 017 000
贷：应收账款	1 017 000

4. 销售退回的账务处理

销售退回是指企业因售出商品在质量、规格等方面不符合销售合同规定条款的要求，客户要求企业予以退货。企业销售商品发生退货，表明企业履约义务的减少和客户商品控制权及其相关经济利益的丧失。已确认销售商品收入的售出商品发生销售退回的，除属于资产负债表日后事项的外，企业收到退回的商品时，应退回货款或冲减应收账款，并冲减主营业务收入和增值税销项税额，借记"主营业务收入"，"应交税费——应交增值税（销项税额）"等科目，贷记"银行存款""应收票据""应收账款"等科目。收到退回商品验收入库，按照商品成本，借记"库存商品"科目，贷记"主营业务成本"科目。如该项销售退回已发生现金折扣，应同时调整相关财务费用的金额。

案例分析 7-4：销售退回的账务处理

甲公司 2019 年 5 月 20 日销售一批 A 商品，增值税专用发票上注明售价为 350 000 元，增值税税额为 45 500 元，该批商品成本为 182 000 元。A 商品于 2019 年 5 月 20 日发出，客户于 5 月 27 日付款。该项业务属于在某一时点履行的履约义务并确认销售收入。2019 年 9 月 16 日，该商品质量出现严重问题，客户将该批商品全部退回给甲公司。甲公司同意退货，于退货当日支付了退货款，并按规定向客户开具了增值税专用发票（红字）。假定不考虑其他因素，甲公司应编制如下会计分录：

（1）2019 年 5 月 20 日确认收入时：

借：应收账款	395 500
贷：主营业务收入	350 000
应交税费——应交增值税（销项税额）	45 500
借：主营业务成本	182 000
贷：库存商品	182 000

（2）2019 年 5 月 27 日收到货款时：

借：银行存款	395 500
贷：应收账款	395 500

（3）2019 年 9 月 16 日销售退回时：

借：主营业务收入	350 000
应交税费——应交增值税（销项税额）	45 500
贷：银行存款	395 500
借：库存商品	182 000
贷：主营业务成本	182 000

5. 销售材料等存货的账务处理

企业在日常活动中会发生对外销售不需用的原材料、随同商品对外销售单独计价的包装物等业务。企业销售原材料、包装物等存货取得收入的确认和计量原则比照商品销售。企业销售原材料、包装物等存货确认的收入作为其他业务收入处理，结转的相关成本作为其他业务成本处理。

案例分析 7-5：销售材料等存货的账务处理

甲公司向乙公司销售一批原材料，开具的增值税专用发票上注明售价为 100 000 元，增值税税额为 13 000 元；甲公司收到乙公司支付的款项存入银行；该批原材料的实际成本为 90 000 元；乙公司收到原材料并验收入库。

本例中甲公司已经收到乙公司支付的货款，客户乙公司收到原材料并验收入库，因此，该项业务为单项履约义务且属于在某一时点履行的履约义务。甲公司应编制如下会计分录：

（1）确认收入时：

借：银行存款　　　　　　　　　　　　　　　　　113 000

　贷：其他业务收入　　　　　　　　　　　　　　100 000

　　　应交税费——应交增值税（销项税额）　　　　13 000

（2）结转原材料成本：

借：其他业务成本　　　　　　　　　　　　　　　 90 000

　贷：原材料　　　　　　　　　　　　　　　　　 90 000

（二）在某一时段内履行履约义务确认收入

对于在某一时段内履行的履约义务，企业应当在该段时间内按照履约进度确认收入，履约进度不能合理确定的除外。满足下列条件之一的，属于在某一时段内履行的履约义务：①客户在企业履约的同时即取得并消耗企业履约所带来的经济利益；②客户能够控制企业履约过程中在建的商品；③企业履约过程中所产出的商品具有不可替代用途，且该企业在整个合同期间内有权就累计至今已完成的履约部分收取款项。

企业应当考虑商品的性质，采用实际测量的完工进度、评估已实现的结果、时间进度、已完工或交付的产品等产出指标，或采用投入的材料数量、花费的人工工时、机器工时、发生的成本和时间进度等投入指标确定恰当的履约进度，并且在确定履约进度时，应当扣除那些控制权尚未转移给客户的商品和服务。资产负债表日，企业按照合同的交易价格总额乘以履约进度扣除以前会计期间累计已确认的收入后的金额，确认当期收入。

案例分析 7-6：在某一时段内履行履约义务确认收入的账务处理

甲公司为增值税一般纳税人，装修服务适用增值税税率为 9%。2019 年 12 月 1 日，甲公司与乙公司签订一项为期 3 个月的装修合同，合同约定装修价款为 500 000 元，增值税税额为 45 000 元，装修费用每月末按完工进度支付。2019 年 12 月 31 日，经专业测量师测量后，确定该项劳务的完工程度为 25%；乙公司按完工进度支付价款及相应的增值税款。截至 2019 年 12 月 31 日，甲公司为完成该合同累计发生劳务成本 100 000 元（假定均为装修人员薪酬），估计还将发生劳务成本 300 000 元。

假定该业务属于甲公司的主营业务，全部由其自行完成；该装修服务构成单项履约义务，并属于在某一时段内履行的履约义务；甲公司按照实际测量的完工进度确定履约进度。

甲公司应编制如下会计分录：

（1）实际发生劳务成本 100 000 元：

借：合同履约成本	100 000
贷：应付职工薪酬	100 000

（2）2019 年 12 月 31 日确认劳务收入并结转劳务成本：

2019 年 12 月 31 日确认的劳务收入：500 000×25% −0 =125 000（元）

借：银行存款	136 250
贷：主营业务收入	125 000
应交税费——应交增值税（销项税额）	11 250
借：主营业务成本	100 000
贷：合同履约成本	100 000

2020 年 1 月 31 日，经专业测量师测量后，确定该项劳务的完工程度为 70%；乙公司按完工进度支付价款同时支付对应的增值税款。2020 年 1 月，为完成该合同发生劳务成本 180 000 元（假定均为装修人员薪酬），为完成该合同估计还将发生劳务成本 120 000 元。甲公司应编制如下会计分录：

（1）实际发生劳务成本 180 000 元：

借：合同履约成本　　　　　　　　　　　　　180 000

　　贷：应付职工薪酬　　　　　　　　　　　　180 000

（2）2020 年 1 月 31 日确认劳务收入并结转劳务成本：

2020 年 1 月 31 日确认的劳务收入 =500 000×70%－125 000 =225 000（元）

借：银行存款　　　　　　　　　　　　　　　245 250

　　贷：主营业务收入　　　　　　　　　　　　225 000

　　　　应交税费——应交增值税（销项税额）　20 250

借：主营业务成本　　　　　　　　　　　　　180 000

　　贷：合同履约成本　　　　　　　　　　　　180 000

2020 年 2 月 28 日，装修完工；乙公司验收合格，按完工进度支付价款同时支付对应的增值税款。2020 年 2 月，为完成该合同发生劳务成本 120 000 元（假定均为装修人员薪酬）。甲公司应编制如下会计分录：

（1）实际发生劳务成本 120 000 元：

借：合同履约成本　　　　　　　　　　　　　120 000

　　贷：应付职工薪酬　　　　　　　　　　　　120 000

（2）2020 年 2 月 28 日确认劳务收入并结转劳务成本：

2020 年 2 月 28 日确认的劳务收入 =500 000－125 000－225 000=150 000（元）

借：银行存款　　　　　　　　　　　　　　　163 500

　　贷：主营业务收入　　　　　　　　　　　　150 000

　　　　应交税费——应交增值税（销项税额）　13 500

借：主营业务成本　　　　　　　　　　　　　120 000

　　贷：合同履约成本　　　　　　　　　　　　120 000

案例分析 7-7：在某一时段内履行履约义务确认收入的账务处理

甲公司经营一家健身俱乐部。2019 年 7 月 1 日，某客户与甲公司签订合同，成为甲公司的会员，并向甲公司支付会员费 3 600 元（不含税价），可在未来的 12 个月内在该俱乐部健身，且没有次数的限制。该业务适用的增值税税率为 6%。

本例中，客户在会籍期间可随时来俱乐部健身，且没有次数限制，客户已使用俱乐部健身的次数不会影响其未来继续使用的次数，甲公司在该合同下的履约义务是承诺随时准备在客户需要时为其提供健身服务，因此，该履约义务属于在某一时段内履行的履约义务，并且该履约义务在会员的会籍期间内随时间的流逝而被履行。因此，甲公司按照直线法确认收入，每月应当确认的收入为 300 元（3 600÷12）。甲公司应编制如下会计分录：

（1）2019 年 7 月 1 日收到会员费时：

借：银行存款　　　　　　　　　　　　　　　　　　　3 600

　　贷：合同负债　　　　　　　　　　　　　　　　　　3 600

本例中，客户签订合同时支付了合同对价，可在未来的 12 个月内在该俱乐部进行健身消费，且没有次数的限制。企业在向客户转让商品之前已经产生一项负债，即合同负债。

（2）2019 年 7 月 31 日确认收入，开具增值税专用发票并收到税款时：

借：合同负债　　　　　　　　　　　　　　　　　　　　300

　　银行存款　　　　　　　　　　　　　　　　　　　　18

　　贷：主营业务收入　　　　　　　　　　　　　　　　300

　　　　应交税费——应交增值税（销项税额）　　　　　18

2019 年 8 月至 2020 年 6 月，每月确认收入同上。

当履约进度不能合理确定时，企业已经发生的成本预计能够得到补偿的，应当按照已经发生的成本金额确认收入，直到履约进度能够合理确定为止。

7.1.5 合同成本

企业在与客户之间建立合同关系过程中发生的成本主要有合同取得成本和合同履约成本。

1. 合同取得成本

企业为取得合同发生的增量成本预期能够收回的，应作为合同取得成本确认为一项资产。增量成本是指企业不取得合同就不会发生的成本，也就是企业发生的与合同直接相关，但又不是所签订合同的对象或内容（如制造商品或提供服务）本身所直接发生的费用，如销售佣金等，如果销售佣金等预期可通过未来的相关服务收入予以补偿，该销售佣金（即增量成本）应在发生时确认为一项资产，即合同取得成本。

企业取得合同发生的增量成本已经确认为资产的，应当采用与该资产相关的商品收入确认相同的基础进行摊销，计入当期损益。为简化实务操作，该资产摊销期限不超过一年的，可以在发生时计入当期损益。

企业为取得合同发生的、除预期能够收回的增量成本之外的其他支出，例如，无论是否取得合同均会发生的差旅费、投标费、为准备投标资料发生的相关费用等，应当在发生时计入当期损益，除非这些支出明确由客户承担。

案例分析 7-8：合同取得成本的财务处理

甲公司是一家咨询公司，通过竞标赢得一个服务期为 5 年的客户，该客户每年末支付含税咨询费 1 908 000 元。为取得与该客户的合同，甲公司聘请外部律师进行尽职调查支付相关费用 15 000 元，为投标而发生的差旅费 10 000 元，支付销售人员佣金 50 000 元。甲公司预期这些支出未来均能够收回。此外，甲公司根据其年度销售目标、整体盈利情况及个人业绩等，向销售部门经理支付年度奖金 10 000 元。

在本例中，甲公司因签订该客户合同而向销售人员支付的佣金属于取得合同发生的增量成本，应当将其作为合同取得成本确认为一项资产；

甲公司聘请外部律师进行尽职调查发生的支出、为投标发生的差旅费以及向销售部门经理支付的年度奖金（不能直接归属于可识别的合同）不属于增量成本，应当于发生时直接计入当期损益。甲公司应编制如下会计分录：

（1）支付相关费用：

借：合同取得成本　　　　　　　　　　　　　　　50 000

　　管理费用　　　　　　　　　　　　　　　　　25 000

　　销售费用　　　　　　　　　　　　　　　　　10 000

　　贷：银行存款　　　　　　　　　　　　　　　　　85 000

（2）每月确认服务收入，摊销销售佣金：

服务收入 =1 908 000÷（1+6%）÷12 =150 000（元）

销售佣金摊销额 =50 000÷5÷12= 833.33（元）

借：应收账款　　　　　　　　　　　　　　　　159 000

　　销售费用　　　　　　　　　　　　　　　　　833.33

　　贷：合同取得成本　　　　　　　　　　　　　　　833.33

　　　　主营业务收入　　　　　　　　　　　　　　150 000

　　　　应交税费——应交增值税（销项税额）　　　　9 000

2. 合同履约成本

合同履约成本是指企业为履行当前或预期取得的合同所发生的、属于《企业会计准则第 14 号——收入》规范范围并且按照该准则应当确认为一项资产的成本。

企业为履行合同可能会发生各种成本，企业在确认收入的同时应当对这些成本进行分析，属于《企业会计准则第 14 号——收入》准则规范范围且同时满足下列条件的，应当作为合同履约成本确认为一项资产：

（1）该成本与一份当前或预期取得的合同直接相关。包括：

①与合同直接相关的成本。包括：A. 直接人工（如支付给直接为客户提供所承诺服务的人员的工资、奖金等）；B. 直接材料（如为履行合同耗用的原材料、辅助材料、构配件、零件、半成品的成本和周转材料的摊销及租

赁费用等）；C. 制造费用或类似费用（如组织和管理相关生产、施工、服务等活动发生的费用，包括管理人员的职工薪酬、劳动保护费、固定资产折旧费及修理费、物料消耗、取暖费、水电费、办公费、差旅费、财产保险费、工程保修费、临时设施摊销费等）。②明确由客户承担的成本以及仅因该合同而发生的其他成本（如支付给分包商的成本、机械使用费、设计和技术援助费用、施工现场二次搬运费、生产工具和用具使用费、检验试验费、工程定位复测费、工程点交费用、场地清理费等）。

（2）该成本增加了企业未来用于履行（包括持续履行）履约义务的资源。

（3）该成本预期能够收回。

企业应当在下列支出发生时，将其计入当期损益：一是管理费用，除非这些费用明确由客户承担。二是非正常消耗的直接材料、直接人工和制造费用（或类似费用），这些支出为履行合同发生，但未反映在合同价格中。三是与履约义务中已履行（包括已全部履行或部分履行）部分相关的支出，即该支出与企业过去的履约活动相关。四是无法在尚未履行的与已履行（或已部分履行）的履约义务之间区分的相关支出。

企业发生合同履约成本时，借记"合同履约成本"科目，贷记"银行存款""应付职工薪酬""原材料"等科目；对合同履约成本进行摊销时，借记"主营业务成本""其他业务成本"等科目，贷记"合同履约成本"科目。涉及增值税的，还应进行相应的处理。

案例分析 7-9：合同履约成本的财务处理

甲公司经营一家酒店，该酒店是甲公司的自有资产。2019 年 12 月甲公司计提与酒店经营直接相关的酒店、客房以及客房内的设备家具等折旧 120 000 元、酒店土地使用权摊销费用 65 000 元。经计算，当月确认房费、餐饮等服务含税收入 424 000 元，全部存入银行。

本例中，甲公司经营酒店主要是通过提供客房服务赚取收入，而客房服务的提供直接依赖于酒店物业（包含土地）以及家具等相关资产，这些资产折旧和摊销属于甲公司为履行与客户的合同而发生的合同履约成本。已确认的合同履约成本在收入确认时予以摊销，计入营业成本。甲公司应编制如下会计分录：

（1）确认资产的折旧费、摊销费：

借：合同履约成本　　　　　　　　　　　　　　185 000

　　贷：累计折旧　　　　　　　　　　　　　　　120 000

　　　　累计摊销　　　　　　　　　　　　　　　65 000

（2）12 月确认酒店服务收入并摊销合同履约成本：

借：银行存款　　　　　　　　　　　　　　　　424 000

　　贷：主营业务收入　　　　　　　　　　　　　400 000

　　　　应交税费——应交增值税（销项税额）　 24 000

借：主营业务成本　　　　　　　　　　　　　　185 000

　　贷：合同履约成本　　　　　　　　　　　　　185 000

7.2　费用的账务处理

7.2.1　费用的特征和分类

费用是指企业为销售商品、提供劳务等日常活动所发生的经济利益的流出。企业在生产经营过程中发生的各项耗费，包括产品生产费用和期间费用。费用是会计核算中十分重要的会计要素。它主要有以下特征：

第一，费用会减少企业的所有者权益、费用会减少企业的资源；是企业在日常活动中所产生的经济利益的流出。

第二，是企业为销售商品、提供劳务而发生的经济利益的流出。不属于销售商品或提供劳务等发生的经济利益流出，不视为费用。如企业分派库存现金股利，虽然也发生了经济利益的流出，但不是费用。

第三，费用和产品成本并不是同一个概念。费用中的产品生产费用是构成产品成本的基础，费用是按时间归集的，而产品成本是按产品对象归集的。

为了正确地进行成本和费用的账务处理，必须对各种费用进行合理分类。费用按经济用途进行分类，可分为产品生产费用和期间费用。

（1）产品生产费用

构成产品的制造成本，产品成本项目是指对计入产品成本的费用，按经济用途进行分类的具体项目。一般情况下，产品成本项目由以下项目组成：直接材料、直接人工、燃料和动力、制造费用。

①直接材料。是指直接用于产品生产，构成产品实体的原料、主要材料、外购半成品、有助于产品形成的辅助材料以及其他直接材料。

②直接人工。是指生产工人的工资，以及按生产工人工资总额和规定比例计算提取的职工福利费。

③制造费用。是指各生产单位为组织和管理生产而发生的各项间接费用，包括车间管理人员的工资和福利费、折旧费、修理费、办公费、水电费、机物料消耗、劳动保护费等。

此外，在企业燃料和动力消耗较多，燃料和动力费用在产品成本中比重较大时，可增设"燃料和动力"成本项目。

（2）期间费用

指不能直接归属于某个特定产品成本的费用。期间费用在发生的当期就全部计入当期损益，而不计入产品成本，这样有助于简化成本核算工作，提高成本计算的准确性。

期间费用项目主要包括销售费用、管理费用和财务费用。

①管理费用。是指企业为组织和管理企业生产经营所发生的管理费用，包括企业的董事会和行政管理部门在企业的经营管理中发生的或者应由企业统一负担的公司经费（包括行政管理部门职工薪酬、修理费、物料消耗、低值易耗品摊销、办公费和差旅费等）、工会经费、董事会费（包括董事会成员津贴、会议费和差旅费等）、聘请中介机构费、咨询费（含顾问费）、诉讼费、业务招待费、房产税、车船使用税、土地使用税、印花税、技术转让

费、矿产资源补偿费、研究费用、排污费等以及企业生产车间（部门）和行政管理部门等发生的固定资产修理费用等。

②财务费用。是指核算企业为筹集生产经营所需资金等而发生的筹资费用，包括利息支出（减利息收入）、汇兑差额以及相关的手续费、企业发生的现金折扣或收到的现金折扣等。

③销售费用。是指企业销售商品和材料、提供劳务的过程中发生的各种费用，包括保险费、包装费、展览费和广告费、商品维修费、预计产品质量保证损失、运输费、装卸费等以及为销售本企业商品而专设的销售机构（含销售网点、售后服务网点等）的职工薪酬、业务费、折旧费、固定资产修理费用等费用。销售费用属于期间费用，在发生的当期就计入当期的损益。

7.2.2　费用的确认

企业应当按照权责发生制原则和配比原则确认当期费用。对于应属本期的各项费用，不论其是否实际支付款项，均应确认为本期的费用；对于不属本期的费用，即使款项已经在本期付出也不应确认为本期费用。

在实际工作中，确认费用的方法主要有以下几种：

（1）按其与营业收入的直接联系确认

即判断其与收入是否存在直接联系，凡是与本期收入有直接联系的耗费，都应确认为本期的费用，销售成本的确认采用的就是这种方法。

（2）按一定的分配方式确认

如果一项资产能够在若干会计期间为企业带来经济利益的流入（即创造收入），企业就应采用一定的分配方法将该项资产的成本分摊计入各个会计期间。如固定资产的价值，就是采用一定的折旧方法，分配确定各期的折旧费用。

（3）在支出发生时直接确认

有些支出在发生时直接确认为当期费用，如管理人员的工资，其支出的效益仅涉及本会计期间，因而，当支出发生时即确认为当期费用。

7.2.3 期间费用的账务处理

1. 账户设置

为核算和监督企业的期间费用的发生，应设置如下账户：

（1）"管理费用"账户

核算企业为组织和管理生产经营活动而发生的各项开支，应按费用项目设置明细账。企业发生的管理费用在"管理费用"账户中核算，该账户一般为多栏式账户，按费用项目分项记录。企业发生的各项管理费用借记该账户，贷记"库存现金""银行存款""应付职工薪酬""原材料""累计摊销""累计折旧""应交税费"等账户。期末，将本账户借方归集的管理费用全部由本账户的贷方转入"本年利润"账户的借方，计入当期损益，该账户期末无余额。商品流通企业也可不设置本账户，本账户的账务处理内容可并入"销售费用"账户核算。

（2）"财务费用"账户

核算企业为筹集生产经营所需资金而发生的费用，借方登记本期发生的各项筹资费用，贷方登记期末结转"本年利润"的本期各项筹资费用，以及应冲减财务费用的利息收入等，结转"本年利润"后，该账户无余额。本账户应按费用的种类设置明细账。

（3）"销售费用"账户

核算企业在销售商品过程中而发生的各项开支，借方登记本期发生的各项开支，贷方登记期末结转"本年利润"的本期各项开支，结转"本年利润"后，该账户无余额。本账户应按费用的项目设置明细账。

2. 期间费用的账务处理

期间费用大部分容易确定其发生的期间，而难以判别其所归属的产品，因而在发生的当期从损益中扣除。

（1）管理费用的账务处理

管理费用发生时，借记"管理费用"账户，贷记"库存现金""银行存款""材料""应付职工薪酬""累计摊销""累计折旧""应交税费""坏账准备"等账户。

案例分析 7-10：管理费用的账务处理

雷顿公司用库存现金支付业务招待费 600 元。进行账务处理如下：

借：管理费用 600

　　贷：库存现金 600

案例分析 7-11：管理费用的账务处理

雷顿公司计提本月办公用房的折旧费 2 600 元。进行账务处理如下：

借：管理费用 2 600

　　贷：累计折旧 2 600

（2）财务费用的账务处理

财务费用发生时，借记"财务费用"账户，贷记"银行存款""应付利息"等账户，企业发生利息收入、汇兑收益时，借记"银行存款"等账户，贷记"财务费用"账户。

案例分析 7-12：财务费用的账务处理

雷顿公司支付金融机构手续费 500 元。进行账务处理如下：

借：财务费用 500

　　贷：银行存款 500

（3）销售费用的账务处理

销售费用发生时，借记"销售费用"账户，贷记"库存现金""银行存款""应付职工薪酬"等账户。

案例分析 7-13：销售费用的账务处理

雷顿公司用库存现金支付商品检验费 400 元。进行账务处理如下：

借：销售费用 400

　　贷：库存现金 400

7.3 政府补助

7.3.1 政府补助的概念和特征

政府补助是指企业从政府无偿取得货币性资产或非货币性资产，但不包括政府作为企业所有者投入的资本。其中，"政府"包括各级人民政府以及政府组成部门（如财政、卫生部门）、政府直属机构（如税务、环保部门）等。联合国、世界银行等国际类似组织，也视同为政府。

政府补助具有以下特征：

（1）政府补助是无偿的。

（2）政府补助通常附有条件，政府补助通常附有一定的条件，主要包括政策条件和使用条件。

（3）政府补助不包括政府的资本性投入。

此外，政府代第三方支付给企业的款项，对于收款企业而言不属于政府补助，因为这项收入不是企业无偿取得的。例如，政府代农民交付供货企业的农机具购买资金，属于供货企业的产品销售收入，不属于政府补助。

7.3.2 政府补助的主要形式

政府补助通常为货币性资产形式，最常见的就是通过银行转账的方式；但由于历史原因也存在无偿划拨非货币性资产的情况，随着市场经济的逐步完善，这种情况已经趋于消失。

（1）财政拨款

财政拨款是政府为了支持企业而无偿拨付的款项。

（2）财政贴息

财政贴息是指政府为支持特定领域或区域发展，根据国家宏观经济形势和政策目标，对承贷企业的银行贷款利息给予的补贴。

（3）税收返还

税收返还是政府向企业返还的税款，属于以税收优惠形式给予的一种政府补助。

除了税收返还之外，税收优惠还包括直接减征、免征、增加计税抵扣额、抵免部分税额等形式。这类税收优惠体现了政策导向，但政府并未直接向企业无偿提供资产，因此不作为《企业会计准则》规范的政府补助处理。

7.3.3　与资产相关的政府补助

与资产相关的政府补助，是指企业取得的、用于购建或以其他方式形成长期资产的政府补助。

这类补助一般以银行转账的方式拨付，如政府拨付的用于企业购买无形资产的财政拨款，政府对企业用于建造固定资产的相关贷款给与的财政贴息等，应当在实际收到款项时按照到账的实际金额确认和计量。

在很少的情况下，与资产相关的政府补助也可能表现为政府向企业无偿划拨长期非货币性资产，应当在实际取得资产并办妥相关受让手续时按照其公允价值确认和计量，公允价值不能可靠取得的，按照名义金额（即人民币）计量。

根据配比原则，企业取得与资产相关的政府补助，不能全额确认为当期收益，应当随着相关资产的使用逐渐计入以后各期的收益。也就是说，与资产相关的政府补助应当确认为递延收益，然后自相关资产可供使用时起，在该项资产使用寿命内平均分配，计入当期营业外收入。这里需要说明两点：

（1）递延收益分配的起点是"相关资产可供使用时"，对于应计提折旧或摊销的长期资产，即为资产开始折旧或摊销的时点。

（2）递延收益分配的终点是"资产使用寿命结束或资产被处置时（孰早）"。相关资产在使用寿命结束前被处置（出售、转让、报废等），尚未分配的递延收益余额应当一次性转入资产处置当期的收益，不再予以递延。

案例分析 7-14：递延收益的账务处理

2011 年 1 月 1 日，政府拨付 A 企业 500 万元财政拨款（同日到账），要求用于购买大型科研设备 1 台；并规定若有结余，留归企业自行支配。2011 年 2 月 1 日，雷顿公司购入大型设备（假设不需安装），实际成本为 480 万元，使用寿命为 10 年，直线法计提折旧，无残值。2019 年 2 月 1 日，雷顿公司出售了这台设备。雷顿公司的账务处理如下：

（1）2011 年 1 月 1 日实际收到财政拨款，确认政府补助：

借：银行存款   5 000 000

    贷：递延收益   5 000 000

（2）2012 年 2 月 1 日购入设备：

①结余的处理。结余需要上交或部分上交的，按需上交的金额冲减"递延收益"；不需上交的结余，计入当期营业外收入：

借：递延收益   200 000

    贷：营业外收入   200 000

②分配递延收益。自 2012 年 2 月起，每个资产负债表日：

借：递延收益   40 000

    贷：营业外收入   40 000

（3）2019 年 2 月 1 日出售设备，转销递延收益余额：

借：递延收益   960 000

    贷：营业外收入   960 000

案例分析 7-15：递延收益的账务处理

2011 年 1 月 1 日，雷顿公司为建造一项环保工程向银行贷款 500 万元，期限 2 年，年利率为 6%。当年 12 月 31 日，雷顿公司向当地政府提出财政贴息申请。经审核，当地政府批准按照实际贷款额 500 万元给予雷顿公司年利率 3% 的财政贴息，共计 30 万元，分两次支付。2012 年 1 月 15 日，第一笔财政贴息资金 12 万元到账。2012 年 7 月 1 日，工程完工，第二笔财政贴息资金 18 万元到账，该工程预计使用寿命 10 年。雷顿公司的账务处理如下：

（1）2012 年 1 月 15 日实际收到财政贴息，确认政府补助：

借：银行存款　　　　　　　　　　　　　120 000

　　贷：递延收益　　　　　　　　　　　　　120 000

（2）2012 年 7 月 1 日实际收到财政贴息，确认政府补助：

借：银行存款　　　　　　　　　　　　　180 000

　　贷：递延收益　　　　　　　　　　　　　180 000

（3）2012 年 7 月 1 日工程完工，开始分配递延收益，自 2012 年 7 月 1 日起，每个资产负债表日：

借：递延收益　　　　　　　　　　　　　2 500

　　贷：营业外收入　　　　　　　　　　　　2 500

7.3.4　与收益相关的政府补助

与收益相关的政府补助，是指除与资产相关的政府补助之外的政府补助。

这类补助通常以银行转账的方式拨付，应当在实际收到款项时按照到账的实际金额确认和计量。比如，按照有关规定对企业先征后返的增值税，企业应当在实际收到返还的增值税税款时将其确认为收益，而不应当在确认应付增值税时确认应收税收返还款。只有存在确凿证据表明该项补助是按照固定的定额标准拨付的，才可以在这项补助成为应收款时予以确认并按照应收的金额计量。例如，按储备量和补助定额计算和拨付给企业的储备粮存储费用补贴，可以按照实际储备量和补贴定额计算应收政府补助款。

与收益相关的政府补助应当在其补偿的相关费用或损失发生的期间计入当期损益，即用于补偿企业以后期间费用或损失的，在取得时先确认为递延收益，然后在确认相关费用的期间计入当期营业外收入；用于补偿企业已发生费用或损失的，取得时直接计入当期营业外收入。

有些情况下，企业可能不容易分清与收益相关的政府补助是用于补偿已发生费用，还是用于补偿以后将发生的费用。根据重要性原则，企业通常可以将与收益相关的政府补助直接计入当期营业外收入，对于金额较大的补助，可以分期计入营业外收入。

案例分析 7-16：与收益相关的政府补助的账务处理

雷顿公司生产一种先进的模具产品，按照国家相关规定，该企业的这种产品适用增值税先征后返政策，即先按规定征收增值税，然后按实际缴纳增值税税额返还70%。2019年1月，该企业实际缴纳增值税税额120万元。2019年2月，该企业实际收到返还的增值税税额84万元。雷顿公司实际收到返还的增值税税额的会计分录如下：

借：银行存款   840 000

    贷：营业外收入   840 000

案例分析 7-17：与收益相关的政府补助的账务处理

A企业为一家储备粮企业，2019年实际粮食储备量1亿斤。根据国家有关规定，财政部门按照企业的实际储备量给予每斤0.039元的粮食保管费补贴，于每个季度初支付。乙企业的账务处理如下：

（1）2019年1月，A企业收到财政拨付的补贴款时：

借：银行存款   3 900 000

    贷：递延收益   3 900 000

（2）2019年1月，将补偿1月保管费的补贴计入当期收益：

借：递延收益   1 300 000

    贷：营业外收入   1 300 000

（2017年2月和3月的会计分录同上）

案例分析 7-18：与收益相关的政府补助的账务处理

按照相关规定，粮食储备企业需要根据有关主管部门每季度下达的轮换计划出售陈粮，同时购入新粮。为弥补粮食储备企业发生的轮换费用，财政部门按照轮换计划中规定的轮换量支付给企业 0.02 元 / 斤的轮换费补贴。假设按照轮换计划，B 企业需要在 2017 年第一季度轮换储备粮 1.2 亿斤，款项尚未收到。B 企业的账务处理如下：

（1）2017 年 1 月按照轮换量 1.2 亿斤和国家规定的补贴定额 0.02 元 / 斤，计算和确认其他应收款 240 万元：

借：其他应收款		2 400 000
贷：递延收益		2 400 000

（2）2017 年 1 月，将补偿 1 月保管费的补贴计入当期收益：

借：递延收益		800 000
贷：营业外收入		800 000

（2017 年 2 月和 3 月的会计分录同上）

案例分析 7-19：与收益相关的政府补助的账务处理

2017 年 3 月，D 粮食企业为购买储备粮从国家农业发展银行贷款 2 000 万元，同期银行贷款利率为 6%。自 2017 年 4 月开始，财政部门于每季度初，按照 D 企业的实际贷款额和贷款利率拨付 D 企业贷款利息，D 企业收到财政部门拨付的利息后再支付给银行。D 企业的账务处理如下：

（1）2017 年 4 月，实际收到财政贴息 30 万元时：

借：银行存款		300 000
贷：递延收益		300 000

（2）将补偿 2017 年 4 月利息费用的补贴计入当期收益：

借：递延收益		100 000
贷：营业外收入		100 000

（2017 年 5 月和 6 月的会计分录同上）

7.3.5　与资产和收益均相关的政府补助

政府补助的对象常常是综合性项目，可能既包括设备等长期资产的购置，也包括人工费、购买服务费、管理费等费用化支出的补偿，这种政府补助与资产和收益均相关。

以研发补贴为例，大部分研发补贴的对象是符合政策规定的特定研发项目，企业取得补贴后可以用于购置该研发项目所需的设备，或者购买试剂、支付劳务费等。例如，集成电路产业研究与开发专项资金的补贴内容包括：①人工费，含集成电路人才培养、引进和奖励费；②专用仪器及设备费；③专门用于研发活动的咨询和等效服务费用；④因研发活动而直接发生的如材料、供应品等日常费用；⑤因研发活动而直接发生的间接支出；⑥为管理研发资金而发生的必要费用。

企业取得这类政府补助时，需要将其分解为与资产相关的部分和与收益相关的部分，分别进行账务处理。在实务中，政府常常只补贴整个项目开支的一部分，企业可能确实难以区分某项政府补助中哪些与资产相关、哪些与收益相关，或者对其进行划分不符合重要性原则或成本效益原则。在这种情况下，企业可以将整项政府补助归类为与收益相关的政府补助，视情况不同计入当期损益，或者在项目期内分期确认为当期收益。

案例分析 7-20：与资产和收益均相关的政府补助的账务处理

A 公司 2016 年 12 月申请某国家级研发补贴。申报书中的有关内容如下：本公司于 2016 年 1 月启动数字印刷技术开发项目，预计总投资 360 万元、为期 3 年，已投入资金 120 万元。项目还需新增投资 240 万（其中，购置固定资产 80 万元、切地租赁费 40 万元、人员费 100 万元、市场营销 20 万元），计划自筹资金 120 万元、申请财政拨款 120 万元。

2017 年 1 月 1 日，主管部门批准了 A 公司的申报，签订的补贴协议规定：批准 A 公司补贴申请，共补贴款项 120 万元，分两次拨付。合同签订日拨付 60 万元，结项验收时支付 60 万元（如果不能通过验收，则不支付第二笔款项）。A 公司的账务处理如下：

（1）2017 年 1 月 1 日，实际收到拨款 60 万元：

借：银行存款   600 000

  贷：递延收益   600 000

（2）自 2017 年 1 月 1 日至 2019 年 1 月 1 日，每个资产负债表日，分配递延收益（假设按年分配）：

借：递延收益　　　　　　　　　　　　　　　300 000

　　贷：营业外收入　　　　　　　　　　　　　300 000

（3）2019 年项目完工，假设通过验收，于 5 月 1 日实际收到拨付 60 万元：

借：银行存款　　　　　　　　　　　　　　　600 000

　　贷：营业外收入　　　　　　　　　　　　　600 000

案例分析 7-21：与资产和收益均相关的政府补助的账务处理

按照有关规定，2016 年 9 月雷顿公司为其自主创新的某高新技术项目申报政府财政贴息，申报材料中表明该项目已于 2016 年 3 月启动，预计共需投入资金 2 000 万元，项目期 2.5 年，已投入资金 600 万元。项目尚需新增投资 1 400 万元，其中计划贷款 800 万元，已与银行签订贷款协议，协议规定贷款年利率 6%，贷款期 2 年。

经审核，2016 年 11 月政府批准拨付雷顿公司贴息资金 70 万元，分别在 2017 年 10 月和 2018 年 10 月支付 30 万元和 40 万元。雷顿公司的账务处理如下：

（1）2017 年 10 月实际收到贴息资金 30 万元：

借：银行存款　　　　　　　　　　　　　　　300 000

　　贷：递延收益　　　　　　　　　　　　　　300 000

（2）自 2017 年 10 月起，在项目期内分配递延收益（假设按月分配）：

借：递延收益　　　　　　　　　　　　　　　25 000

　　贷：营业外收入　　　　　　　　　　　　　25 000

（3）2018 年 10 月实际收到贴息资金 40 万元：

借：银行存款　　　　　　　　　　　　　　　400 000

　　贷：营业外收入　　　　　　　　　　　　　400 000

7.4　利润的账务处理

7.4.1　利润的构成

利润是企业在一定会计期间的经营成果，是企业的收入减去有关的成本与费用后的差额。企业只有最大限度地获取利润，才能保证生产经营的发展，获利能力的高低是衡量企业优劣的一个重要标志。利润是收入与成本费用相抵后的差额，如果收入大于成本费用为利润；反之为亏损。它是衡量企业经济效益高低的一项重要指标。利润是指企业在一定会计期间的经营成果，包括营业利润、利润总额和净利润。根据我国《企业会计准则》的规定，企业的利润一般分为营业利润、利润总额和净利润三个部分。

（1）营业利润＝营业收入－营业成本－税金及附加－销售费用－管理费用－研发费用－财务费用＋其他收益＋投资收益（－投资损失）＋净敞口套期收益（－净敞口套期损失)＋公允价值变动收益（－公允价值变动损失)－信用减值损失－资产减值损失＋资产处置收益（－资产处置损失）

其中：

营业收入是指企业经营业务所实现的收入总额，包括主营业务收入和其他业务收入。

营业成本是指企业经营业务所发生的实际成本总额，包括主营业务成本和其他业务成本。

研发费用是指企业进行研究与开发过程中发生的费用化支出，以及计入管理费用的自行开发无形资产的摊销。

其他收益主要是指与企业日常活动相关，除冲减相关成本费用以外的政府补助。

投资收益（或损失）是指企业以各种方式对外投资所取得的收益（或损失）。

公允价值变动收益（或损失）是指企业交易性金融资产等公允价值变动形成的应计入当期损益的利得（或损失）。

信用减值损失是指企业计提各项金融工具信用减值准备所确认的信用损失。

资产减值损失是指企业计提有关资产减值准备所形成的损失。

资产处置收益（或损失）反映企业出售划分为持有待售的非流动资产（金融工具、长期股权投资和投资性房地产除外）或处置组（子公司和业务除外）时确认的处置利得或损失，以及处置未划分为持有待售的固定资产、在建工程、生产性生物资产及无形资产而产生的处置利得或损失，还包括债务重组中因处置非流动资产产生的利得或损失和非货币性资产交换中换出非流动资产产生的利得或损失。

（2）利润总额＝营业利润＋营业外收入－营业外支出

（3）净利润＝利润总额－所得税费用

净利润是企业当期利润总额减去所得税费用以后的余额，即企业的税后利润。

7.4.2　账户设置

为核算和监督企业经营成果的情况，应设置如下账户：

（1）"营业外收入"账户

核算营业外收入的取得及结转情况，该科目贷方登记企业确认的营业外收入，借方登记期末将"营业外收入"科目余额转入"本年利润"科目的营业外收入，结转后"营业外收入"科目无余额。本账户应按收入项目设置明细账。

（2）"营业外支出"账户

核算营业外支出的发生及结转情况，该科目借方登记确认的营业外支出，贷方登记期末将"营业外支出"科目余额转入"本年利润"科目的营业外支出，结转后"营业外支出"科目无余额。本账户应按支出项目设置明细账。

（3）"所得税费用"账户

核算企业按规定从当期损益中扣除的所得税费用，借方登记本期计算确认的所得税费用，贷方登记期末结转"本年利润"的本期所得税费用，结转"本年利润"后，该账户无余额。

（4）"投资收益"账户

核算企业确认的投资收益或投资损失。

（5）"资产减值损失"账户

企业根据资产减值等准则确定资产发生的减值的，按应减记的金额，借记"资产减值损失"账户，贷记"坏账准备"等账户。企业计提坏账准备、存货跌价准备、持有至到期投资减值准备、贷款损失准备等后，相关资产的价值又得恢复，应在原已计提的减值准备金额内，按恢复增加的金额，借记"坏账准备"等账户，贷记"资产减值损失"账户。期末，应将本账户余额转入"本年利润"账户，结转后本账户无余额。

（6）"本年利润"账户

核算企业本年度实现的净利润，贷方登记期末各收益类账户的转入数额，借记登记期末成本费用或支出类账户的转入数额，结转后，本账户如为贷方余额，表示利润；如为借方余额，表示亏损。年度终了，企业还应将"本年利润"账户的累计余额转入"利润分配——未分配利润"账户，结转后"本年利润"账户应无余额。

（7）"利润分配"账户

核算企业利润分配的各个项目的具体数额以及利润分配后的余额。年度终了，企业应将全年实现的净利润，自"本年利润"账户转入本账户，即借记"本年利润"账户，贷记本账户（未分配利润），如为净亏损，作相反会计分录。同时，将"利润分配"账户下的其他明细账户的余额转入本账户的"未分配利润"明细账户。结转后，除"未分配利润"明细账户外，本账户的其他明细账户应无余额。本账户年末余额，反映企业历年积存的未分配利润（或未弥补亏损）。

7.4.3　营业外收入和营业外支出的账务处理

营业外收入和营业外支出是指与企业正常生产经营活动没有直接联系的各项收支。

1. 营业外收入的账务处理

营业外收入是指企业确认的与其日常活动无直接关系的各项利得。营业外收入并不是企业经营资金耗费所产生的，实际上是经济利益的净流入，不需要与有关的费用进行配比。营业外收入主要包括非流动资产毁损报废收益、与企业日常活动无关的政府补助、盘盈利得、捐赠利得、债务重组利得等。

非流动资产毁损报废收益，指因自然灾害等发生毁损、已丧失使用功能而报废非流动资产所产生的清理收益。

与企业日常活动无关的政府补助指企业从政府无偿取得货币性资产或非货币性资产，且与企业日常活动无关的利得。

盘盈利得，指企业对现金等资产清查盘点时发生盘盈，报经批准后计入营业外收入的金额。

捐赠利得，指企业接受捐赠产生的利得。

营业外收入发生时，应借记"待处理财产损益""银行存款""库存现金""固定资产清理""无形资产"等账户，贷记"营业外收入"账户。期末应将"营业外收入"账户的金额转入"本年利润"账户，借记"营业外收入"账户，贷记"本年利润"账户。

案例分析 7-22：营业外收入的账务处理

雷顿公司取得罚款收入 60 000 元，存入银行。进行账务处理如下：

借：银行存款 60 000

　贷：营业外收入——罚没利得 60 000

2. 营业外支出的账务处理

营业外支出是指企业发生的与其日常活动无直接关系的各项损失，主要包括非流动资产毁损报废损失、捐赠支出、盘亏损失、非常损失、罚款支出、债务重组损失等。

非流动资产毁损报废损失，指因自然灾害等发生毁损、已丧失使用功能而报废非流动资产所产生的清理损失。

捐赠支出，指企业对外进行捐赠发生的支出。

盘亏损失，主要指对于财产清查盘点中盘亏的资产，查明原因并报经批准计入营业外支出的损失。

非常损失，指企业对于因客观因素（如自然灾害等）造成的损失，扣除保险公司赔偿后应计入营业外支出的净损失。

罚款支出，指企业支付的行政罚款、税务罚款，以及其他违反法律法规、合同协议等而支付的罚款、违约金、赔偿金等支出。

营业外支出发生时，借记"营业外支出"账户，贷记"待处理财产损益""固定资产清理""库存现金""银行存款"等账户。期末应将本账户余额转入"本年利润"账户，借记"本年利润"账户，贷记"营业外支出"账户。

案例分析 7-23：营业外支出的账务处理

企业未按合同约定时间交货，支付违约金 8 000 元。进行账务处理如下：

借：营业外支出　　　　　　　　　　　　　　　　　8 000
　　贷：银行存款　　　　　　　　　　　　　　　　　8 000

7.4.4　所得税费用的账务处理

根据《企业会计准则第 18 号——所得税》的规定，企业的所得税费用应采用资产负债表债务法进行核算。但小企业仍可采用应付税款法，即按照应纳税所得额直接计算应交所得税。企业应交纳的所得税是根据企业应纳税所得额的一定比例计算的。应纳税所得额是在企业会计利润基础上调整确定的。计算公式为：

应纳税所得额 = 会计利润 + 纳税调整增加额 - 纳税调整减少额

纳税调整增加额主要包括税法规定允许扣除项目中企业已计入当期费用，但超过税法规定扣除标准的金额（如超过税法规定标准的薪酬支出、业务招待费支出），以及税法规定不允许扣除项目的金额（如税收滞纳金、罚款、罚金等）。纳税调整减少额主要包括按税法规定允许弥补的亏损和准予免税的项目，如可在税前扣除的前五年内的未弥补亏损和国债利息收入等。

如不存在暂时性差异的影响，企业计算出应交纳的所得税时，分录为：

借：所得税费用

贷：应交税费——应交所得税

企业实际上交税金时，借记"应交税费——应交所得税"账户，贷记"银行存款"账户。期末，应将"所得税费用"账户的借方转入"本年利润"账户，借记"所得税费用"账户，贷记"本年利润"账户。

7.4.5 本年利润的账务处理

本年利润是企业本年度实现的最终经营成果。会计期末，企业应将各收益类账户的余额转入"本年利润"账户的贷方，借记有关收入类账户，贷记"本年利润"账户；并应将计入当期损益的成本费用或支出类账户的余额转入"本年利润"账户的借方，借记"本年利润"账户，贷记各有关费用或支出类账户。

案例分析 7-24：本年利润的账务处理

某企业 2019 年损益类账户的年末余额该企业年末账务处理如下（假设该企业年末一次性结转损益类账户）：

（1）结转各项收入与收益：

借：主营业务收入	5 500 000
其他业务收入	600 000
投资收益	800 000
营业外收入	40 000
贷：本年利润	6 940 000

（2）结转各项成本、费用或支出：

借：本年利润	6 150 000

贷：主营业务成本	3 500 000
主营业务税金及附加	70 000
其他业务成本	390 000
销售费用	460 000
管理费用	830 000
财务费用	180 000
营业外支出	470 000
所得税费用	250 000

（3）将"本年利润"账户余额转入"利润分配——未分配利润"账户：

借：本年利润	790 000
贷：利润分配——未分配利润	790 000

7.5 利润分配的账务处理

7.5.1 利润分配的内容

企业实现的净利润，应按国家规定的顺序分配，以保证所有者的合法权益和企业长期、稳定地发展。企业本年实现的净利润加上年初未分配利润为可供分配的利润。企业每年实现的净利润，首先弥补以前年度尚未弥补的亏损，然后应按下列顺序进行分配：

（1）提取法定盈余公积金

是指企业按照本年实现净利润的一定比例提取的盈余公积金。根据《公司法》的规定，公司制企业（包括国有独资公司、有限责任公司和股份有限公司）按净利润的10%提取；其他企业可以根据需要确定提取比例，但至少应按10%提取。企业提取的法定盈余公积金累计额已达到注册资本的50%时，可以不再提取。

（2）提取任意盈余公积金

公司制企业提取法定盈余公积金后，经过股东大会决议，可以提取任意盈余公积金；其他企业也可以根据需要提取任意盈余公积金。任意盈余公积金的提取比例由企业视情况而定。

（3）向投资者分配利润

企业提取法定盈余公积金后，可以按规定向投资者分配利润。

应注意的是，企业如果发生亏损，可以用以后年度实现的利润弥补，也可以用以前年度提取的盈余公积金弥补。企业以前年度亏损未弥补完，不能提取法定盈余公积金。在提取法定盈余公积金前，不得向投资者分配利润。

7.5.2　利润分配的账务处理方法

为了核算和监督利润的分配（或亏损的弥补）和历年分配（或亏损）后的积存余额，企业应设置"利润分配"账户。它属于所有者权益类账户。贷方登记全年实现的净利润或弥补的亏损额；借方登记利润分配金额或全年发生的亏损额；期末贷方余额反映历年滚存的未分配利润；如为借方余额，则反映未弥补的亏损额。本账户应按《企业会计准则》规定的利润分配顺序和内容设置下列明细账，进行明细核算。

（1）"其他转入"，核算企业用盈余公积弥补的亏损。

（2）"提取法定盈余公积"，核算企业按规定提取的法定盈余公积。

（3）"应付优先股股利"，核算企业分配给优先股股东的股利。

（4）"提取任意盈余公积"，核算企业提取的任意盈余公积。

（5）"应付利润"，核算企业分配给投资者的利润。

（6）"未分配利润"，核算企业全年实现的净利润（或净亏损）、利润分配和尚未分配的利润（或尚未弥补的亏损）。年度终了，企业将全年实现的净利润（或净亏损）自"本年利润"账户转入"未分配利润"明细账户；同时，将"利润分配"账户下的其他明细账户的余额转入"未分配利润"明细账户。年度终了后，除"利润分配"账户中的"未分配利润"明细账户外，其他明细账户无余额。年度终了，"利润分配"账户中的"未分配利润"明细账户如为贷方余额，反映企业历年积存的尚未分配的利润；如为借方余额，则反映企业累积尚未弥补的亏损。

案例分析 7-25：利润分配的账务处理

接例 7-24 的资料，该企业董事会决议，经股东大会批准，按税后利润的 10% 提取法定盈余公积，按可供投资者分配的利润的 80% 向投资者分配利润（假定该企业以前年度没有未分配利润）。进行账务处理如下：

（1）提取法定盈余公积：

借：利润分配——提取法定盈余公积　　　　　　　79 000

　贷：盈余公积　　　　　　　　　　　　　　　　79 000

（2）向投资者分配利润 568 800 元 [（790 000−79 000）×80%]：

借：利润分配——应付利润　　　　　　　　　　568 800

　贷：应付利润　　　　　　　　　　　　　　　568 800

（3）将"利润分配"账户下的其他明细账户的余额转入本账户的"未分配利润"明细账户：

借：利润分配——未分配利润　　　　　　　　　647 800

　贷：利润分配——提取法定盈余公积　　　　　　79 000

　　　　　　　——应付利润　　　　　　　　　568 800

第 8 章　做账不是一成不变的
——会计变更和会计差错

本章导读

在企业的做账实务中，由于企业内部外部等多方面的影响，做账可能存在一定的不确定性，如会计政策变更、会计估计变更、会计差错等。当上述情况出现时，企业应采用适当的会计处理方法，并应在会计报表附注中进行披露。

1. 会计政策变更。产生原因：法律或制度等行政法规、规章的要求；会计政策的变更能够提供有关企业财务状况、经营成果和现金流量等更可靠、更相关的会计信息。二者的会计处理是不同的，视情况的不同采用未来适用法、追溯调整法等方法。

2. 会计估计。合理估计，是会计核算必不可少的部分，它不会削弱会计核算的可靠性。但其毕竟存在不确定性，所以在进行会计估计时应考虑相关影响因素。在进行会计处理时应采用未来适用法。

3. 会计差错。会计差错的产生有诸多原因，主要集中在会计核算中的计量、确认、记录等方面。在处理会计差错时，应分非重大会计差错和重大会计差错进行处理。

8.1 会计政策及其变更

8.1.1 什么是会计政策

按照国际会计准则委员会的定义，会计政策是指"企业编报财务报表时所采用具体原则、基础、惯例、规则和实务"。

按照一般的说法，会计政策指企业在账务处理时所遵循的具体原则以及企业所采纳的具体账务处理方法。具体原则是指企业按准则和制度规定的原则所制定的，适合于本企业会计制度中所采用的会计原则；具体账务处理方法是指企业在诸多可选择的账务处理方法中所选择的、适合于本企业的账务处理方法。

8.1.2 我国企业会计政策的特点

在我国，会计政策的采纳和运用有如下特点：

（1）会计政策由国家统一的会计制度规定。

（2）企业在国家统一的会计制度规定的会计政策中选择适用的会计政策。

（3）会计政策是指特定的会计原则和账务处理方法。

（4）会计政策是指导企业进行账务处理的基础。

（5）会计政策应当保持前后各期的一致性。

8.1.3 会计政策的主要类型

企业账务处理中所采纳的会计政策，通常应当在会计报表附注中加以披露。需要披露的项目主要有：

（1）合并政策

指企业在编制合并会计报表时所采纳的原则。例如，母公司与子公司的会计年度不一致时的处理原则，合并范围的确定原则，母公司和子公司所采用的会计政策是否一致等。

（2）外币折算

指企业在外币折算所采用的方法，以及汇兑损益的处理等。例如，外币报表折算是采用现行汇率法，还是采用时态法或其他方法。

（3）收入确认

指企业收入确认时所采用的原则。如建造合同是按完成合同法确认收入，还是按百分比法或其他方法确认收入。

（4）所得税核算

指企业在所得税核算的账务处理方法。如所得税账务处理是采用递延法，还是债务法或其他方法。

（5）短期投资的计价

指企业短期投资的计价方法。如期末计价是采用成本与市价孰低法，还是采用市价法或成本法。按照现行会计制度的规定，企业短期投资期末计价应当采用成本与市价孰低法。

（6）存货计价

指企业存货的计价方法。如存货是采用先进先出法、后进先出法，还是采用其他会计准则所允许的计价方法。

（7）长期投资的核算

指企业长期投资的具体账务处理方法。如对被投资单位的股权投资是采用成本法，还是采用权益法核算。

（8）坏账损失的核算

指企业坏账损失的具体会计核算方法。例如，企业的坏账损失是采用直接转销法，还是采用备抵法。现行会计制度规定坏账准备只能采用备抵法。

（9）借款费用的处理

指企业借款费用的处理的方法。例如，对借款费用是采用资本化，还是采用费用化。

（10）其他

指企业无形资产的计价及摊销方法、财产损溢的处理、研究与开发费用的处理等。

8.1.4 什么是会计政策的变更

会计政策变更，是指企业对相同的交易或事项由原来采用的会计政策，改用另一种会计政策的行为。为保证会计信息的可比性，使会计报表使用者在比较企业一个以上期间的会计报表时，能够正确判断企业的财务状况、经营成果和现金流量的趋势。一般情况下，企业应在每期采用相同的会计政策，不应也不能随意变更会计政策，否则势必会削弱信息的可比性，使会计报表使用者在比较企业的经营业绩时发生困难。当然，会计政策也不是不能变更，只要符合下列条件之一的，即可进行会计政策变更：

1. 法律或制度等行政法规、规章的要求

即按照准则、制度以及其他法规、规章的规定，要求企业采用新会计政策。如《增值税暂行条例》的颁布，改变了过去价内税为价外税，在国家发布统一账务处理办法中，要求企业改变增值税的会计核算。又如，现行会计制度要求企业计提各项资产的减值准备等。

2. 会计政策的变更能够提供有关企业财务状况、经营成果和现金流量等更可靠、更相关的会计信息

由于经济环境、客观情况的改变，企业原来采用的会计政策所提供的会计信息，已不能恰当地反映企业的财务状况、经营成果和现金流量等信息。在这种情况下，应改变原有的会计政策，按变更后的新的会计政策进行核算，以对外提供更可靠、更相关的会计信息。例如，在价格比较稳定的情况下，企业对存货的计价一直采用先进先出法，近期由于价格持续上涨，如果再用先进先出法进行核算，可能不能正确反映企业存货及损益的实际情况，则应将存货计价的方法，为由先进先出法改为后进先出法。

8.1.5 哪些不属于会计政策变更的交易或事项

不属于会计政策变更的交易或事项，主要有以下情况：

1.本期发生的交易或事项，与以前相比，具有本质差别，因而采用新的会计政策

例如，A 企业以往租入的设备均为临时需要而租入的，企业按经营租赁账务处理方法核算。但自本年度起，租入的设备均采用融资租赁方式，则 A 企业自本年度起，应对新租赁的设备采用融资租赁的账务处理方法核算。由于经营租赁和融资租赁有着本质的差别，因而，这种改变不属于会计政策的变更。

2.对初次发生的或不重要的交易或事项，采用新的会计政策

例如，B 企业第一次签订了一项建造合同，为另一企业建造 3 栋厂房。该企业对该项合同采用完工百分比法确认收入。由于该企业初次发生该项交易，采用完工百分比法确认该项交易的收入，不属于会计政策变更。又如，C 企业原在生产经营过程中使用少量的低值易耗品，并且价值较低，故企业领用的低值易耗品都一次计入费用。该企业近期由于转产，生产新的产品，所需要低值易耗品比较多，且价值较大，企业对领用的低值易耗品账务处理方法，改为分期摊销的方法，分批摊入成本。该企业在改变低值易耗品账务处理方法后，对损益的影响不大，且低值易耗品通常在企业生产经营中所占的比例不大，不属于重要的事项，因而，该企业改变低值易耗品摊销方法不属于会计政策变更。

8.1.6　什么是会计政策变更的累积影响数

会计政策变更的累积影响数，指按变更后的会计政策，对以前各期追溯计算的变更年度期初留存收益的应有金额，与现有金额之间的差额。它是假设与会计政策变更相关的交易或事项在初次发生时即采用新的会计政策，而得出的变更年度期初留存收益应有的金额与现有金额的差额。它是变更会计政策所导致的对净损益的影响金额，不包括分配的利润或股利。这里的留存收益，包括法定盈余公积、法定公益金、任意盈余公积和未分配利润各项目。

累积影响数可通过以下各步骤计算获得：

（1）根据新的会计政策重新计算受影响的前期交易或事项。

（2）计算两种会计政策下的差异。

（3）计算差异的所得税影响金额。

（4）确定前期中的每一期的税后差异。

（5）计算会计政策变更的累积影响数。

8.1.7 会计政策变更的账务处理方法

会计政策变更根据具体情况，分别按照以下规定处理：

1. 依法律、规章要求变更会计政策

企业依据法律或会计制度等行政法规、规章的要求变更会计政策，分别按以下情况处理：

（1）国家规定相关的账务处理办法，则按照国家发布的相关账务处理规定进行处理。例如，中国 1993 年会计改革，会计政策发生了较大变动，企业就应当按照国家对会计政策变更的规定处理。又如，现行会计制度发布后，国家规定的衔接办法要求对计提固定资产减值准备、无形资产减值准备、在建工程减值准备，以及债务重组、非货币性交易等采用追溯调整法进行处理。

（2）国家没有规定相关的账务处理办法，则采用追溯调整法进行账务处理。追溯调整法，是指对某项交易或事项变更会计政策时，如同该交易或事项初次发生时就开始采用新的会计政策，并以此对相关项目进行调整的方法。在追溯调整法下，应计算会计政策变更的累积影响数，并调整期初留存收益，会计报表其他相关项目也相应进行调整。步骤如下：

第一步，计算会计政策变更的累积影响数；

第二步，进行相关的账务处理；

第三步，调整会计报表相关项目；

第四步，附注说明。

采用追溯调整法时，会计政策变更的累积影响数应包括在变更当期期初的留存收益中。如果提供可比会计报表，对于比较会计报表期间的会计政策变更，应调整各该期间净损益各项目和会计报表其他相关项目，视同该政策在比较会计报表期间一直采用。对于比较会计报表可比期间以前的会计政策

变更的累积影响数，应调整比较会计报表最早期间的期初留存收益，会计报表其他相关项目的数字也一并调整。

2. 因环境、情况改变而变更会计政策

由于经济环境、客观情况的改变而变更会计政策，以便提供有关企业的财务状况、经营成果和现金流量等更可靠、更相关的会计信息，则应采用追溯调整法进行账务处理。

例如，企业的某项固定资产原采用直线法计提折旧，因技术进步，该项设备已被先进的技术所代替。企业如仍采用直线法计提折旧，已经不能客观反映该项固定资产的价值磨损情况。为此，企业改按双倍余额递减法计提折旧。

3. 因累积影响数不能合理确定

如果会计政策变更的累积影响数不能合理确定，无论属于法规、规章要求变更会计政策，还是根据经济环境、客观情况的改变而变更会计政策，均采用未来适用法进行账务处理。

未来适用法，是指某项交易或事项变更会计政策时，新的会计政策适用于变更当期及未来期间发生的交易或事项的方法。在未来适用法下，不需要计算会计政策变更产生的累积影响数，也无须重编以前年度的会计报表。企业会计账簿记录及会计报表上反映的金额，变更之日保留原有的金额，并在现有金额的基础上再按新的会计政策进行核算。

8.1.8　会计政策变更在会计报表附注中如何披露

企业应在会计报表附注中披露如下会计政策变更的有关事项：

1. 变更的内容

包括会计政策变更的简要阐述、会计政策变更的日期、会计政策变更前采用的会计政策、会计政策变更后所采用的新的会计政策、会计政策变更的原因。

2. 变更的影响数

包括采用追溯调整法时，计算出的会计政策变更的累积影响数；会计政策变更对本期以及比较会计报表所列其他各期净损益的影响金额；比较会计

报表最早期间期初留存收益的调整金额。

3. 累积影响数不能合理确定的理由

包括在会计报表附注中披露累积影响数不能合理确定的理由以及由于会计政策变更对当期经营成果的影响金额。

8.2　会计估计及其变更

8.2.1　什么是会计估计

会计估计是指企业对其结果不确定的交易或事项，以最近可利用的信息为基础所做的判断。在日常的生产经营活动中，企业为了定期、及时地提供有用的会计信息，将延续不断的营业活动人为地划分为各个阶段，如年度、季度、月度等，并在权责发生制基础上对企业的财务状况和经营成果进行定期确认和计量。在确认、计量过程中，当记入的交易或事项涉及未来事项的不确定时，必须予以估计入账。运用合理估计，是会计核算必不可少的部分，它不会削弱会计核算的可靠性。

8.2.2　会计估计的常见项目

常见的会计估计项目有以下几种：

（1）估计坏账。

（2）无形资产的受益期。

（3）估计存货遭受毁损、全部或部分陈旧过时所产生的损失。

（4）固定资产的耐用年限与净残值。

（5）长期待摊费用的分摊期间。

（6）资产损失准备的估计。

（7）收入确认中的估计等。

8.2.3 会计估计的产生原因

由于企业经营活动中内在的不确定因素，某些会计报表项目不能准确地计量，而只能加以估计。估计过程就是以最近可以得到的信息为基础所做的判断。在进行账务处理时，估计是不可缺少的。例如，发生的坏账、存货报废、应计折旧固定资产的使用年限等，都需要进行估计。

但是，估计毕竟是就现有的资料对未来所做的判断。随着时间的推移，如果赖以进行估计的情况发生了变化，或者是由于取得了新的信息，积累了更多的经验或后来的发展，可能不得不对估计进行修订。对估计进行修订，并不表明原来的估计方法有问题或不是最适当的，只是表明会计估计已经不能适应目前的实际情况，已经失去了继续沿用的依据，因此，需要进行会计估计的变更。

8.2.4 会计估计的特点

（1）会计估计的存在是由于经济活动中内在的不确定因素的影响。

（2）会计估计应当依据最近可利用的信息或资料为基础。

（3）进行会计估计并不会削弱会计核算的可靠性。

8.2.5 会计估计应当考虑的因素

1. 资产质量

资产是进行生产经营的必备条件，也是企业赖以生存的基础。资产是能够给企业带来经济利益的资源。企业使用该资源，不仅仅能够收回原投入的成本，还会获得收益。因此，资产能否给企业带来未来经济利益的衡量标准是资产的质量，即在不考虑管理等因素的情况下，企业所拥有的各项资产的获利能力和带来现金流量的能力。为此，在对各项资产进行估计时，应当关注以下方面：

（1）技术先进性

企业所拥有或控制的某项资产是否带有先进性，近期内是否面临着被更新的技术替代的可能性；与该项资产相关的技术的更新、技术发展的速度如何。

（2）磨损程度

资产的磨损程度是资产质量的重要方面。各项资产的磨损程度，包括企业生产方式、使用方式对某项资产价值的价值损耗的影响。例如，作为周转使用的固定资产和作为日常生产使用的固定资产，在预计使用年限方面可能存在着一定的差异。

（3）受益期限

各项资产预期给企业带来经济利益的期限，也是资产质量的重要方面。资产一般都有一定的受益期，超过该受益期的资产，通常不能再继续使用。因此，在预计某项资产的受益期限时，应当根据该项资产的技术性能、技术测定预计可达到的使用期限、技术进步等因素予以综合考虑。

2. 谨慎性

谨慎性要求企业在进行会计核算时，不得多计资产或收益，少计负债或费用。企业在进行会计核算时，应当考虑谨慎性原则的要求，但不能也不应当设置秘密准备。

3. 经济和法律环境

经济和法律环境也是影响会计估计的重要因素，不同企业所处的经济、政治和法律影响环境不同，所作出的会计估计也可能不同。

4. 历史资料和经验

企业在进行会计估计时，某些情况下往往需要根据历史资料，并根据经验加以估计。例如，对于应收账款的可收回性，往往要考虑以下因素：

（1）历史上应收账款的回收情况，回收的时间。

（2）应收账款的时效性。

（3）债务单位历史上是否存在无法支付债务的情况。

（4）某一债务单位近期内是否有不良记录。

（5）目前某一债务单位发生的财务困难与过去已发生坏账的债务单位财务状况是否存在类似的情况。

（6）债务单位财务状况好转的可能性（包括债务单位销售状况、回款状况、资产质量、产品的市场需求情况等）。

（7）债务单位所处的经济、政治和法律环境。

（8）债务单位的内部控制、内部管理的情况，以及其他用以判断的情况。

8.2.6　会计估计变更在会计上如何处理

会计估计变更应采用未来适用法。不需要计算变更产生的累积影响数，也不需要重编以前年度会计报表，但应对变更当期和未来期间发生的交易或事项采用新的会计估计进行处理。方法如下：

1. 仅影响当期的变更

如果会计估计变更仅影响当期，有关估计变更的影响应于当期确认。例如，A 企业原来按"应收账款"余额的 5% 提取坏账准备，由于企业不能收回的应收账款比例已达 10%，因此，企业改为 10% 计提坏账准备。由于这种变更仅影响当期，因此应于变更当期确认。

2. 既影响当期，又影响未来的变更

如果会计估计变更既影响当期又影响未来期，有关估计变更的影响应在当期以后各期确认。例如，可计提折旧的固定资产，其有效使用年限或预计净现值的估计发生变更，常常影响到变更当期以及资产以后使用年限内各个期间的折旧费用。这类会计估计的变更，应于变更当期及以后各期确认。

3. 不易分清的变更

如果会计估计变更和会计政策变更不易分清，则视为会计估计变更，采用未来适用法。例如，某企业原按直线法计提固定资产折旧，现改按双倍余额递减法计提折旧，同时缩短预计使用年限。对于该事项，如果从会计政策的角度考虑，属于会计政策变更；但从预计使用年限的角度考虑，缩短预计使用年限属于会计估计变更。在这种情况下，大多数企业往往会按会计估计变更的账务处理方法进行处理。

会计估计变更的影响数，应计入变更当期与前期相同的项目中。为了保证不同会计期间的会计报表具有可比性，会计估计变更的影响数如果以前包括在企业日常经营活动的损益中，则以后也包括在相应的损益类项目中。如

果会计估计变更的影响数以前包括在特殊项目中，则以后也相应作为特殊项目反映。

至于会计估计变更在会计报表附注中的披露，应注意以下三个方面：

（1）披露的内容，包括会计估计变更的内容、变更日期、变更理由。

（2）变更的影响数，包括会计估计变更对当期损益的影响，以及对其他项目的影响金额等。

（3）不易确定的理由，即说明会计估计变更不易确定的理由。

8.3 会计差错及其更正

8.3.1 会计差错及其产生原因

会计差错是指进行会计核算时，在计量、确认、记录等方面出现的错误。为了保证经营活动的正常进行，企业应当建立健全内部稽核制度，保证会计资料的真实、合法和完整。

经济事项或交易进入会计系统后，经过确认、计量、记录和报告，输出对信息使用者有用的会计信息。在确认、计量、记录过程中由于种种原因会产生差错。会计差错特别是重大差错若不及时、正确地更正，不仅影响会计信息的可靠性，而且可能误导投资者、债权人和其他信息使用者，使其作出错误的决策或判断。

会计差错的产生有诸多原因，以下是几种常见的原因。

（1）采用法律或会计准则等行政法规、规章所不允许的会计政策

例如，按照我国会计制度规定，为购建固定资产而发生的借款费用，在固定资产尚未交付使用前发生的，应予资本化，计入所购建固定资产的成本。在固定资产交付使用后发生的，计入当期损益。如果企业固定资产已交付使用后发生的借款费用，也计入该项固定资产的价值，予以资本化，则属于此类错误。

（2）账户分类以及计算错误

例如，企业购入的五年期国债，意图长期持有，但在做账时记入了短期投资，导致账户分类上的错误，并导致在资产负债表上流动资产和长期投资的分类也有误，即少计提累计折旧，从而虚增当期利润。

（3）会计估计错误

例如，企业在估计某项固定资产的预计使用年限时，多估计或少估计了预计使用年限，从而造成会计估计错误。

（4）在期末应计项目与递延项目未予调整

例如，企业应在本期核销的费用在期末时未予摊销。

（5）漏计已完成的交易或事项

例如，企业销售一批商品，商品已经发出，开出增值税专用发票，商品销售收入确认条件均已满足，但企业在期末时未将已实现的销售收入入账。

（6）对事实的忽视和误用

例如，企业对某项建造合同应按建造合同规定的方法确认营业收入，但该企业按确认商品销售收入的原则确认收入。

（7）提前确认尚未实现的收入或不确认已实现的收入

例如，在采用委托代销销售方式下，应以收到代销单位的代销清单时，确认营业收入的实现，如企业在发出委托代销商品时即确认为收入，则为提前确认尚未实现的收入。

（8）资本性支出与收益性支出划分差错

例如，工业企业发生的管理人员的工资一般作为收益性支出，而发生的工程人员工资一般作为资本性支出。如果企业将发生的工程人员工资计入了当期损益，则属于资本性支出与收益性支出的划分差错。

（9）滥用会计政策变更和会计估计变更

例如，企业计提资产减值准备时，为达到调节利润的目的，采用不当方法或确定不当比例。滥用此两项变更应当作为重大会计差错进行账务处理。

（10）其他原因导致的差错

例如，错记借贷方向、错做账户等。

8.3.2 会计差错更正的处理原则

本期发现的属于本期的会计差错，应调整本期相关项目。例如，企业将本年度的工程人员工资计入了管理费用，则应将计入管理费用的工程人员工资调整计入工程成本。

本期发现的属于以前年度的会计差错，按以下规定处理：

1. 非重大会计差错

不调整会计报表相关项目的期初数，但应调整发现当期与前期相同的相关项目，属于影响损益的，应直接计入本期与上期相同的净损益项目。属于不影响损益的，应调整本期与上期相同的相关项目。

2. 重大会计差错

对于发现的重大会计差错，如果影响损益，应将其对损益的影响数调整为发现当期的期初留存收益，会计报表其他项目的期初数也应一并调整；如不影响损益，应调整会计报表相关项目的期初数。

另外，在编制比较会计报表时，对于比较会计报表期间的重大会计差错，应调整各该期间的净损益和其他相关项目，视同该差错在产生的当期已经更正；对于比较会计报表期间以前的重大会计差错，应调整比较会计报表最早期间的期初留存收益，会计报表其他项目的数字也应一并调整。

8.3.3 会计差错在会计报表附注中的披露

会计差错应在会计报表附注中披露如下事项：

（1）重大会计差错的内容，包括重大会计差错的事项陈述（原因以及更正方法）。

（2）重大会计差错的更正金额，包括重大会计差错对净损益的影响金额以及其他项目的影响金额。

案例分析 8-1：会计政策变更的账务处理

雷顿公司 2015 年 1 月 1 日对 B 企业投资 150 万元，占 B 企业表决权资本的 30%，按成本法核算该项长期股权投资。根据现行会计制度规定，决定从 2017 年 1 月 1 日起对该项股权投资改为权益法核算，并对这项会计政策的变更按追溯调整法进行账务处理。假设 B 企业 2015 年和 2018 年实现净利润分别为 30 万元和 40 万元。雷顿公司这两年分回现金股利 4 万元、8 万元，设两企业所得税税率均为 25%，雷顿公司所得税按应付税款法核算，并按净利润的 10% 和 5% 提取法定盈余公积和法定公益金。雷顿公司应处理如下：

计算由成本法改为权益法后的累积影响数

累积影响数 =30×30%- 4+40×30%- 8=9 万元

或 =（30+40）×30%-（4+8）=9 万元

由于两企业的所得税税率相同，雷顿公司从 B 企业分回的利润已在 B 企业交纳了所得税，故不需要再计算交纳所得税。因此，按权益法核算与按成本法核算对所得税均无影响。雷顿公司在两年间，按成本法和按权益法核算对 B 企业的投资收益及短期投资的账面价值差异为 9 万元。即雷顿公司由成本法改为权益法的累积影响数为 9 万元。

进行相关的账务处理

（1）调整由于会计政策变更累积影响数：

借：长期股权投资——B 企业　　　　　　　90 000

　　贷：利润分配——未分配利润　　　　　　　　90 000

（2）调整利润分配项目：

借：利润分配——未分配利润　　　　　　　13 500

　　贷：盈余公积　　　　　　　（90 000×15%）13 500

（3）调整会计报表相关项目：

雷顿公司在编制 2017 年会计报表时，应调整资产负债表的年初数。雷顿公司调整后的"资产负债表"（局部项目）如表 8-1 所示。

利润及利润分配表的上年数也应作相应调整。雷顿公司"利润及利润分配表"调整后的数字如表 8-2 所示。

"利润及利润分配表"的"调整数"栏说明如下：

①投资收益 40 000 元，属于 2016 年度对投资收益的累积影响数。即

40 000 元 =400 000 元 ×30%-80 000 元。

②年初未分配利润 42 500 元，属 2012 年度对年初未分配利润的累积影响数。由于 2015 年度对投资收益的累积影响数为 50 000（300 000×30%- 40 000）元，减去提取的盈余公积，即对年初未分配利润的累积影响数为 42 500（50 000×85%）元。

③可供分配的利润 82 500 元 =（40 000+42 500）元

④提取法定盈余公积 4 000 元 =40 000 元 ×10%

⑤提取法定公益金 2 000 元 =40 000 元 ×5%

⑥未分配利润 76 500 元 =（82 500 - 4 000 - 2 000）元

且资产负债表与利润表中"未分配利润"的数字相等。

（4）附注说明：

例如，雷顿公司按现行会计制度规定，从 2017 年 1 月 1 日起变更存货的计价方法，由先进先出法改为后进先出法。当年 1 月 1 日的存货价值为 250 000 元，12 月 31 日存货价值为 220 000 元，当年销售额为 2 400 000 元，企业购入存货实际成本合计为 2 000 000 元。假设在 2011 年会计政策没有改变，即一直采用先进先出法，12 月 31 日存货价值则为 300 000 元，假设该年度其他费用为 120 000 元，所得税税率为 25%。

由于采用后进先出法对 2014 年期初存货不能合理进行调整，因此，雷顿公司对上述会计政策的变更采用未来适用法进行处理。

①计算会计政策变更对当期净利润的影响数。雷顿公司采用未来适用法时，不调整采用先进先出法下的 2014 年期初存货余额，只对变更日后存货的计价改按后进先出法计算即可。根据本例给出的数据，该企业当年改变会计政策后，销售成本的计算为：

销售成本 = 期初存货 + 购入存货实际成本 - 期末存货

=250 000+2 000 000 - 220 000=2 030 000（元）

若企业 2014 年没有改变会计政策，则销售成本计算为：

销售成本 = 期初存货 + 购入存货实际成本 - 期末存货

=250 000+2 000 000 - 300 000=1 950 000（元）

两者之差为 80 000（2 030 000 - 1 950 000）元，雷顿公司由于会计

政策变更，使当期利润总额减少了 80000 元。扣除所得税影响，使当期净利润减少了 60 000（80 000 - 80 000 × 25%）元。

②附注说明。本年度雷顿公司根据会计制度规定，对存货的计价由先进先出法改为后进先出法。此项会计政策的变更无法确定其累积影响数，会计政策变更使当期净利润减少了 60 000 元。

表 8-1　资产负债表局部项目调整表

单位：元

项目	年初数		
	调整前	调整数	调整后
资产			
长期股权投资	1 500 000.00	增加：90 000.00	1 590 000.00
负债和所有者权益			
盈余公积	110 000.00	增加：13 500.00	123 500.00
其中：公益金	6 500.00	增加：4 500.00	11 000.00
未分配利润	100 000.00	增加：76 500.00	176 500.00

案例分析 8-2：会计估计变更的账务处理

雷顿公司有一台 2014 年 1 月 1 日起使用的管理用设备，原始价值 84 000 元，估计使用年限为 8 年，原估计净残值为 4 000 元，按直线法计提折旧。至 2018 年年初，由于技术进步等原因，需要对原估计的使用年限和净残值作出修正，修改后设备的使用年限为 6 年，估计净残值 2 000 元。

雷顿公司通过对上述事项的分析，对会计估计变更处理如下：

（1）不调整以前各项折旧，也不计算累积影响数。

（2）变更日以后发生的经济业务按新估计使用年限提取折旧。

按企业对该固定资产的原估计，该设备原来每年提取折旧 10 000[（84 000 - 4 000）÷ 8] 元，已提折旧 4 年（2010 ～ 2013 年），共已提折旧 40 000 元，该项固定资产净值为 44 000（84 000 - 44 000）元，则第 5 年相关科目的期初余额如下：

固定资产 84 000

减：累计折旧 40 000

固定资产净值 44 000

改变估计使用年限后，2018 年起每年计提折旧：

每年折旧 =（44 000 - 2 000）÷（6 - 4）=21 000（元）

（3）在会计报表附注中作出相应的说明：

本企业有一台管理用设备，原始价值 84 000 元，原估计使用年限为 8 年，预计净残值 4 000 元，按直线法计提折旧。由于新技术的发展，该项设备已经不能按原来的估计使用年限计提折旧，本企业于 2014 年年初变更该设备的使用年限为 6 年，预计净残值为 2 000 元，以反映该项设备的真实耐用年限和净残值。此项估计变更，影响本企业本年度净利润的减少数为 7 370[（21 000 - 10 000）×（1 - 33%）] 元。

表 8-2 利润及利润分配表局部项目调整表

单位：元

项目	年初数		
	调整前	调整数	调整后
一、营业利润	170 000.00		170 000.00
加：投资收益	80 000.00	40 000.00	120 000.00
二、利润总额	250 000.00	40 000.00	290 000.00
减：所得税	82 500.00		82 500.00
三、净利润	167 500.00	40 000.00	207 500.00
加：年初未分配利润	52 500.00	42 500.00	95 000.00
四、可供分配利润	220 000.00	82 500.00	302 500.00
减：提取法定盈余公积	16 750.00	4 000.00	20 750.00
提取法定公益金	8 375.00	2 000.00	10 375.00
应付股利	94 875.00		94 875.00
五、未分配利润	100 000.00	76 500.00	176 500.00

案例分析8-3：会计差错更正的账务处理

雷顿公司于本年5月发现，当年1月购入的一项管理用低值易耗品，价值1 200元，误记入固定资产，并已提取折旧300元。则应于发现时进行更正，会计分录如下：

借：低值易耗品　　　　　　　　　　　　　　　　　1 200

　　贷：固定资产　　　　　　　　　　　　　　　　1 200

借：累计折旧　　　　　　　　　　　　　　　　　　　300

　　贷：管理费用　　　　　　　　　　　　　　　　　300

如果该低值易耗品已经领用，并按规定应摊销600元。

借：待摊费用　　　　　　　　　　　　　　　　　　1 200

　　贷：低值易耗品　　　　　　　　　　　　　　　1 200

借：管理费用　　　　　　　　　　　　　　　　　　　600

　　贷：待摊费用　　　　　　　　　　　　　　　　　600

又如，雷顿公司本年发现上年漏记管理人员工资3 000元。则应于发现时处理如下：

借：管理费用　　　　　　　　　　　　　　　　　　3 000

　　贷：应付工资　　　　　　　　　　　　　　　　3 000

又如，雷顿公司在12月31日发现，上年1月1日开始计提折旧的一台管理用设备价值8 000元的固定资产，在上年误记入了当期费用。该企业固定资产折旧采用直线法，该项固定资产估计使用年限为8年，假设不考虑净现值因素，则在本年12月31日的更正会计分录如下：

借：固定资产　　　　　　　　　　　　　　　　　　8 000

　贷：管理费用　　　　　　　　　　　　　　　　6 000

　　累计折旧　　　　　　　　　　　　　　　　　2 000

由于该项设备已使用了两年，故应补提折旧2 000（8 000÷8×2）元。相应应抵减管理费用6 000元。

又如，雷顿公司本年发现，上年从银行存款中支付的全年机器保险费5 000元，账上借记了"待摊费用"5 000元，贷记了"银行存款"5 000元，但在上年未摊销。则于本年发现时，更正此项差错的会计分录为：

借：制造费用   5 000

    贷：待摊费用   5 000

又如，雷顿公司本年发现，企业将上年1月1日新投资者投入的、应作为资本的10 000元记入了资本公积。更正为：

借：资本公积   10 000

    贷：实收资本   10 000

例如，雷顿公司在本年发现，上年企业漏记一项固定资产的折旧费用150 000元，但在所得税申报表中扣除了该项折旧。假设上年适用所得税税率为25%，该企业所得税会计采用递延法，无其他纳税调整事项。该企业按净利润的10%计提法定盈余公积，按5%计提法定公益金。

第一，分析错误的后果：

上年少计折旧费用150 000

少计累计折旧150 000

多计所得税费用（150 000×25%）37 500

多计净利润112 500

多计递延税款贷项（150 000×25%）37 500

多提法定盈余公积11 250

多提法定公益金5 625

第二，再作更正时的账务处理：

（1）补提折旧：

借：以前年度损益调整   150 000

    贷：累计折旧   150 000

（2）调整递延税款：

借：递延税款   37 500

    贷：以前年度损益调整   37 500

（3）将"以前年度损益调整"科目的余额转入"利润分配"：

借：利润分配——未分配利润   112 500

    贷：以前年度损益调整   112 500

（4）调整利润分配的有关数字：

借：盈余公积　　　　　　　　　　　　　　　　16 875

　　贷：利润分配——未分配利润　　　　　　　　16 875

第三，附注说明。

本年度发现上年漏记固定资产折旧 150 000 元，在编制上年与本年可比的会计报表时，已对该项差错进行了更正。由于此项错误的影响，上年虚增净利润及留存收益 112 500 元，上年少计累计折旧 150 000 元。

第 9 章 做账的最终成果
——会计报表

本章导读

　　会计报表是根据日常会计核算资料定期编制的，综合反映企业某一特定日期财务状况和某一会计期间经营成果、现金流量的总结性书面文件。它是企业财务报告的主要部分，是企业向外传递会计信息的主要手段。会计报表包括资产负债表、利润表、现金流量表和会计报表附注以及相关附表。

　　资产负债表是反映企业在某一特定日期财务状况的会计报表，它表明权益在某一特定日期所拥有或控制的经济资源、所承担的现有义务和所有者对净资产的要求权，是一张静态报表。

　　利润表，也称为损益表、收益表，反映企业在一定会计期间经营成果的报表，是一张动态报表。

　　现金流量表，也称财务状况变动表，主要反映在一定时期内企业现金流入与流出的情况，并根据其用途划分为营业活动、投资活动及筹资活动三类。

　　三大报表既相互联系，又相互区别，它们在结构、格式、编制方法等方面存在诸多差异，本章将对其做详细介绍。

9.1 会计报表概述

9.1.1 什么是会计报表

在实际工作中，人们往往将财务报告和会计报表混为一谈。财务报告是用于综合反映单位财务状况和经营成果的书面文件，由会计报表和财务情况说明书两大部分构成，可以这样讲，会计报表是财务报告的主体组成部分。

会计报表是以日常核算资料为主要依据编制的，用来集中反映各单位一定时期的财务状况、经营成果及成本费用情况的一系列表式报告。按照我国当前法规的规定，会计报表是指资产负债表、利润表、现金流量表和会计报表附注及相关附表。

9.1.2 会计报表的作用

会计报表就像一面镜子，从中可以看到各单位的财务状况和经营全貌，为实施经营管理和进行相关决策提供丰富的会计信息。

具体说来，会计报表的作用主要体现在以下几个方面：

（1）为各单位的投资者和债权人进行投资决策，了解各单位财务状况，提供必要的信息资料。

（2）为各单位内部的经营管理者和员工进行日常的经营管理，提供必要的信息资料。

（3）为财政、工商、税务等行政管理部门提供实施管理和监督的信息资料。

9.1.3 会计报表的分类

一般来说，会计报表可以按照编制单位、编报时间、服务对象进行分类。

1. 按会计报表编制和报送的时间差异，可分为月报、季报和年报

月报，是在月份终了时编制的反映月末或当月情况的会计报表。一般而

言，月报要求简明扼要，以便及时反映各单位的主要情况和主要问题。常用的月报有资产负债表、利润表、应交增值税明细表等。

季报，是在季度终了时编制的反映季末或当季情况的会计报表。它所包括的会计报表一般较少。

年报，是在年度终了时编制的反映年末或当年情况的会计报表。编制此类会计报表，要求做到全面完整，能总结全年的经济活动。常见的年报有利润分配表、现金流量表和主营业务收支明细表等。

另外，股份有限公司还应编制半年报（即中期报表）。

2. 按会计报表的编制单位分类，可以分为单位报表和汇总报表

单位报表，是由独立核算的会计主体编制的，用以反映本会计主体的财务状况和经营成果的报表。

汇总报表，是由上级主管部门将其所属单位报送的会计报表，连同本单位会计报表汇总编制的综合性会计报表。

3. 按会计报表的服务对象不同，可以分为内部报表和外部报表

内部报表，是适应单位内部经营管理的需要而编制的不对外公开的会计报表，如单位的成本费用明细表、存货明细表等。内部报表一般没有规范的格式，不需统一的指标体系，各单位可根据自己的情况和需要自行制定。

外部报表，则为满足外部会计信息使用者的需要，按照国家财务、会计制度编制的会计报表，如资产负债表、利润表、利润分配表、现金流量表等。为便于会计报表信息使用者理解掌握会计报表的内容，外部报表的种类、格式、内容及编制方法均有统一规定，任何单位不得随意增减变动。我国会计报表分类如表 9-1 所示。

表 9-1　会计报表分类

分类的依据	会计报表的种类
按照会计报表反映内容的性质划分	财务状况类报表，如资产负债表、现金流量表等
	经营成果类报表，如利润表
	成本费用类报表
按照会计报表反映内容的主次关系分类	主表 附表

续表

分类的依据	会计报表的种类
按照服务的对象分类	内部报表、外部报表
按照编制单位分类	单位报表、汇总报表
按照编报时间分类	中期报表（包括月报、季报和半年报）、年度报表
按照计量用的货币分类	做账本位币报表、外币报表

9.1.4 会计报表的结构

会计报表作为一种商业语言，是通过各个会计要素和项目，用特定的排列顺序和组合，以特有的逻辑关系来披露财务信息。只有熟悉会计报表的基本框架，理解各个会计要素的内在联系，才能顺利地编出或读懂会计报表，掌握会计报表所提供的信息。

就一张会计报表而言，它的基本结构是由三部分构成的：

1. 表头部分

该部分主要展示报表的名称、编号、编制单位、编制日期、金额计量单位等。

2. 主体部分

该部分是报表的核心和主干，会计报表基本是通过这一部分来总括地表述单位的财务状况和经营成果。

3. 补充资料部分

该部分也是报表的重要组成部分，一般列在报表的下端，所提供的是使用者需要了解但在基本部分内无法反映或难以单独反映的一些资料，如期末库存商品余额、已贴现的商业承兑汇票金额等。

为充分表达使用者要了解的信息，以及方便使用者阅读和理解，在每一报表内部，都必须按一定的逻辑关系来设置相应项目。

由于会计报表的种类、作用和性质不同，其结构也必然不一样。为了便于对比，各种对外报送的主要会计报表，都需按统一的格式和结构来填列。

9.1.5　会计报表的编制要求

为了保证会计报表的质量，充分发挥其作用，编制会计报表要求会计报表应按登记完整、核对无误的账簿记录和其他有关资料编制，做到数字真实、计算准确、内容完整、报送及时。

1. 数字真实，计算准确

会计报表提供的数据必须客观、真实，能够真实准确地反映企业的财务状况和经营成果，所以会计报表中各项目的数字必须以核对无误的账簿记录和其他资料填写，不得用预计数字、估计数字代替真实数字，更不得弄虚做假，伪造报表数字，同时还要对会计报表中各项目的金额采用正确计算方法，确保计算结果的准确。

为了保证数字真实、准确，在编制会计报表时要根据程度按期结账、认真对账和财产清查，使会计账簿所有记录准确无误。

2. 内容完整

会计报表所提供的会计信息的内容必须全面、系统地反映出企业经营活动的全部情况，为此要求企业必须按规定的报表种类、格式和内容来编制，不得漏编漏报，对不同会计期间应编报的各种会计报表，都必须填列完整；同时要求企业在每种会计报表中应填写的各项指标，不论是表内项目还是表外补充资料，都必须填列齐全，对某些不便列入报表的重要资料，应在括号内说明或以附注等形式加以说明。

3. 编报及时

时效性是会计信息的一大特征，如果会计信息的报告期被不适当地拖延，即使是最真实、最完整的会计报表也将失去其效用。所以，会计报表必须按照规定的期限和程序，及时编制、及时报送。

根据我国会计制度规定：月份会计报表应于月份终了后 6 天内报出；季度报告应于季度终了后 15 天内报出；中期报表应于年度中期结束后 60 天内报出；年度会计报表应于年度终了后 4 个月内报出。法律、法规另有规定者，从其规定。

为了保证会计报表及时报送，各企业应当科学地组织好日常核算工作，认真做好做账、算账、对账和按期结账等工作。

9.2 资产负债表

9.2.1 什么是资产负债表

资产负债表能从整体上反映一个企业的实力及其财务状况，因而被誉为企业的"第一会计报表"。

企业的资产负债表是以会计的基本等式"资产＝负债＋所有者权益"为基础编制而成的，这一恒等式反映了企业在生产经营活动中持有的各项经济资源及其产权归属的对照关系。在财务实践中，资产负债表主要分为账户式资产负债表和报告式资产负债表两种格式。

1. 账户式资产负债表

账户式资产负债表，顾名思义，即采用账户格式，分为左右两方。在这种方式下，将资产项目列在报表的左方，负债和所有者权益项目列在报表右方，从而使资产负债表左右两方平衡。其最终结果是：左方资产总额等于右方负债总额加上所有者权益总额之和，即满足会计平衡等式。

2. 报告式资产负债表

报告式资产负债表，即将资产负债表中的三个项目由上至下依次排列，首先列示资产类科目的各项数额，进而列示负债科目的各项数额，最后再列示所有者权益科目各项数额。

依我国现行法律、法规规定，企业的资产负债表采用账户式格式。但是，报告式资产负债表经常出现在上市公司的年报中。另外，执行不同会计制度的单位，其会计报表的格式、项目是不相同的，编制会计报表时，无特殊情况应该按照所执行的会计制度规定的标准会计报表格式进行编制。

9.2.2 资产负债表的结构

总体来看，资产负债表由三部分构成。第一部分为表头，包括报表名称、编制单位、报表编号、编报日期、货币单位等；第二部分是报表各项目及金额；第三部分是补充资料，列在报表下端。

补充资料的内容主要包括：①已贴现的商业承兑汇票；②已包括在固定资产原价内的融资租入固定资产原价；③固定资本；④法人资本；⑤个人资本；⑥外商资本。

仔细观察资产负债表，就会发现项目的排列是按流动性强弱的趋势排列的，如货币资金的流动性强于存货，流动资产的流动性强于固定资产。

9.2.3　资产负债表所提供的信息

资产负债表包括资产、负债和所有者权益这三大部分内容。

（1）通过资产负债表，可以提供某一日期资产的总额，表明企业拥有或控制的经济资源及其分布情况。

（2）通过资产负债表，可以反映某一日期的负债总额及其结构，表明企业未来需要用多少资产或劳务清偿债务。

（3）通过资产负债表，可以反映所有者权益的情况，表明投资者在企业资产中所占的份额，了解所有者权益的构成情况。

（4）资产负债表还能够提供进行财务分析的基本资料，如通过资产负债表可以计算流动比率、速动比率等。

9.2.4　什么是或有事项

或有事项是指可能导致企业发生损失或收益的不确定状况或情形，其最终结果（即发生损失或收益）只有在未来发生或不发生某个（或某些）事件时，才能得到证实。

常见的或有事项有以下几种：

（1）应收账款无法收回。

（2）企业对商品实行售后担保。

（3）商业汇票贴现。

（4）为其他企业提供担保。

（5）待决诉讼。

其中，商业汇票贴现最为常见，具体指企业将未到期的商业汇票交给银行，银行将票面金额扣除贴现日到汇票到期前一日的利息以后的款项支付给企业，因而是企业的一种融资行为。已贴现的商业承兑汇票到期，付款人的银行账户不足支付时，银行将按规定向贴现公司收取已贴现的票款，比如，已贴现票据票面值 100 万元，则银行就要从公司账户扣回100 万元。

9.2.5　如何披露或有事项

或有事项的披露，应区分如下具体情况：

对于因或有事项而确认的负债，企业应在资产负债表中单列项目反映，并在会计报表附注中作相应的披露；与所确认负债有关的费用或支出应在扣除确认的补偿金额后，在利润表中与其他费用或支出项目合并反映。

对于以下或有负债，企业应在会计报表附注中分类披露其形成原因以及预计产生的财务影响等内容：

（1）已贴现商业承兑汇票形成的或有负债。

（2）未决诉讼、仲裁形成的或有负债。

（3）为其他单位提供债务担保形成的或有负债。

（4）其他或有负债。

对于或有资产，即企业一般不应在会计报表附注中披露。但是，或有资产很可能导致未来经济利益流入企业时，应在会计报表附注中披露。披露的内容包括其形成的原因、预计产生的财务影响等。

9.2.6　什么是资产负债表日后事项

资产负债表日后事项，是指自年度资产负债表日至财务报告批准报出日之间发生的需要调整或说明的事项。它分为两大类：调整事项和非调整事项。

调整事项是指满足以下两个条件的事项：

（1）在资产负债表日或以前已经存在，资产负债表日后得以证实的事项。

（2）对按资产负债表日存在状况编制的会计报表产生影响的事项。

非调整事项后者是指在资产负债表日并不存在，完全是期后新发生的事项。资产负债表日后发生的非调整事项，应当在会计报表附注中说明事项的内容，以及对财务状况、经营成果的影响。如无法作出估计的，应当说明无法估计的理由。

9.2.7　资产负债表的格式

资产负债表一般由表头、表体两部分组成。表头部分应列明报表名称、编制单位名称、资产负债表日、报表编号和计量单位；表体部分是资产负债表的主体，列示了用以说明企业财务状况的各个项目。

资产负债表的表体格式一般有两种：

报告式资产负债表和账户式资产负债表。报告式资产负债表是上下结构，上半部分列示资产各项目，下半部分列示负债和所有者权益各项目。账户式资产负债表是左右结构，左边列示资产各项目，反映全部资产的分布及存在状态；右边列示负债和所有者权益各项目，反映全部负债和所有者权益的内容及构成情况。不管采取什么格式，资产各项目的合计一定等于负债和所有者权益各项目的合计。

我国企业的资产负债表采用账户式结构，分为左右两方，左方为资产项目，大体按资产的流动性大小排列，流动性大的资产如"货币资金""交易性金融资产"等排在前面，流动性小的资产如"长期股权投资""固定资产"等排在后面。右方为负债及所有者权益项目，一般按要求清偿时间的先后顺序排列，"短期借款""应付票据"及"应付账款"等需要在一年以内或者长于一年的一个正常营业周期内偿还的流动负债排在前面，"长期借款"等在一年以上才需偿还的非流动负债排在中间，在企业清算之前不需要偿还的所有者权益项目排在后面。

账户式资产负债表中的资产各项目的合计等于负债和所有者权益各项目的合计，即资产负债表左方和右方平衡。

通过账户式资产负债表，可以反映资产、负债、所有者权益之间的内在关系，即"资产 = 负债 + 所有者权益"。我国一般企业资产负债表格式如表9-2所示。

表 9-2　资产负债表格式

资产负债表

会企 01 表

编制单位：　　　　　　　　　　　　　　　　　　　　____年__月__日

单位：元

资产	期末余额	上年年末余额	负债和所有者权益（或股东权益）	期末余额	上年年末余额
流动资产：			流动负债：		
货币资金			短期借款		
交易性金融资产			交易性金融负债		
衍生金融资产			衍生金融负债		
应收票据			应付票据		
应收账款			应付账款		
应收款项融资			预收款项		
预付款项			合同负债		
其他应收款			应付职工薪酬		
存货			应交税费		
合同资产			其他应付款		
持有待售资产			持有待售负债		
一年内到期的非流动资产			一年内到期的非流动负债		
其他流动资产			其他流动负债		
流动资产合计			流动负债合计		
非流动资产：			非流动负债：		
债权投资			长期借款		
其他债权投资			应付债券		
长期应收款			其中：优先股		
长期股权投资			永续债		
其他权益工具投资			租赁负债		
其他非流动金融资产			长期应付款		
投资性房地产			预计负债		
固定资产			递延收益		
在建工程			递延所得税负债		

续表

资产	期末余额	上年年末余额	负债和所有者权益（或股东权益）	期末余额	上年年末余额
生产性生物资产			其他非流动负债		
油气资产			非流动负债合计		
使用权资产			负债合计		
无形资产			所有者权益（或股东权益）：		
开发支出			实收资本（或股本）		
商誉			其他权益工具		
长期待摊费用			其中：优先股		
递延所得税资产			永续债		
其他非流动资产			资本公积		
非流动资产合计			减：库存股		
			其他综合收益		
			专项储备		
			盈余公积		
			未分配利润		
			所有者权益（或股东权益）合计		
资产总计			负债和所有者权益（或股东权益）总计		

9.2.8　资产负债表编制方法

资产负债表中资产、负债和所有者权益主要项目的填列说明如下：

（一）资产负债表项目的填列方法

资产负债表各项目均需填列"期末余额"和"上年年末余额"两栏。

资产负债表的"上年年末余额"栏内各项数字，应根据上年年末资产负债表的"期末余额"栏内所列数字填列。如果上年度资产负债表规定的各个项目的名称和内容与本年度不相一致，应按照本年度的规定对上年年末资产负债表各项目的名称和数字进行调整，填入本表"上年年末余额"栏内。

资产负债表的"期末余额"栏主要有以下几种填列方法：

（1）根据总账科目余额填列

如"短期借款""资本公积"等项目，根据"短期借款""资本公积"各总账科目的余额直接填列；有些项目则需根据几个总账科目的期末余额计算填列，如"货币资金"项目，需根据"库存现金""银行存款""其他货币资金"三个总账科目的期末余额的合计数填列。

（2）根据明细账科目余额计算填列

如"应付账款"项目，需要根据"应付账款"和"预付账款"两个科目所属的相关明细科目的期末贷方余额计算填列；"预付款项"项目，需要根据"应付账款"科目和"预付账款"科目所属的相关明细科目的期末借方余额减去与"预付账款"有关的坏账准备贷方余额计算填列；"预收款项"项目，需要根据"应收账款"科目和"预收账款"科目所属相关明细科目的期末贷方金额合计填列；"开发支出"项目，需要根据"研发支出"科目中所属的"资本化支出"明细科目期末余额计算填列；"应付职工薪酬"项目，需要根据"应付职工薪酬"科目的明细科目期末余额计算填列；"一年内到期的非流动资产""一年内到期的非流动负债"项目，需要根据相关非流动资产和非流动负债项目的明细科目余额计算填列；"未分配利润"项目，需要根据"利润分配"科目中所属的"未分配利润"明细科目期末余额填列。

（3）根据总账科目和明细账科目余额分析计算填列

如"长期借款"项目，需要根据"长期借款"总账科目余额扣除"长期借款"科目所属的明细科目中将在一年内到期且企业不能自主地将清偿义务展期的长期借款后的金额计算填列；"其他非流动资产"项目，应根据有关科目的期末余额减去将于一年内（含一年）收回数后的金额计算填列；"其他非流动负债"项目，应根据有关科目的期末余额减去将于一年内（含一年）到期偿还数后的金额计算填列。

（4）根据有关科目余额减去其备抵科目余额后的净额填列

如资产负债表中"应收票据""应收账款""长期股权投资""在建工程"等项目，应当根据"应收票据""应收账款""长期股权投资""在建工程"等科目的期末余额减去"坏账准备""长期股权投资减值准备""在建工程减值准备"等备抵科目余额后的净额填列。"投资性房地产"（采用成本模式

计量）、"固定资产"项目，应当根据"投资性房地产""固定资产"科目的
期末余额，减去"投资性房地产累计折旧""投资性房地产减值准备""累计
折旧""固定资产减值准备"等备抵科目的期末余额，以及"固定资产清理"
科目期末余额后的净额填列；"无形资产"项目，应当根据"无形资产"科
目的期末余额，减去"累计摊销""无形资产减值准备"等备抵科目余额后
的净额填列。

（5）综合运用上述填列方法分析填列

如资产负债表中的"存货"项目，需要根据"原材料""库存商品""委
托加工物资""周转材料""材料采购""在途物资""发出商品""材料成本差
异"等总账科目期末余额的分析汇总数，再减去"存货跌价准备"科目余额
后的净额填列。

（二）资产负债表项目的填列说明

1.资产项目的填列说明

（1）"货币资金"项目

反映企业库存现金、银行结算户存款、外埠存款、银行汇票存款、银行
本票存款、信用卡存款、信用证保证金存款等的合计数。本项目应根据"库
存现金""银行存款""其他货币资金"科目期末余额的合计数填列。

（2）"交易性金融资产"项目

反映资产负债表日企业分类为以公允价值计量且其变动计入当期损益的
金融资产，以及企业持有的指定为以公允价值计量且其变动计入当期损益的
金融资产的期末账面价值。该项目应根据"交易性金融资产"科目的相关明
细科目期末余额分析填列。自资产负债表日起超过一年到期且预期持有超过
一年的以公允价值计量且其变动计入当期损益的非流动金融资产的期末账面
价值，在"其他非流动金融资产"项目反映。

（3）"应收票据"项目

反映资产负债表日以摊余成本计量的、企业因销售商品、提供服务等收
到的商业汇票，包括银行承兑汇票和商业承兑汇票。该项目应根据"应收票
据"科目的期末余额，减去"坏账准备"科目中相关坏账准备期末余额后的
金额分析填列。

（4）"应收账款"项目

反映资产负债表日以摊余成本计量的、企业因销售商品、提供服务等经营活动应收取的款项。该项目应根据"应收账款"科目的期末余额，减去"坏账准备"科目中相关坏账准备期末余额后的金额分析填列。

（5）"应收款项融资"项目

反映资产负债表日以公允价值计量且其变动计入其他综合收益的应收票据和应收账款等。

（6）"预付款项"项目

反映企业按照购货合同规定预付给供应单位的款项等。本项目应根据"预付账款"和"应付账款"科目所属各明细科目的期末借方余额合计数，减去"坏账准备"科目中有关预付账款计提的坏账准备期末余额后的净额填列。如"预付账款"科目所属明细科目期末为贷方余额的，应在资产负债表"应付账款"项目内填列。

（7）"其他应收款"项目

反映企业除应收票据、应收账款、预付账款等经营活动以外的其他各种应收、暂付的款项。本项目应根据"应收利息""应收股利"和"其他应收款"科目的期末余额合计数，减去"坏账准备"科目中相关坏账准备期末余额后的金额填列。其中的"应收利息"仅反映相关金融工具已到期可收取但于资产负债表日尚未收到的利息。基于实际利率法计提的金融工具的利息应包含在相应金融工具的账面余额中。

（8）"存货"项目

反映企业期末在库、在途和在加工中的各种存货的可变现净值或成本（成本与可变现净值孰低）。存货包括各种材料、商品、在产品、半成品、包装物、低值易耗品、发出商品等。本项目应根据"材料采购""原材料""库存商品""周转材料""委托加工物资""发出商品""生产成本""受托代销商品"等科目的期末余额合计数，减去"受托代销商品款""存货跌价准备"科目期末余额后的净额填列。材料采用计划成本核算，以及库存商品采用计划成本核算或售价核算的企业，还应按加或减材料成本差异、商品进销差价后的金额填列。

（9）"合同资产"项目

反映企业按照《企业会计准则第 14 号——收入》的相关规定，根据本企业履行履约义务与客户付款之间的关系在资产负债表中列示的合同资产。"合同资产"项目应根据"合同资产"科目的相关明细科目期末余额分析填列，同一合同下的合同资产和合同负债应当以净额列示，其中净额为借方余额的，应当根据其流动性在"合同资产"或"其他非流动资产"项目中填列，已计提减值准备的，还应以减去"合同资产减值准备"科目中相关的期末余额后的金额填列；其中净额为贷方余额的，应当根据其流动性在"合同负债"或"其他非流动负债"项目中填列。

（10）"持有待售资产"项目

反映资产负债表日划分为持有待售类别的非流动资产及划分为持有待售类别的处置组中的流动资产和非流动资产的期末账面价值。该项目应根据"持有待售资产"科目的期末余额，减去"持有待售资产减值准备"科目的期末余额后的金额填列。

（11）"一年内到期的非流动资产"项目

反映企业预计自资产负债表日起一年内变现的非流动资产。本项目应根据有关科目的期末余额分析填列。

（12）"债权投资"项目

反映资产负债表日企业以摊余成本计量的长期债权投资的期末账面价值。该项目应根据"债权投资"科目的相关明细科目期末余额，减去"债权投资减值准备"科目中相关减值准备的期末余额后的金额分析填列。自资产负债表日起一年内到期的长期债权投资的期末账面价值，在"一年内到期的非流动资产"项目反映。企业购入的以摊余成本计量的一年内到期的债权投资的期末账面价值，在"其他流动资产"项目反映。

（13）"其他债权投资"项目

反映资产负债表日企业分类为以公允价值计量且其变动计入其他综合收益的长期债权投资的期末账面价值。该项目应根据"其他债权投资"科目的相关明细科目期末余额分析填列。自资产负债表日起一年内到期的长期债权投资的期末账面价值，在"一年内到期的非流动资产"项目反映。企业购入的以公允价值计量且其变动计入其他综合收益的一年内到期的债权投资的期末账面价值，在"其他流动资产"项目反映。

（14）"长期应收款"项目

反映企业租赁产生的应收款项和采用递延方式分期收款、实质上具有融资性质的销售商品和提供劳务等经营活动产生的应收款项。本项目应根据"长期应收款"科目的期末余额，减去相应的"未实现融资收益"科目和"坏账准备"科目所属相关明细科目期末余额后的金额填列。

（15）"长期股权投资"项目

反映投资方对被投资单位实施控制、重大影响的权益性投资，以及对其合营企业的权益性投资。本项目应根据"长期股权投资"科目的期末余额，减去"长期股权投资减值准备"科目的期末余额后的净额填列。

（16）"其他权益工具投资"项目

反映资产负债表日企业指定为以公允价值计量且其变动计入其他综合收益的非交易性权益工具投资的期末账面价值。该项目应根据"其他权益工具投资"科目的期末余额填列。

（17）"固定资产"项目

反映资产负债表日企业固定资产的期末账面价值和企业尚未清理完毕的固定资产清理净损益。该项目应根据"固定资产"科目的期末余额，减去"累计折旧"和"固定资产减值准备"科目的期末余额后的金额，以及"固定资产清理"科目的期末余额填列。

（18）"在建工程"项目

反映资产负债表日企业尚未达到预定可使用状态的在建工程的期末账面价值和企业为在建工程准备的各种物资的期末账面价值。该项目应根据"在建工程"科目的期末余额，减去"在建工程减值准备"科目的期末余额后的金额，以及"工程物资"科目的期末余额，减去"工程物资减值准备"科目的期末余额后的金额填列。

（19）"使用权资产"项目

反映资产负债表日承租人企业持有的使用权资产的期末账面价值。该项目应根据"使用权资产"科目的期末余额，减去"使用权资产累计折旧"和

"使用权资产减值准备"科目的期末余额后的金额填列。

（20）"无形资产"项目

反映企业持有的专利权、非专利技术、商标权、著作权、土地使用权等无形资产的成本减去累计摊销和减值准备后的净值。本项目应根据"无形资产"科目的期末余额，减去"累计摊销"和"无形资产减值准备"科目期末余额后的净额填列。

（21）"开发支出"项目

反映企业开发无形资产过程中能够资本化形成无形资产成本的支出部分。本项目应当根据"研发支出"科目中所属的"资本化支出"明细科目期末余额填列。

（22）"长期待摊费用"项目

反映企业已经发生但应由本期和以后各期负担的分摊期限在一年以上的各项费用。长期待摊费用中在一年内（含一年）摊销的部分，在资产负债表"一年内到期的非流动资产"项目填列。本项目应根据"长期待摊费用"科目的期末余额，减去将于一年内（含一年）摊销的数额后的金额分析填列。

（23）"递延所得税资产"项目

反映企业根据所得税准则确认的可抵扣暂时性差异产生的所得税资产。本项目应根据"递延所得税资产"科目的期末余额填列。

（24）"其他非流动资产"项目

反映企业除上述非流动资产以外的其他非流动资产。本项目应根据有关科目的期末余额填列。

2. 负债项目的填列说明

（1）"短期借款"项目

反映企业向银行或其他金融机构等借入的期限在一年以下（含一年）的各种借款。本项目应根据"短期借款"科目的期末余额填列。

（2）"交易性金融负债"项目

反映企业资产负债表日承担的交易性金融负债，以及企业持有的直接指定为以公允价值计量且其变动计入当期损益的金融负债的期末账面价值；该项目应根据"交易性金融负债"科目的相关明细科目期末余额填列。

（3）"应付票据"项目

反映资产负债表日以摊余成本计量的、企业因购买材料与商品和接受服务等开出承兑的商业汇票，包括银行承兑汇票和商业承兑汇票。该项目应根据"应付票据"科目的期末余额填列。

（4）"应付账款"项目

反映资产负债表日以摊余成本计量的、企业因购买材料、商品和接受服务等经营活动应支付的款项。该项目应根据"应付账款"和"预付账款"科目所属的相关明细科目的期末贷方余额合计数填列。

（5）"预收款项"项目

反映企业按照购货合同规定预收供应单位的款项。本项目应根据"预收账款"和"应收账款"科目所属各明细科目的期末贷方余额合计数填列。如"预收账款"科目所属明细科目期末为借方余额的，应在资产负债表"应收账款"项目内填列。

（6）"合同负债"项目

反映企业按照《企业会计准则第 14 号——收入》的相关规定，根据本企业履行履约义务与客户付款之间的关系在资产负债表中列示的合同负债。"合同负债"项目应根据"合同负债"的相关明细科目期末余额分析填列。

（7）"应付职工薪酬"项目

反映企业为获得职工提供的服务或解除劳动关系而给予的各种形式的报酬或补偿。企业提供给职工配偶、子女、受赡养人、已故员工遗属及其他受益人等的福利，也属于职工薪酬。职工薪酬主要包括短期薪酬、离职后福利、辞退福利和其他长期职工福利。本项目应根据"应付职工薪酬"科目所属各明细科目的期末贷方余额分析填列。外商投资企业按规定从净利润中提取的职工奖励及福利基金，也在本项目列示。

（8）"应交税费"项目

反映企业按照税法规定计算应交纳的各种税费，包括增值税、消费税、城市维护建设税、教育费附加、企业所得税、资源税、土地增值税、房产税、城镇土地使用税、车船税、矿产资源补偿费等。企业代扣代缴的个人所得税，也通过本项目列示。企业所交纳的税金不需要预计应交数的，如印花税、耕地占用税等，不在本项目列示。本项目应根据"应交税费"科目的期末贷方余额填列，如"应交税费。科目期末为借方余额，应以"−"号填列。需要说明的是，"应交税费"科目下的"应交增值税""未交增值税""待抵扣进项税额""待认证进项税额""增值税留抵税额"等明细科目期末借方余额应根据情况，在资产负债表中的"其他流动资产"或"其他非流动资产"项目列示；"应交税费——待转销项税额"等科目期末贷方余额应根据情况，在资产负债表中的"其他流动负债"或"其他非流动负债"项目列示；"应交税费。科目下的"未交增值税""简易计税""转让金融商品应交增值税""代扣代交增值税"等科目期末贷方余额应在资产负债表中的"应交税费"项目列示。

（9）"其他应付款"项目

反映企业除应付票据、应付账款、预收账款、应付职工薪酬、应交税费等经营活动以外的其他各项应付、暂收的款项。本项目应根据"应付利息""应付股利""其他应付款"科目的期末余额合计数填列。其中，"应付利息"科目仅反映相关金融工具已到期应支付但于资产负债表日尚未支付的利息。基于实际利率法计提的金融工具的利息应包含在相应金融工具的账面余额中。

（10）"持有待售负债"项目

反映资产负债表日处置组中与划分为持有待售类别的资产直接相关的负债的期末账面价值。本项目应根据"持有待售负债"科目的期末余额填列。

（11）"一年内到期的非流动负债"项目

反映企业非流动负债中将于资产负债表日后一年内到期部分的金额，如将于一年内偿还的长期借款。本项目应根据有关科目的期末余额分析填列。

（12）"长期借款"项目

反映企业向银行或其他金融机构借入的期限在一年以上（不含一年）的各项借款。本项目应根据"长期借款"科目的期末余额，扣除"长期借款"科目所属的明细科目中将在资产负债表日起一年内到期且企业不能自主地将清偿义务展期的长期借款后的金额计算填列。

（13）"应付债券"项目

反映企业为筹集长期资金而发行的债券本金及应付的利息。本项目应根据"应付债券"科目的期末余额分析填列。对于资产负债表日企业发行的金融工具，分类为金融负债的，应在本项目填列，对于优先股和永续债还应在本项目下的"优先股"项目和"永续债"项目分别填列。

（14）"租赁负债"项目

反映资产负债表日承租人企业尚未支付的租赁付款额的期末账面价值。该项目应根据"租赁负债"科目的期末余额填列。自资产负债表日起一年内到期应予以清偿的租赁负债的期末账面价值，在"一年内到期的非流动负债"项目反映。

（15）"长期应付款"项目

应根据"长期应付款"科目的期末余额，减去相关的"未确认融资费用"科目的期末余额后的金额，以及"专项应付款"科目的期末余额填列。

（16）"预计负债"项目

反映企业根据或有事项等相关准则确认的各项预计负债，包括对外提供担保、未决诉讼、产品质量保证、重组义务以及固定资产和矿区权益弃置义务等产生的预计负债。本项目应根据"预计负债"科目的期末余额填列。企业按照《企业会计准则第 22 号——金融工具确认和计量》的相关规定，对贷款承诺等项目计提的损失准备，应当在本项目中填列。

（17）"递延收益"项目

反映尚待确认的收入或收益。本项目核算包括企业根据政府补助准则确认的应在以后期间计入当期损益的政府补助金额、售后租回形成融资租赁的售价与资产账面价值差额等其他递延性收入。本项目应根据"递延收益"科目的期末余额填列。本项目中摊销期限只剩一年或不足一年的，或预计在一年内（含一年）进行摊销的部分，不得归类为流动负债，仍在本项目中填列，不转入"一年内到期的非流动负债"项目。

（18）"递延所得税负债"项目

反映企业根据所得税准则确认的应纳税暂时性差异产生的所得税负债。本项目应根据"递延所得税负债"科目的期末余额填列。

（19）"其他非流动负债"项目

反映企业除以上非流动负债以外的其他非流动负债。本项目应根据有关科目期末余额，减去将于一年内（含一年）到期偿还数后的余额分析填列。

非流动负债各项目中将于一年内（含一年）到期的非流动负债，应在"一年内到期的非流动负债"项目内反映。

3. 所有者权益项目的填列说明

（1）"实收资本（或股本）"项目

反映企业各投资者实际投入的资本（或股本）总额。本项目应根据"实收资本（或股本）"科目的期末余额填列。

（2）"其他权益工具"项目

反映资产负债表日企业发行在外的除普通股以外分类为权益工具的金融工具的期末账面价值，并下设"优先股"和"永续债"两个项目，分别反映企业发行的分类为权益工具的优先股和永续债的账面价值。

（3）"资本公积"项目

反映企业收到投资者出资超出其在注册资本或股本中所占的份额以及直接计入所有者权益的利得和损失等。本项目应根据"资本公积"科目的期末余额填列。

（4）"其他综合收益"项目

反映企业其他综合收益的期末余额。本项目应根据"其他综合收益"科目的期末余额填列。

（5）"专项储备"项目

反映高危行业企业按国家规定提取的安全生产费的期末账面价值。本项目应根据"专项储备"科目的期末余额填列。

（6）"盈余公积"项目

反映企业盈余公积的期末余额。本项目应根据"盈余公积"科目的期末余额填列。

（7）"未分配利润"项目

反映企业尚未分配的利润。本项目应根据"本年利润"科目和"利润分配"科目的余额计算填列。未弥补的亏损在本项目内以"-"号填列。

9.3 利润表

9.3.1 什么是利润表

利润表又称收益表和损益表。如果你想知道企业一年的经营情况，当然应该留心损益表。利润表还有三张附表，即利润分配表、经营业务收支明细表、商品销售利润明细表等。

利润表的构成其实很简单，是按照会计恒等式中的"利润=收入−费用"编制的。我国的利润表一般采用多步式利润表，即分步骤、分性质地将各项收入与费用进行配比，计算各类利润，然后将其汇总计算企业的利润总额。如下表，企业净利润的求得方式一目了然。

9.3.2 利润表的结构

利润表的结构同资产负债表一样，也是由表首、基本部分和补充资料三部分组成。补充资料主要列示那些影响本期财务报表金额或未来经营活动，以及有助于报表使用者准确分析企业经营成果的事项，而在利润表中无法或不便于表达的资料。

利润表基本部分的内容主要是由以下四方面构成的：

（1）主营业务利润。

（2）营业利润。

（3）利润总额。

（4）净利润。

以上四个利润概念的组成内容以及数量关系，可以从表9-3中直接看出。

9.3.3　编制利润表时应重点解决哪些问题

1. 正确确定当期收入与费用

利润是当期收入与当期费用的差额。因此，要正确计算利润，就必须首先确定当期的收入与当期的费用。对于营业收入来说，一般情况下，只有当企业的商品已经销售，或劳务已经提供，才能确认为本期的营业收入并编入利润表。在某些特殊情况下，也可以在生产过程中或在产品完工时确认营业收入。

2. 力求保证投入资本的完整

一个企业只有在保持投入资本完整无缺的情况下，才可能获得真正的利润。例如，在通货膨胀的情况下，货币贬值，以货币计量的投入资本，其期末账面余额可能大于期初余额，但按物价指数换算，却可能小于期初余额，因而可能出现虚盈实亏的现象。因此，在通货膨胀严重的情况下，有必要按物价指数进行调整。

9.3.4　利润表的格式

我国企业利润表采用多步式格式，其格式与内容如表 9-3 所示。

表 9-3　利润表格式

利润表

会企 02 表

____ 年 __ 月 __ 日

编制单位：

单位：元

项目	本期金额	上期金额
一、营业收入		
减：营业成本		
税金及附加		
销售费用		
管理费用		
研发费用		
财务费用		
其中：利息费用		
利息收入		

续表

项目	本期金额	上期金额
加：其他收益		
投资收益（损失以"-"号填列）		
其中：对联营企业和合营企业的投资收益		
以摊余成本计量的金融资产终止确认收益（损失以"-"号填列）		
净敞口套期收益（损失以"-"号填列）		
公允价值变动收益（损失以"-"号填列）		
信用减值损失（损失以"-"号填列）		
资产减值损失（损失以"-"号填列）		
资产处置收益（损失以"-"号填列）		
二、营业利润（亏损以"-"号填列）		
加：营业外收入		
减：营业外支出		
三、利润总额（亏损总额以"-"号填列）		
减：所得税费用		
四、净利润（净亏损以"-"号填列）		
（一）持续经营净利润（净亏损以"-"号填列）		
（二）终止经营净利润（净亏损以"-"号填列）		
五、其他综合收益的税后净额		
（一）不能重分类进损益的其他综合收益		
1.重新计量设定受益计划变动额		
2.权益法下不能转损益的其他综合收益		
3.其他权益工具投资公允价值变动		
4.企业自身信用风险公允价值变动		
……		
（二）将重分类进损益的其他综合收益		
1.权益法下可转损益的其他综合收益		
2.其他债权投资公允价值变动		
3.金融资产重分类计入其他综合收益的金额		
4.其他债权投资信用减值准备		
5.现金流量套期		
6.外币财务报表折算差额		
……		
六、综合收益总额		
七、每股收益		

续表

项目	本期金额	上期金额
（一）基本每股收益		
（二）稀释每股收益		

9.3.5　利润表的编制方法

1. 利润表的编制原理

利润表编制的原理是"收入 – 费用 = 利润"的会计平衡公式和收入与费用的配比原则。企业在生产经营中不断地取得各项收入，同时发生各种费用，收入减去费用剩余部分为企业的盈利。如果企业经营不善，发生的生产经营费用超过取得的收入，超过部分为企业的亏损。将取得的收入和发生的相关费用进行对比，对比结果表现为企业的经营成果。企业将经营成果的核算过程和结果编成报表，即利润表。

2. 利润表项目的填列方法

我国一般企业利润表的主要编制步骤和内容如下：

第一步，以营业收入为基础，减去营业成本、税金及附加、销售费用、管理费用、研发费用、财务费用，加上其他收益、投资收益（或减去投资损失）、净敞口套期收益（或减去净敞口套期损失）、公允价值变动收益（或减去公允价值变动损失）、资产减值损失、信用减值损失、资产处置收益（或减去资产处置损失），计算出营业利润。

第二步，以营业利润为基础，加上营业外收入，减去营业外支出，计算出利润总额。

第三步，以利润总额为基础，减去所得税费用，计算出净利润（或净亏损）。

第四步，以净利润（或净亏损）为基础，计算出每股收益。

第五步，以净利润（或净亏损）和其他综合收益为基础，计算出综合收益总额。

利润表各项目均需填列"本期金额"和"上期金额"两栏。其中"上期金额"栏内各项数字，应根据上年该期利润表的"本期金额"栏内所列数字填列。"本期金额"栏内各期数字，除"基本每股收益"和"稀释每股收益"项目外，应当按照相关科目的发生额分析填列。如"营业收入"项目，根据"主营业务收入""其他业务收入"科目的发生额分析计算填列；"营业成本"项目，根据"主营业务成本""其他业务成本"科目的发生额分析计算填列。

3. 利润表项目的填列说明

（1）"营业收入"项目

反映企业经营主要业务和其他业务所确认的收入总额。本项目应根据"主营业务收入"和"其他业务收入"科目的发生额分析填列。

（2）"营业成本"项目

反映企业经营主要业务和其他业务所发生的成本总额。本项目应根据"主营业务成本"和"其他业务成本"科目的发生额分析填列。

（3）"税金及附加"项目

反映企业经营业务应负担的消费税、城市维护建设税、教育费附加、资源税、土地增值税、房产税、车船税、城镇土地使用税、印花税等相关税费。本项目应根据"税金及附加"科目的发生额分析填列。

（4）"销售费用"项目

反映企业在销售商品过程中发生的包装费、广告费等费用和为销售本企业商品而专设的销售机构的职工薪酬、业务费等经营费用。本项目应根据"销售费用"科目的发生额分析填列。

（5）"管理费用"项目

反映企业为组织和管理生产经营发生的管理费用。本项目应根据"管理费用"科目的发生额分析填列。

（6）"研发费用"项目

反映企业进行研究与开发过程中发生的费用化支出以及计入管理费用的自行开发无形资产的摊销。本项目应根据"管理费用"科目下的"研发费用"明细科目的发生额以及"管理费用"科目下"无形资产摊销"明细科目的发生额分析填列。

（7）"财务费用"项目

反映企业为筹集生产经营所需资金等而发生的应予费用化的利息支出。

本项目应根据"财务费用"科目的相关明细科目发生额分析填列。其中"利息费用"项目，反映企业为筹集生产经营所需资金等而发生的应予费用化的利息支出，本项目应根据"财务费用"科目的相关明细科目的发生额分析填列。"利息收入"项目，反映企业应冲减财务费用的利息收入，本项目应根据"财务费用"科目的相关明细科目的发生额分析填列。

（8）"其他收益"项目

反映计入其他收益的政府补助，以及其他与日常活动相关且计入其他收益的项目。本项目应根据"其他收益"科目的发生额分析填列。企业作为个人所得税的扣缴义务人，根据《中华人民共和国个人所得税法》收到的扣缴税款手续费，应作为其他与日常活动相关的收益在本项目中填列。

（9）"投资收益"项目

反映企业以各种方式对外投资所取得的收益。本项目应根据"投资收益"科目的发生额分析填列。如为投资损失，本项目以"－"号填列。

（10）"净敞口套期收益"项目

反映净敞口套期下被套期项目累计公允价值变动转入当期损益的金额或现金流量套期储备转入当期损益的金额。本项目应根据"净敞口套期损益"科目的发生额分析填列；如为套期损失，本项目以"－"号填列。

（11）"公允价值变动收益"项目

反映企业应当计入当期损益的资产或负债公允价值变动收益。本项目应根据"公允价值变动损益"科目的发生额分析填列，如为净损失，本项目以"－"号填列。

（12）"信用减值损失"项目

反映企业按照《企业会计准则第 22 号——金融工具确认和计量》的要求计提的各项金融工具信用减值准备所确认的信用损失。本项目应根据"信用减值损失"科目的发生额分析填列。

（13）"资产减值损失"项目

反映企业有关资产发生的减值损失。本项目应根据"资产减值损失"科目的发生额分析填列。

（14）"资产处置收益"项目

反映企业出售划分为持有待售的非流动资产（金融工具、长期股权投资和投资性房地产除外）或处置组（子公司和业务除外）时确认的处置利得或损失，以及处置未划分为持有待售的固定资产、在建工程、生产性生物资产及无形资产而产生的处置利得或损失。债务重组中因处置非流动资产（金融工具、长期股权投资和投资性房地产除外）产生的利得或损失和非货币性资产交换中换出非流动资产（金融工具、长期股权投资和投资性房地产除外）产生的利得或损失也包括在本项目内。本项目应根据"资产处置损益"科目的发生额分析填列；如为处置损失，本科目以"-"号填列。

（15）"营业利润"项目

反映企业实现的营业利润。如为亏损，本科目以"-"号填列。

（16）"营业外收入"项目

反映企业发生的除营业利润以外的收益，主要包括与企业日常活动无关的政府补助、盘盈利得、捐赠利得（企业接受股东或股东的子公司直接或间接的捐赠，经济实质属于股东对企业的资本性投入的除外）等。本项目应根据"营业外收入"科目的发生额分析填列。

（17）"营业外支出"项目

反映企业发生的除营业利润以外的支出，主要包括公益性捐赠支出、非常损失、盘亏损失、非流动资产毁损报废损失等。本项目应根据"营业外支出"科目的发生额分析填列。

（18）"利润总额"项目

反映企业实现的利润。如为亏损，本项目以"-"号填列。

（19）"所得税费用"项目

反映企业应从当期利润总额中扣除的所得税费用。本项目应根据"所得税费用"科目的发生额分析填列。

（20）"净利润"项目

反映企业实现的净利润。如为亏损，本项目以"-"号填列。

（21）"其他综合收益的税后净额"项目

反映企业根据企业会计准则规定未在损益中确认的各项利得和损失扣除

所得税影响后的净额。

（22）"综合收益总额"项目

反映企业净利润与其他综合收益（税后净额）的合计金额。

（23）"每股收益"项目

包括基本每股收益和稀释每股收益两项指标，反映普通股或潜在普通股已公开交易的企业，以及正处在公开发行普通股或潜在普通股过程中的企业的每股收益信息。

9.4　现金流量表

9.4.1　什么是现金流量表

现金流量表是用来提供企业有关现金收入、现金支出及投资与筹资活动方面信息的会计报表。现金流量表的结构由表头、报表主体、补充资料组成，其中补充资料包括下述三个方面：

（1）披露一定期间内影响资产或负债但不形成该时期现金收支的所有投资和筹资活动的信息。

（2）以净利润为起算点，将净利润调节为经营活动现金流量，即利用"间接法"计算现金流量。

（3）从现金及现金等价物的期末余额与期初余额比较，得出"现金及现金等价物增加额"，与主体内项目金额进行核对。

报表流量表的使用者利用这些信息，可以评估企业以下几方面的事项：

（1）企业在未来会计期间产生净现金流量的能力。

（2）企业偿还债务及支付企业所有者的投资报酬（如股利）的能力。

（3）企业的利润与营业活动所产生的净现金流量发生差异的原因。

（4）会计年度内影响或不影响现金的投资活动与筹资活动。

9.4.2　现金流量表中"现金"的含义是什么

编制现金流量表，首先应明确"现金"的含义。现金流量表上的现金是现金与约当现金的合称，而且这里所用的是广义的现金概念，它不同于库存现金。它是指企业的库存现金以及存于银行或其他金融机构并可以随时用于支付的款项，又称现金等价物，是指短期很容易变现的投资，一般指原定期限在 3 个月内的债券投资。

现金流量表所反映的现金流量是企业在一定时期内现金及约当现金流入和流出的数量。现金与约当现金之间的转换，例如，用银行存款购买原定期限在 3 个月内的债券投资，或者出售这种债券投资，不属于现金流量。

9.4.3　现金流量的分类与性质

比较常见的分类方法是，将企业的业务活动分为营业活动、投资活动与筹资活动三类，对每一类活动区分现金收入与现金支出。

营业活动的现金流量反映企业在利润形成过程中的全部经济业务所引起的现金流动，它包括现金收入和现金支出。

9.4.4　营业活动所产生的现金收入主要包括哪些方面

（1）出售商品和提供劳务而产生的现金收入

主要包括：①收到本期销货和提供劳务款项；②收回前期销货和提供劳务账款；③预收后期销货和提供劳务账款以及应收票据的兑现；④贴现等所取得的不合增值税销项税额的现金。

（2）进行债权性投资和权益性投资收到的现金利息收入和现金股利收入

（3）销售货物实际收到的增值税销项税额和出口退税

9.4.5　营业活动所产生的现金支出主要包括哪些方面

（1）购买货物和接受劳务所支付的现金

主要包括：①支付本期购货和接受劳务款项；②偿还前期购货和接受劳务账款；③预付后期购货和接受劳务账款以及应付票据兑付等所付出的不含

增值税进项税额的现金。

（2）支付各项销售费用的现金

主要包括：①实际支付的除增值税以外的各项税金及附加，如消费税、城市维护建设税、教育费附加以及所得税等；②实际支付的利息费用扣减银行存款利息收入后的净额；③实际支付的其他费用，如支付给职工的工资、差旅费及支付的水电费、保险费等。

（3）购买货物和接受劳务实际支付的增值税进项税额和实际支付给税务部门的增值税税金

9.4.6　投资活动的现金流量包括哪些方面

（1）现金收入

主要包括：①收回对外投资本金（不含利息收入，因为其已经计入营业活动的现金收入）而取得的现金；②出售固定资产、无形资产收取的现金扣除以现金支付的有关费用后的净额。

（2）现金支出

主要包括：①对外投资付出的现金；②购建固定资产、无形资产付出的现金。

9.4.7　筹资活动的现金流量包括哪些方面

（1）现金收入

主要包括：①从银行及其他金融机构借入短期和长期借款以及发行债券而取得的现金；②接受所有者投资而取得的现金。

（2）现金支出

主要包括：①偿还银行短期和长期借款以及债券的本金（不含利息支出，因为其已经计入营业活动的现金支出）支付的现金；②向所有者分配利润支付的现金。

9.4.8　如何确定现金流量表上各项目的金额

在具体确定现金流量表上各项目的金额时，有以下两种方法：

（1）分析现金日记账、银行存款日记账和其他货币资金明细账的记录

采用这种方法，就是直接根据现金日记账、银行存款日记账和其他货币资金明细账的记录，逐笔确定现金收入和支出的性质，分别计入现金流量表的有关项目。这种方法，在会计核算手工操作的情况下，工作量很大，一般适用于已实行会计电算化的企业。

（2）分析非现金科目的记录

大部分企业都可以采用这种方法，即根据本期的损益表以及期末资产负债表中的非现金科目的变动，编制现金流量表。这种方法是以复式做账的基本原理为依据的：任何影响现金的交易，也一定同时影响某些非现金资产、负债、所有者权益（包括收入、费用和股利）的变动。非现金科目的变动可以更加明确地反映现金交易的性质。

9.4.9　现金流量表的格式

我国企业现金流量表采用报告式结构，分类反映经营活动产生的现金流量、投资活动产生的现金流量和筹资活动产生的现金流量，最后汇总反映企业某一期间现金及现金等价物的净增加额。我国企业现金流量表的格式如表9-4所示。

表9-4　现金流量表的格式

现金流量表

会企03表

编制单位：　　　　　　　　　　　　　　　____ 年 __ 月 __ 日

单位：元

项目	本期金额	上期金额
一、经营活动产生的现金流量		
销售商品、提供劳务收到的现金		
收到的税费返还		
收到其他与经营活动有关的现金		
经营活动现金流入小计		
购买商品、接受劳务支付的现金		
支付给职工以及为职工支付的现金		

续表

项目	本期金额	上期金额
支付的各项税费		
支付其他与经营活动有关的现金		
经营活动现金流出小计		
经营活动产生的现金流量净额		
二、投资活动产生的现金流量		
收回投资收到的现金		
取得投资收益收到的现金		
处置固定资产、无形资产和其他长期资产收回的现金净额		
处置子公司及其他营业单位收到的现金净额		
收到其他与投资活动有关的现金		
投资活动现金流入小计		
购建固定资产、无形资产和其他长期资产支付的现金		
投资支付的现金		
取得子公司及其他营业单位支付的现金净额		
支付其他与投资活动有关的现金		
投资活动现金流出小计		
投资活动产生的现金流量净额		
三、筹资活动产生的现金流量		
吸收投资收到的现金		
取得借款收到的现金		
收到其他与筹资活动有关的现金		
筹资活动现金流入小计		
偿还债务支付的现金		
分配股利、利润或偿付利息支付的现金		
支付其他与筹资活动有关的现金		
筹资活动现金流出小计		
筹资活动产生的现金流量净额		
四、汇率变动对现金及现金等价物的影响		
五、现金及现金等价物净增加额		
加：其实现金及现金等价物余额		
六、期末现金及现金等价物余额		

9.4.10 现金流量表的编制

企业应当采用直接法列示经营活动产生的现金流量。直接法，是指通过现金收入和现金支出的主要类别列示经营活动的现金流量。采用直接法编制经营活动的现金流量时，一般以利润表中的营业收入为起算点，调整与经营活动有关的项目的增减变动，然后计算出经营活动的现金流量。采用直接法具体编制现金流量表时，可以采用工作底稿法或 T 型账户法，也可以根据有关科目记录分析填列。

1. 经营活动产生的现金流量

（1）"销售商品、提供劳务收到的现金"项目

反映企业本年销售商品、提供劳务收到的现金，以及以前年度销售商品、提供劳务本年收到的现金（包括应向购买者收取的增值税销项税额）和本年预收的款项，减去本年销售本年退回商品和以前年度销售本年退回商品支付的现金。企业销售材料和代购代销业务收到的现金，也在本项目反映。

（2）"收到的税费返还"项目

反映企业收到返还的所得税、增值税、消费税、关税和教育费附加等各种税费返还款。

（3）"收到其他与经营活动有关的现金"项目

反映企业经营租赁收到的租金等其他与经营活动有关的现金流入，金额较大的应当单独列示。

（4）"购买商品、接受劳务支付的现金"项目

反映企业本年购买商品、接受劳务实际支付的现金（包括增值税进项税额），以及本年支付以前年度购买商品、接受劳务的未付款项和本年预付款项，减去本年发生的购货退回收到的现金。企业购买材料和代购代销业务支付的现金，也在本项目反映。

（5）"支付给职工以及为职工支付的现金"项目

反映企业本年实际支付给职工的工资、资金、各种津贴和补贴等职工薪酬（包括代扣代缴的职工个人所得税）。

（6）"支付的各项税费"项目

反映企业本年发生并支付、以前各年发生本年支付以及预交的各项税费，包括所得税、增值税、消费税、印花税、房产税、土地增值税、车船使用税、教育费附加等。

（7）"支付其他与经营活动有关的现金"项目

反映企业经营租赁支付的租金、支付的差旅费、业务招待费、保险费、罚款支出等其他与经营活动有关的现金流出，金额较大的应当单独列示。

2. 投资活动产生的现金流量

（1）"收回投资收到的现金"项目

反映企业出售、转让或到期收回除现金等价物以外的对其他企业长期股权投资而收到的现金，但处置子公司及其他营业单应收到的现金净额除外。

（2）"取得投资收益收到的现金"项目

反映企业除现金等价物以外的对其他企业的长期股权投资等分回的现金股利和利息等。

（3）"处置固定资产、无形资产和其他长期资产收回的现金净额"项目

反映企业出售、报废固定资产、无形资产和其他长期资产所取得的现金（包括因资产毁损而收到的保险赔偿收入），减去为处置这些资产而支付的有关费用后的净额。

（4）"处置子公司及其他营业单应收到的现金净额"项目

反映企业处置子公司及其他营业单位所取得的现金，减去相关处置费用以及子公司及其他营业单位持有的现金和现金等价物后的净额。

（5）"购建固定资产、无形资产和其他长期资产支付的现金"项目

反映企业购买、建造固定资产、取得无形资产和其他长期资产所支付的现金（含增值税款等），以及用现金支付的应由在建工程和无形资产负担的职工薪酬。

（6）"投资支付的现金"项目

反映企业取得除现金等价物以外的对其他企业的长期股权投资所支付的现金以及支付的佣金、手续费等附加费用，但取得子公司及其他营业单位支

付的现金净额除外。

（7）"取得子公司及其他营业单位支付的现金净额"项目

反映企业购买子公司及其他营业单位购买出价中以现金支付的部分，减去子公司及其他营业单位持有的现金和现金等价物后的净额。

（8）"收到其他与投资活动有关的现金仪"支付其他与投资活动有关的现金"项目

反映企业除上述（1）至（7）项目外收到的或支付的其他与投资活动有关的现金，金额较大的应当单独列示。

3. 筹资活动产生的现金流量

（1）"吸收投资收到的现金"项目

反映企业以发行股票、债券等方式筹集资金实际收到的款项，减去直接支付的佣金、手续费、宣传费、咨询费、印刷费等发行费用后的净额。

（2）"取得借款收到的现金"项目

反映企业举借各种短期、长期借款而收到的现金。

（3）"偿还债务支付的现金"项目

反映企业为偿还债务本金而支付的现金。

（4）"分配股利、利润或偿付利息支付的现金"项目

反映企业实际支付的现金股利、支付给其他投资单位的利润或用现金支付的借款利息、债券利息。

（5）"收到其他与筹资活动有关的现金"、"支付其他与筹资活动有关的现金"项目

反映企业除上述（1）至（4）项目外收到或支付的其他与筹资活动有关的现金，金额较大的应当单独列示。

（6）"汇率变动对现金及现金等价物的影响"项目

反映下列项目之间的差额：①企业外币现金流量折算为做账本位币时，采用现金流量发生日的即期汇率近似的汇率折算的金额（编制合并现金流量表时折算境外子公司的现金流量，应当比照处理）。②企业外币现金及现金等价物净增加额按年末汇率折算的金额填列。

参考文献

［1］王燕．中小企业如何做账［M］．北京：经济科学出版社，2010.

［2］鲍新中．做账高手会计实战手册［M］．北京：中国财政经济出版社，2012.

［3］李增．手把手教你做账［M］．西安：陕西师范大学出版社，2011.

［4］赵丽生，董京原．怎样做账［M］．北京：经济科学出版社，2009.

［5］石庆年．快速掌握做账技巧［M］．北京：中国经济出版社，2010.

［6］邹梅全，邹华勇．会计做账基本常识［M］．广州：中山大学出版社，2009.

［7］贺志东．中小企业如何做账［M］．北京：电子工业出版社，2009.

［8］朱小平．新编做账速成［M］．北京：中国致公出版社，2008.

［9］徐萍．做账技巧与训练［M］．广州：广东经济出版社，2004.

［10］彭春慧．建账做账从入门到精通［M］．北京：机械工业出版社，2011.